Mein großes
Nähmaschinen-
Atelier

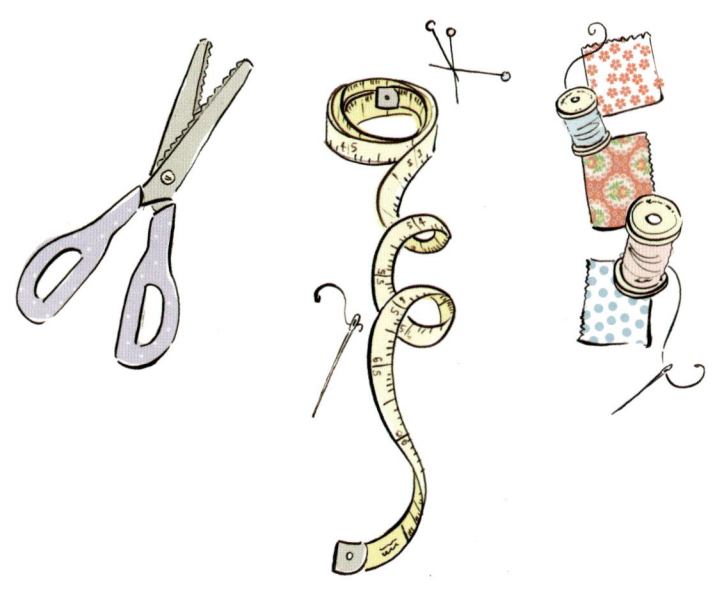

Mein großes Nähmaschinen-Atelier

Schritt für Schritt zum Meisterstück

mit Schnittmustern in Originalgröße

Jane Bolsover

Projektmanagement: Julia Strohbach, Rahel Goldner
Übersetzung: Bernadette Mayr, Kempten
Lektorat: Cosima Kroll, Bönnigheim
Satz: Arnold & Domnick, Leipzig
Druck: Prosperous Offset International Ltd., China

12. Auflage 2017
Best.-Nr. 6752

ISBN 978-3-7724-6752-3

Titel der Originalausgabe: Sewing machine basics
Erstveröffentlichung 2010 durch CICO Books,
gedruckt von Ryland Peters & Small
519 Broadway, 5th Floor, New York NY 10012
20-21 Jockey's Fields, London WC1R 4BW

Für Jan Dabbous,
einen ganz besonderen Freund

Inhalt

Einleitung

Schon wieder ein neues Nähbuch? Aber ja! Seit einiger Zeit haben Nähmaschinenhändler wieder Hochkonjunktur und das ist, was mich betrifft, eine großartige Nachricht.

Glücklicherweise hatte ich eine Großmutter, die in mir die Leidenschaft für das Nähen weckte. Wir saßen stundenlang, nähten Kleider für meine Puppen und dann Kleider für mich. Später ging es mit einer wunderbaren Karriere als Modedesignerin weiter und noch mehr. Die jungen Leute von heute haben es nicht mehr so leicht. Oft können deren Großmütter gar nicht nähen und der Handarbeitsunterricht in den Schulen wurde vom Lehrplan gestrichen. Nähen war einfach nicht mehr cool.

In jüngster Vergangenheit hatte ich die Gelegenheit, in großen Stoffgeschäften Anfängerworkshops für Nähen zu geben. Ich war begeistert von dem Eifer, mit dem die jungen Teilnehmerinnen ans Werk gingen. Dieses Buch soll all jenen helfen, die sich dem Trend „Selber machen" angeschlossen haben, die keine Möglichkeit haben, an geeigneten Nähkursen teilzunehmen, die sich aber schon in Vorfreude eine Nähmaschine gekauft haben. Da steht nun die Nähmaschine und sie wissen nicht recht, wie sie damit umgehen sollen.

Vielleicht haben Sie gerade Ihre erste Wohnung bezogen und freuen sich auf neue Vorhänge, oder Sie erwarten Ihr erstes Baby und möchten Kleidung für das Kleine und für sich selbst nähen. Ich möchte Sie an die Hand nehmen und Sie Schritt für Schritt zum Selbernähen führen. Es entstehen wunderschöne, einmalige Dinge und Sie werden das zufriedene Gefühl erleben, wenn Sie sagen können: „Das habe ich gemacht". Ich verspreche Ihnen, das fühlt sich weitaus besser an, als wenn Sie nur eine Kreditkarte über den Ladentisch schieben.

Ich wünsche Ihnen viele kreative Nähstunden!

Jane Bolsover

Das Buch

Dieses Buch richtet sich an absolute Neulinge ebenso wie an jene, die seit Jahren nicht mehr genäht haben und eine kleine Auffrischung wünschen.

Teil 1: **Der Anfang**

In Teil 1 finden Sie eine Menge von Informationen darüber, wie Sie Ihre Nähmaschine in den Griff bekommen. Natürlich gibt das Handbuch Ihrer Nähmaschine Auskunft über Ihr spezielles Modell, doch sind die Angaben oft etwas unklar. Warum muss denn etwas nachgestellt werden? Welche Nadeln und welcher Maschinenfuß sind für welche Näharbeit geeignet? Wenn Sie diese Grundkenntnisse haben, kommen Sie viel leichter voran.

Im ersten Teil des Buches ist auch die Nähausrüstung beschrieben, die unterschiedlichen Stoffarten und wie Sie die Stoffe zum Nähen vorbereiten sollten.

Bevor Sie also anfangen, nehmen Sie sich die Zeit, dieses Kapitel genau durchzulesen. Setzen Sie sich vor Ihre Nähmaschine und probieren Sie alles aus. Lernen Sie, wie man eine Nadel oder den Nähfuß auswechselt, wie man die Stichlänge und die Fadenspannung einstellt und Sie werden sehen, wie Ihr Selbstvertrauen wächst.

Teil 2: **Die Workshops**

Es folgen elf einzelne Lehrgänge, die mit den Grundlagen beginnen: von den einfachsten Nähten und Säumen, dem Erstellen von Knopflöchern und dem Einsetzen eines Reißverschlusses bis hin zu Abnähern und Fältchen. Sie vermitteln Ihnen auch den sicheren Umgang mit Schnittmustern.

Am Ende jedes Workshops gibt es eine Schritt-für-Schritt-Anleitung für ein passendes Modell. Diese reichen von einfachen Projekten wie einem Schal oder einem Kissen, für die Sie nur gerade Nähte können müssen, bis hin zu Kleidungsstücken, die Sie gerne und lange tragen werden.

Auf den herausnehmbaren Schnittmusterbögen am Ende des Buches finden Sie alle benötigten Vorlagen. Alle Arbeitsanleitungen sind verständlich und einfach beschrieben, in kleinen, klaren Schritten und mit Illustrationen, die jeden Handgriff zeigen.

Arbeiten Sie sich nacheinander durch alle Workshops, denn sie bauen sich nach Schwierigkeitsgraden auf. So verbessern Sie Ihre Nähkenntnisse von Stufe zu Stufe.

Ganz am Schluss des Buches finden Sie nützliche Hinweise auf das Material sowie eine Tabelle für die jeweils geeignete Nadel, den Faden und die Stichlänge für jeden Stoff und seine besonderen Anforderungen. Hier sind Tipps für die Pflege Ihrer Nähmaschine zu finden, damit sie lange und ruhig läuft sowie ein Glossar über die gebräuchlichen Begriffe, damit Sie sie verstehen und richtig anwenden können.

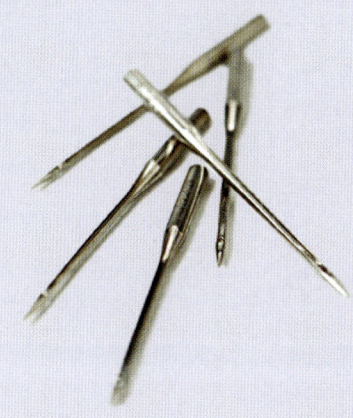

TEIL 1

Der Anfang

In diesem Kapitel finden Sie alles, was Sie für den Anfang wissen müssen: Wie Sie die richtige Nähmaschine auswählen, wie Sie die Technik schnell beherrschen, wie Sie Stoffe auswählen und – als Krönung – wie Sie ihr erstes Projekt vollenden. Auch wenn die Versuchung groß ist, loszulaufen und ganz viele großartige Stoffe zu kaufen – nehmen Sie sich die Zeit und lesen Sie zuerst dieses Kapitel. So werden Sie mit der Materie vertraut und mit allen Funktionen Ihrer Nähmaschine. Gewinnen Sie das nötige Selbstvertrauen und beginnen Sie dann erst mit dem Nähen.

1 x 1 der Nähmaschine

Mit welchen Vorstellungen gehen Sie in ein Geschäft, um eine neue Nähmaschine zu kaufen? Und kennen Sie alle Handgriffe an Ihrer Maschine zuhause? Es ist alles nicht so schwierig wie es scheint. In diesem Kapitel lösen wir alle Rätsel. Wir zeigen die verschiedenen Nähmaschinentypen und erklären, wie sie arbeiten. Schon bald werden Sie drauflos nähen!

Die Wahl der Nähmaschine

Es gibt so viele verschiedene Marken und Modelle und alle bieten eine so große Auswahl an Stichen, dass man sich kaum entscheiden kann. Zuerst müssen Sie wissen, dass es drei verschiedene Typen gibt: die mechanische, die elektronische und die computerunterstützte Nähmaschine.

Mechanische Nähmaschine Mit einer solchen Nähmaschine können Sie Geradstiche, Zickzackstiche, Satinstiche (dichter Zickzackstich) und Zickzack-Zierstiche nähen. Auch einfache Knopflöcher und Stickstiche sind möglich. Sie eignen sich gut für Anfängerinnen, denn Sie kosten nicht viel. Vielleicht finden Sie sogar ein gutes gebrauchtes Modell.

Elektronische Nähmaschine Dies sind mechanische Maschinen mit vorprogrammierten Funktionen. Sie nähen Geradstich, Zickzack- und Satinstich, Blindstiche und einige Zierstiche und haben ein Knopflochprogramm. Sie kosten zwar mehr als die mechanischen Modelle, sind aber ebenfalls für Anfängerinnen sehr geeignet. Einige der Funktionen sind ausgesprochen hilfreich, das automatisch gefertigte Knopfloch z. B. lässt ein Kleidungsstück sofort professionell aussehen.

Computerunterstützte Nähmaschine Diese Maschinen sind voll computerisiert, mit Kontrollknöpfen und einem kleinen Monitor. Sie sind teurer, erledigen aber alles oben Erwähnte auf Knopfdruck, und bieten eine große Zahl der verschiedensten Zierstiche.

Es gibt auch spezielle Stickmaschinen, die Sie direkt mit Ihrem PC verbinden und mit denen Sie eigene Muster entwerfen können. Alternativ dazu können Sie Programmierkarten in die Maschine schieben und Stickmuster nach Katalog wählen. Für Anfängerinnen sind sie aber nicht zu empfehlen.

Flachbett, Freiarm oder tragbar? Eine Flachbettmaschine ist in einen speziellen Nähtisch eingebaut und kann dort nach Bedarf versenkt werden. So haben Sie immer einen Nähtisch, auf dem Sie arbeiten können. Freiarmmaschinen sind sehr praktisch, denn Sie können damit enge Röhren bearbeiten und unbequeme Stellen gut erreichen, ohne dass Sie Seitennähte öffnen müssen. Durch einen Anschiebetisch kann eine Freiarm-Maschine leicht in eine kleine Flachbettmaschine verwandelt werden.

Wenn Sie hauptsächlich Kleidung nähen möchten, ist eine Freiarmmaschine die beste Wahl. Heimtextilien, wie z. B. Vorhänge, sind auf einer Flachbettmaschine leichter zu bearbeiten, da sie eine breite, stabile Auflagefläche für die großen Stoffteile hat.

Tragbare Maschinen wiegen weniger und können leicht weggepackt und wieder hervorgeholt werden. Wichtig ist, dass eine solche Maschine stabil ist und fest auf dem Arbeitstisch steht.

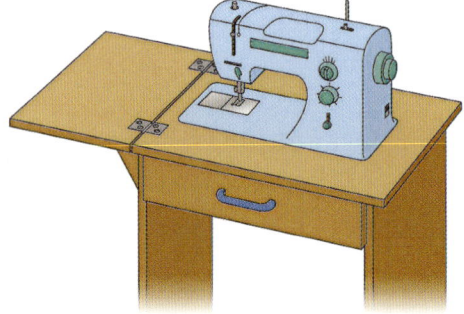

Flachbettmaschine

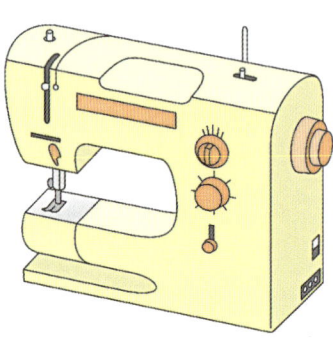

Freiarmmaschine

Funktionen der Nähmaschine

Ganz gleich für welche Nähmaschine Sie sich entscheiden, im Aufbau sind alle vergleichbar. Die Bedienungselemente auf diesem Foto sind bei jeder durchschnittlichen Nähmaschine zu finden, die Geradstiche und Rückstiche (für gerade Nähte) nähen kann, die einen Zickzackstich zum Versäubern und zum Nähen von Knopflöchern hat. Dies sind die Stiche, die eine Anfängerin für Kleidung und für Heimtextilien braucht.

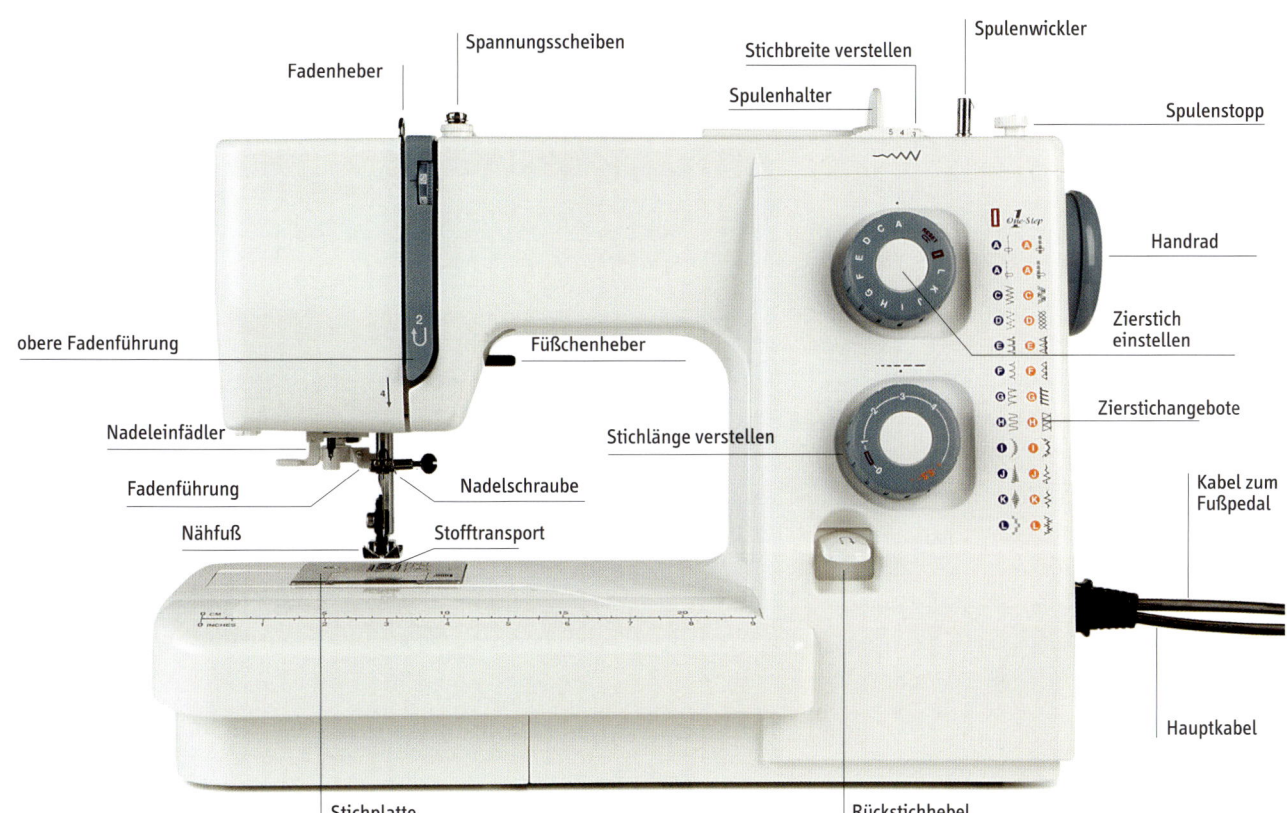

Fadenheber — Spannungsscheiben — Stichbreite verstellen — Spulenhalter — Spulenwickler — Spulenstopp — Handrad — Zierstich einstellen — Zierstichangebote — Kabel zum Fußpedal — Hauptkabel — Rückstichhebel — Stichlänge verstellen — Füßchenheber — Stofftransport — Nähfuß — Fadenführung — Nadelschraube — Nadeleinfädler — obere Fadenführung — Stichplatte

Weitere Überlegungen

Garantie Wenn Sie eine Maschine kaufen, erhalten Sie eine Sicherheit in Form einer gesetzlichen Garantie. Außerdem bieten manche Geschäfte Sonderkonditionen und Zubehör an. Fragen Sie danach. Die meisten Maschinen haben eine 12-monatige Garantie. Notieren Sie Maschinenmarke, Seriennummer und Kaufdatum und bewahren Sie die Informationen auf.

Kundendienst Entscheiden Sie sich für eine bekannte Marke, denn so können Sie noch jahrelang Ersatzteile nachbestellen. Das ist wichtig. Die meisten Firmen haben Vertragshändler und Geschäfte, die jede Menge Ersatzteile auf Lager haben und wo Sie einen Kundendienst in Anspruch nehmen können. Problematischer ist es, wenn Sie eine gebrauchte Maschine erworben haben, die nicht mehr hergestellt wird. Trotzdem könnten Sie via Internet einen Händler finden, der sich auf alte Maschinen spezialisiert hat.

Einführung Manche Nähmaschinenhersteller bieten kostenlose Nähkurse durch ihre Vertragshändler an. Die Zahl der Stunden hängt von der Maschine ab, die Sie kaufen und von dem Preis, den Sie dafür bezahlen. Aber keine Sorge, auch wenn es keine Nähkurse gibt, Sie haben ja dieses Buch, das Ihnen hilft. Es ist immer empfehlenswert, das Handbuch der Nähmaschine durchzulesen, damit Sie Ihre Maschine und ihre Funktionen kennenlernen.

Wie ein Stich entsteht

Alle Nähmaschinen arbeiten nach dem gleichen Prinzip: Die Nadel bewegt sich auf und ab, nimmt den Oberfaden mit nach unten und führt ihn als Schlaufe um einen zweiten Faden, der auf eine Spule gewickelt ist und in einer separaten Spulenkapsel im unteren Teil der Maschine sitzt und formt so den Stich.

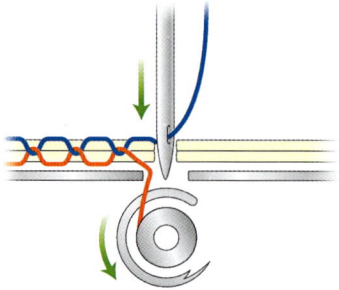

1. Die Nadel bewegt sich durch den Stoff nach unten und bringt den Faden in den Bereich der Spulenkapsel.

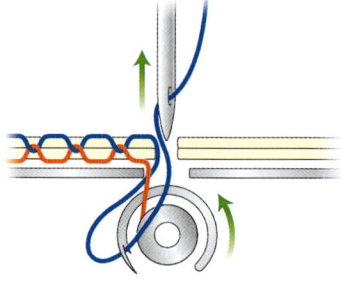

2. Sobald sich die Nadel wieder nach oben bewegt, formt der Oberfaden eine Schlaufe für den Greifer, der an der Oberkante der Spulenkapsel sitzt.

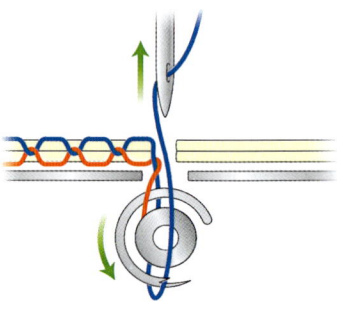

3. Der Greifer führt die Fadenschlaufe unten um die Spulenkapsel herum.

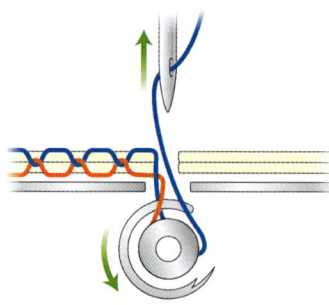

4. Die Fadenschlaufe gleitet nun vom Greifer und der Spulenkapsel und legt sich um den Unterfaden.

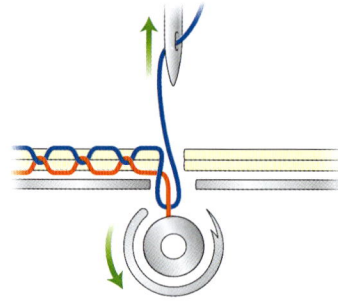

5. Die Fäden werden nach oben zwischen die Stofflagen gezogen und bilden auf Ober- und Unterseite das gleiche Stichbild.

Eine weitere wichtige Funktion Ihrer Nähmaschine ist das Zusammenspiel von Nähfüßchen, Nadel und Stofftransport. Der Nähfuß hält den Stoff fest, die Nadel geht auf und ab und formt die Stiche, während die Zähne des Stofftransports, die sich unter dem Nähfüßchen befinden, den Stoff nach hinten schieben, damit der nächste Stich folgen kann. Der Stofftransport kann vorwärts oder, für Rückstiche, rückwärts eingestellt werden. Um Zickzackstiche nähen zu können, die man zum Versäubern von Stoffkanten benötigt (siehe Seite 44), muss sich die Nadel hin und her bewegen können.

Die Maschine einfädeln

Ober- und Unterfaden müssen durch eine Reihe von Spannungsscheiben und Führungsösen gezogen werden, damit die Fadenspannung gleichmäßig bleibt und die Maschine perfekte Stiche näht.

Oberfaden einfädeln

Bei den meisten neueren Modellen ist der Weg des Oberfadens mit Pfeilen gekennzeichnet, was das Einfädeln sehr erleichtert. Wenn Sie nicht sicher sind, studieren Sie das Handbuch. Auch wenn die Lage und das Aussehen der einzelnen Teile unterschiedlich sind – das Einfädeln geht überall ähnlich.

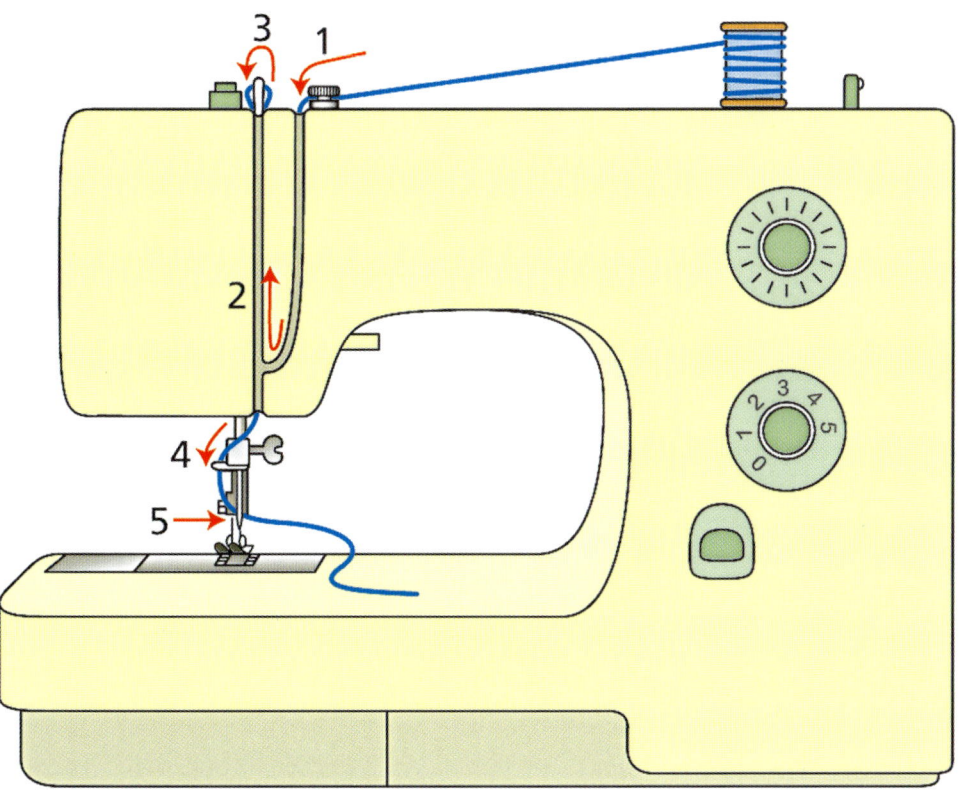

TIPPS

■ Wenn das Nadelöhr Ihrer Maschine zur Seite weist, müssen Sie den Faden von links nach rechts hindurchfädeln. Weist das Öhr zu Ihnen hin, schieben Sie den Faden von vorn nach hinten durch.

■ Schneiden Sie das Fadenende mit einer scharfen Schere schräg ab, bevor Sie es durch das Öhr schieben.

1. Stecken Sie die Fadenspule auf den Spulenhalter (entweder waagerecht oder senkrecht – je nach Maschinenmodell). Nehmen Sie den Fadenanfang und ziehen Sie ihn zwischen den beiden Spannungsscheiben durch.

2. Führen Sie den Fadenanfang nach unten und legen Sie ihn um die Fadenführung herum, so wie es der aufgemalte Pfeil anzeigt.

3. Ziehen Sie dann den Faden wieder nach oben und fädeln Sie ihn von rechts durch das Öhr oder den Schlitz des Fadenhebers.

4. Fädeln Sie den Faden durch die Fadenführungen nach unten.

5. Am Schluss fädeln Sie das Fadenende durch das Nadelöhr. Vielleicht hat Ihre Maschine einen Einfädler. Studieren Sie in diesem Fall Ihr Handbuch. Meist muss der Fuß abgesenkt sein und die Nadel auf höchster Position stehen.

Bevor Sie eine Maschine einfädeln gibt es zwei Dinge zu beachten

■ Heben Sie den Nähfuß an. Dies löst die Spannungsscheiben voneinander und der Faden kann leicht hindurchgleiten.

■ Drehen Sie die Nadel in die höchste Position, damit der Faden nicht schon beim ersten Stich wieder herausrutscht.

Unterfadenspulen

Der Faden im unteren Teil der Nähmaschine wird immer um eine extra Spule gewickelt, die in einer Spulenkapsel unterhalb der Stichplatte und der Nadel ruht. Unterfadenspulen müssen genau in die Spulenkapsel passen und sind nicht beliebig austauschbar. Verwenden Sie nur solche Spulen, die wirklich für Ihre Maschine vorgesehen sind. Spulen die gebrochen, geknickt oder eingekerbt sind, sollten Sie wegwerfen.

Verschiedene Spulen

Spulen können aus Plastik oder Metall sein und unterschiedliche Größen haben. Verwenden Sie nur solche Spulen, die in Ihre Maschine passen.

Spule herausnehmen

Bevor Sie versuchen, die Spule herauszunehmen, müssen Sie die Nadel in ihre höchste Position bringen und das Nähfüßchen anheben.

Öffnen Sie die Klappe vor der Spulenkammer. Wo sich die Klappe befindet, ist vom Maschinentyp abhängig. Bei mechanischen Maschinen sitzt sie meist senkrecht an der Seite oder der Vorderkante, bei elektronischen oder Computermaschinen kann sie auch waagerecht liegen. Wenn Sie unsicher sind, lesen Sie im Handbuch nach.

Mechanische Maschinen haben herausnehmbare Spulenkapseln. Heben Sie zu diesem Zweck die kleine Lasche auf der Vorderseite der Spulenkapsel an und nehmen Sie diese dann heraus (siehe Abbildung). Erst jetzt können Sie die Spule entnehmen. Bei elektronischen und computerunterstützten Maschinen können Sie die Spule ganz einfach aus ihrer feststehenden Kapsel nehmen.

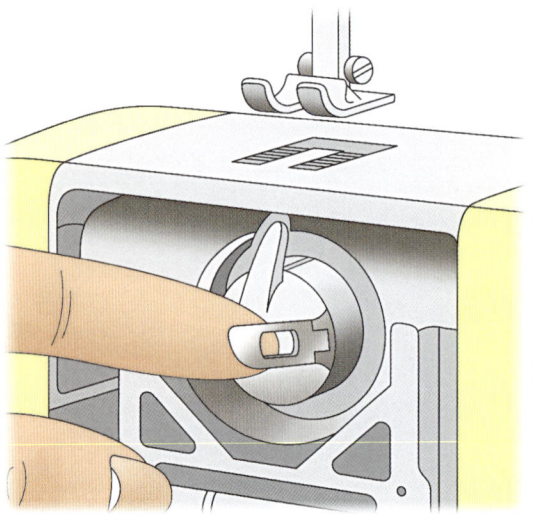

Spulenkapsel entnehmen

Greifen Sie mit Zeigefinger und Daumen hinter die Lasche auf der Rückseite der Spulenkapsel. Halten Sie die Lasche fest und nehmen Sie die Spulenkapsel aus der Maschine. Sobald Sie die Lasche loslassen, fällt die Spule heraus.

Unterfaden aufspulen

Bei mechanischen und elektronischen Nähmaschinen müssen Sie meist die Nadelfunktion von Hand abstellen, damit sie während des Spulens nicht ständig auf und ab sticht. Bei den moderneren Maschinentypen wird die Nadel automatisch deaktiviert. Lesen Sie im Handbuch nach, was Sie bei Ihrer Maschine tun müssen.

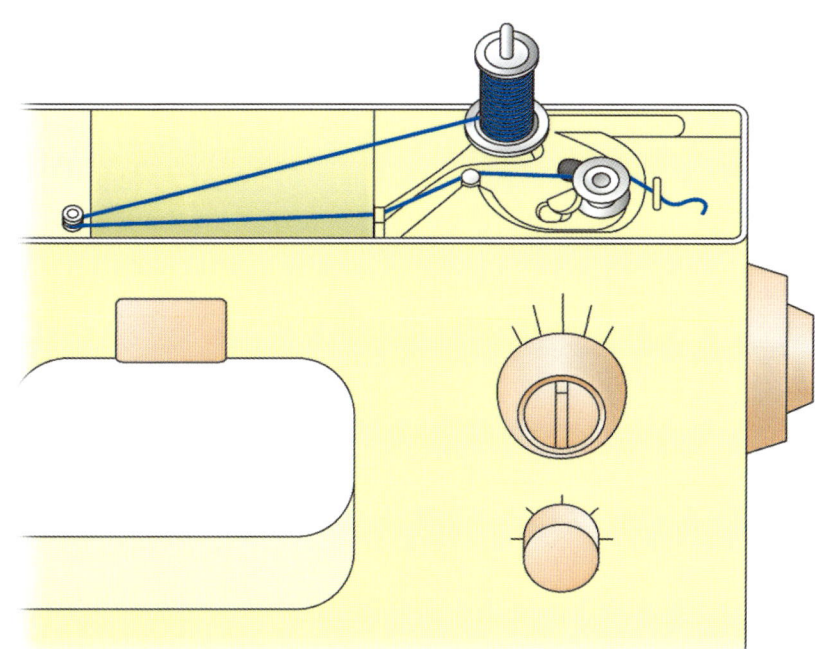

1. Stecken Sie die Spule auf den Spulenwickler und den Faden auf den Fadenhalter

2. Nehmen Sie das Fadenende und führen Sie es durch die oberen Fadenführungen. Wickeln Sie es mehrmals um die Spule (die Wickelrichtung hängt vom Nähmaschinentyp ab).

3. Drücken Sie die Spule gegen den Auslöser des Spulenwicklers, damit der Spulvorgang beginnen kann.

4. Bedienen Sie das Fußpedal und sofort beginnt der Spulvorgang. Er hält automatisch an, sobald die Spule voll ist.

5. Drücken Sie den Spulenwickler wieder in seine Ausgangsposition zurück und schneiden Sie den Faden ab.

Unterfaden hoch holen

Nachdem Sie den Unterfaden eingesetzt und den Oberfaden korrekt eingefädelt haben (siehe Seiten 13 und 16), muss der Unterfaden durch die Stichplatte nach oben geholt werden. Halten Sie das Ende des Oberfadens mit der linken Hand fest. Drehen Sie mit der rechten Hand das Handrad so weit nach hinten, bis die Nadel einmal hinab sticht und wieder herauf kommt. Ziehen Sie ein wenig am Oberfaden und holen Sie den Unterfaden als Schlaufe hervor, wie abgebildet.

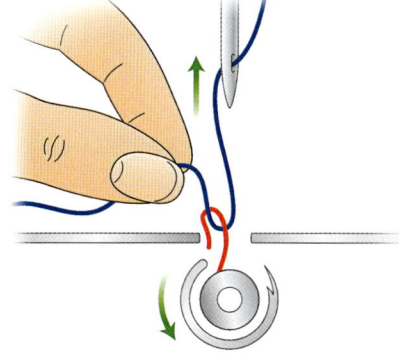

Der Unterfaden muss gleichmäßig auf die Spule gewickelt sein. Sonst kann das zu Problemen mit der Nadel führen oder die Stiche werden ungleichmäßig.

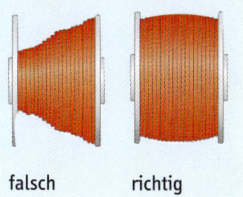

falsch   richtig

Sobald die Nadel wieder heraufkommt, bringt sie auch den Unterfaden nach oben. Ziehen Sie an der Schlaufe und ziehen Sie den Faden nach. Legen Sie beide Fäden unter dem Nähfuß nach hinten rechts. Die Fadenenden sollten ca. 10 cm lang sein.

Unterfaden einfädeln

Der Unterfaden muss richtig in der Spulenkapsel eingefädelt sein. Wie dieses geht, hängt davon ab, ob Ihre Maschine eine herausnehmbare Kapsel hat oder eine feststehende. Wieder ist es sicherer, das Handbuch zu Rate zu ziehen und nachzusehen, wie bei Ihrer Maschine der Unterfaden eingefädelt wird.

Der Faden muss mit gleichmäßiger Spannung aus der Kapsel gleiten, damit die Stiche ebenfalls gleichmäßig werden. Der Unterfaden wird, genauso wie der Oberfaden, durch eine Spannfeder geführt.

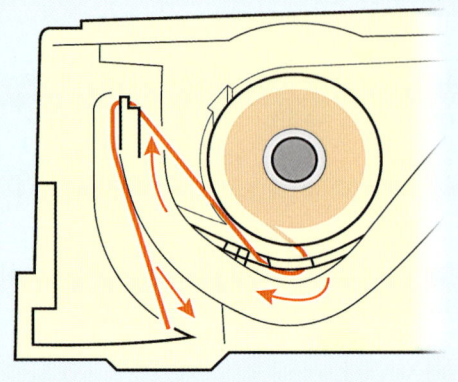

Feststehende Spulenkapsel
Bei den meisten modernen, elektronischen und computerunterstützten Maschinen ist auf der durchsichtigen Abdeckplatte der Spulenkapsel eingezeichnet, wie der Faden in die Spannfeder eingelegt werden muss.

Herausnehmbare Spulenkapsel

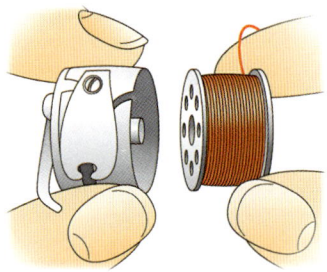

1. Halten Sie die Spulenkapsel und die Spule. Der Faden muss in der gleichen Richtung von der Spule kommen, wie der seitliche Schlitz in der Kapsel verläuft.

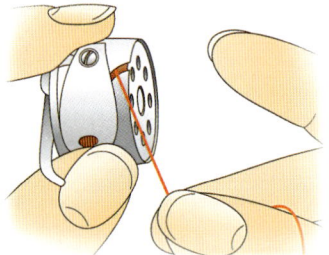

2. Legen Sie die Spule in die Kapsel. Halten Sie das Fadenende straff und ziehen Sie es durch den seitlichen Schlitz der Kapsel.

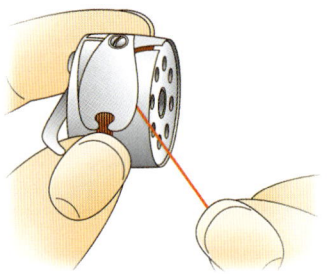

3. Halten Sie die Spule mit den Fingerspitzen fest und ziehen Sie den Faden im Schlitz weiter bis unter die Spannfeder.

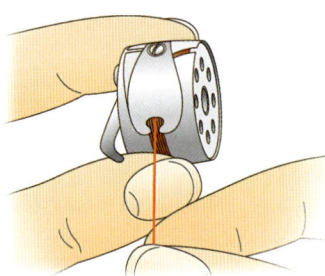

4. Ziehen Sie den Faden weiter, bis er aus der Öffnung in der Spulenkapsel herauskommt. Die Spulenkapsel ist nun eingefädelt.

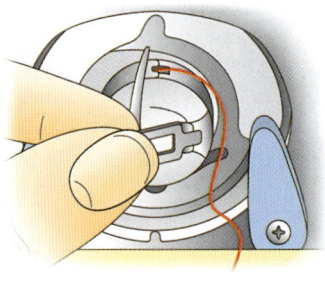

5. Heben Sie die Lasche auf der Rückseite der Spulenkapsel an und schieben Sie sie in den Kapselraum der Maschine.

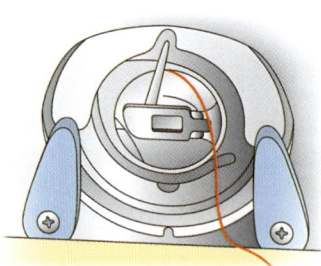

6. Bringen Sie den Finger der Spulenkapsel in den entsprechenden Schlitz des Kapselraums und lassen Sie die Kapsel einrasten. Dann erst lassen Sie die Lasche los.

Maschinennadeln

Die Nadeln spielen beim Nähen eine wichtige Rolle. Wenn Sie eine neue Nähmaschine gekauft haben, ist auch eine Packung mit verschiedenen Maschinennadeln dabei, die zu Ihrem Nähmaschinentyp passen. Sie können die Nadeln in Kurzwarenläden nachkaufen. Wechseln Sie die Nadeln regelmäßig aus, denn sie werden erstaunlich schnell stumpf, besonders wenn Sie viel mit synthetischen Fasern arbeiten. Durch eine stumpfe Nadel werden Stiche ausgelassen, die Fadenspannung stimmt nicht, die Naht verzieht sich und feine Stoffe werden beschädigt.

Nadelstärke

Sie brauchen eine Nadel, die für einen bestimmten Stoff die richtige ist. Je niedriger die Kennzahl, desto feiner und dünner ist die Nadel. Eine Nadel der Stärke 11 (70) ist dünn und eignet sich für feine Stoffe, während Sie mit einer Nadel Stärke 16 (100), die viel kräftiger ist, schwere Stoff bearbeiten können.

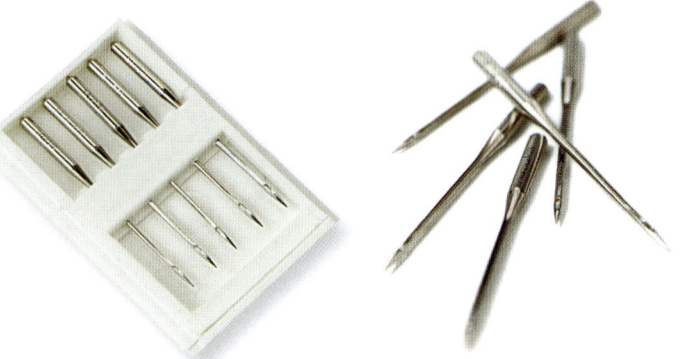

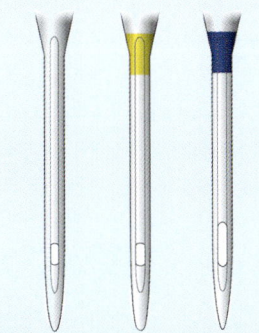

Nadelspitzen

Nadeln haben auch unterschiedliche Spitzen, jede ist für einen speziellen Stoff entwickelt worden. Die üblichen Nadeln haben eine scharfe Spitze (links) und eignen sich für gewebte Stoffe. Die Kugelspitze (Mitte) ist für das Nähen von Strickstoffen vorgesehen. Es gibt aber auch extra scharfe Spitzen (rechts) für Twill, Jeans- und andere schwere Stoffe, keilförmige Nadelspitzen für Leder und Kunstleder, sowie spezielle Jeansnadeln, die, wie der Name sagt, für Jeans und festes Leinen verwendet werden.

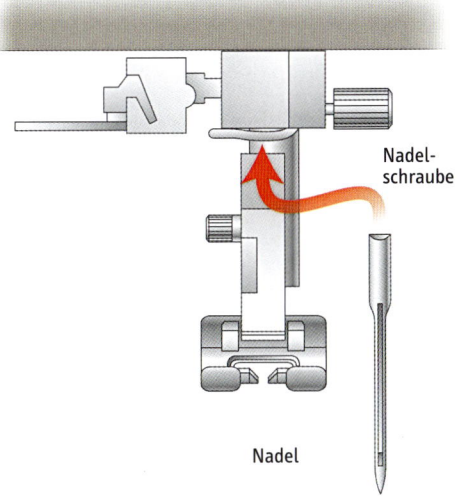

Nadel-
schraube

Nadel

Nadel auswechseln

Lösen Sie mit Hilfe eines kleinen Schraubenziehers die Schraube an der Nadelstange und nehmen Sie die alte Nadel heraus. Schieben Sie die neue Nadel so weit wie es geht in den Nadelhalter und ziehen Sie nun die Schraube wieder mit Hilfe des Schraubenziehers fest.

Stiche begutachten

Das Maschinennähen hat einige deutliche Vorteile gegenüber dem Handnähen. Der erste – und wahrscheinlich größte – ist die Geschwindigkeit. Doch das Maschinennähen ergibt auch ein schönes Stichbild aus geraden und gleichmäßig langen Stichen. Dies würde eine Handnähtechnik erfordern, für die eine Näherin jahrelange Übung braucht.

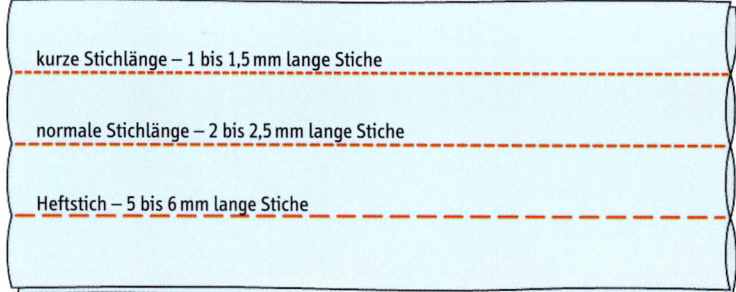

kurze Stichlänge – 1 bis 1,5 mm lange Stiche

normale Stichlänge – 2 bis 2,5 mm lange Stiche

Heftstich – 5 bis 6 mm lange Stiche

Stichlängen beim Geradstich

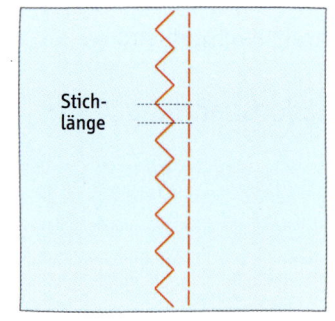

Stich-
länge

Stichlänge beim Zickzackstich

Stichlänge

An allen Nähmaschinen können Sie die Stichlänge verstellen, was je nach geplantem Projekt nötig sein kann (siehe Tabelle auf Seite 156). Meist gilt: Je höher die eingestellte Zahl, desto länger der Stich. Die meisten Maschinen haben eine Rückstichfunktion und dieser wird ungefähr genau so lang wie der Vorstich. Lesen Sie im Handbuch nach.

Stichbreite

Zickzackstiche haben eine Stichbreite und eine Stichlänge. Die Stichlänge wird genau wie beim Geradstich verstellt. Wenn Sie die Naht betrachten, ist dies der Abstand zwischen den Zackenspitzen und nicht die echte Stichlänge.

Wie weit die Nadel nach rechts und links springt, wird durch eine extra Stichbreitenkontrolle bedient. Wie bei der Stichlänge gilt auch hier: Je höher die eingestellte Zahl, desto breiter werden die Stiche. Eine „0" bringt die Maschine in den Geradstich-Modus zurück.

Zickzackstiche geben mehr nach als Geradstiche und reißen daher nicht so leicht. Dies ist der Grund, warum man Strickstoffe oder Stretch mit Zickzackstich nähen soll. Die Stiche liegen schräg auf dem Stoff, wodurch die Zugbelastung einer Naht verteilt wird und diese flexibler macht als es bei Geradstichen möglich ist. Zickzackstiche verbrauchen aber mehr Faden.

Nadelposition

Wenn Ihre Nähmaschine Zickzack nähen kann, dann kann man auch die Nadelposition verstellen. Dadurch werden die Stiche links oder rechts der Mittellinie genäht. Dies ist besonders hilfreich, sobald Sie Knopflöcher nähen, Knöpfe annähen und eine Stichreihe nahe einer Kante entlang arbeiten.

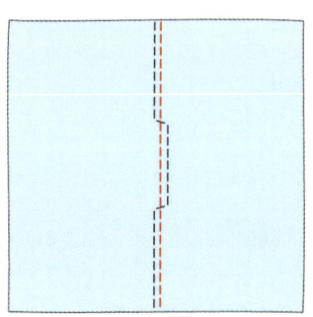

Durch die versetzte Nadelposition können Sie rechts oder links der Mittellinie nähen.

Fadenspannung

An jeder Nähmaschine kann man die Spannung des Oberfadens einstellen, die meisten erlauben dies auch am Unterfaden. Diese Spannungselemente verstärken oder lösen den Druck auf den Faden, während er durch die Maschine gleitet. Bei zu viel Druck entsteht eine zu starke Spannung und Ihre Stiche werden straff, der Stoff wird während des Nähens zusammengezogen, vielleicht bricht sogar der Faden. Zu wenig Druck – und die Spannung ist zu gering. Der Faden rutscht locker durch die Maschine und die Naht bekommt Schlaufen und Schlingen.

Ist die Spannung an Ober- und Unterfaden richtig eingestellt, werden sich die beiden Fäden genau zwischen den beiden Stofflagen verschlingen und perfekt sitzen (siehe unten).

Fadenspannung prüfen

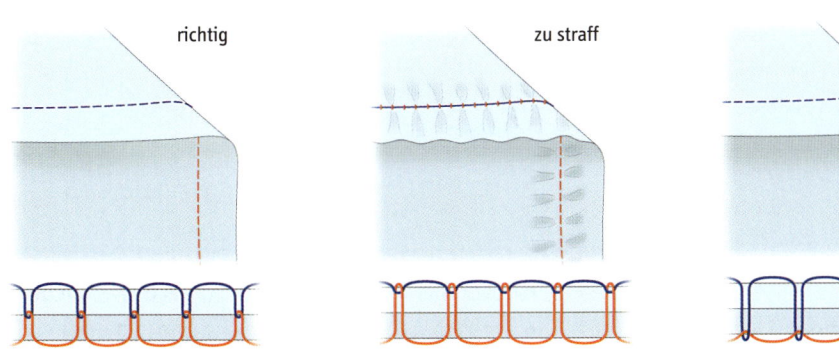

richtig   zu straff   zu locker

Bevor Sie die Spannung einstellen, prüfen Sie die Naht auf einem Probestoff der gleichen Art, den Sie für das geplante Projekt benutzen wollen. Setzen Sie die richtige Nadel und den geeigneten Faden ein (siehe Seite 156). Senken Sie den Nähfuß, denn bei hochgestelltem Nähfuß spreizen sich die Spannscheiben auseinander und Sie erhalten kein gutes Ergebnis.

Das Stellrad für die Fadenspannung befindet sich in der Nähe der Spannscheiben. Lesen Sie im Handbuch genau nach, wie die Spannung an Ihrer Maschine verstellt werden muss. In der Regel bedeutet eine niedrige Zahl eine schwächere Spannung und eine hohe Zahl eine stärkere Spannung.

TIPP

Prüfen Sie die Fadenspannung auf einem doppelt gelegten Stoffstück, bevor Sie mit dem Nähen beginnen. Arbeiten Sie mit unterschiedlich farbigem Ober- und Unterfaden, damit Sie die Fadenverbindung besser erkennen können. Erst wenn die Stiche gut sind, spulen Sie den richtigen Faden auf und beginnen Sie mit dem Nähen.

Unterfadenspannung

Wenn sich die Fadenspannung nicht über den Oberfaden korrigieren lässt, müssen Sie vielleicht die Unterfadenspannung an der Fadenkapsel verstellen. Machen Sie dies aber nur als letzten Ausweg. Die Spannfeder der Fadenkapsel ist an einer kleinen Schraube verstellbar.

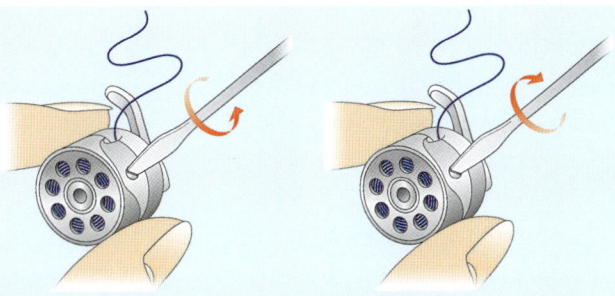

Gegen den Uhrzeigersinn gedreht: lockere Spannung

Mit dem Uhrzeigersinn gedreht: feste Spannung

Spannung an der Spulenkapsel verstellen

Benutzen Sie einen kleinen Schraubenzieher und drehen Sie die Schraube gegen den Uhrzeigersinn, wenn Sie die Spannung lockern möchten oder mit dem Uhrzeigersinn, um sie zu erhöhen. Achtung: Sie müssen nur ganz wenig drehen, um die Spannung deutlich zu verändern.

Nähfüßchen

Für die meisten Näharbeiten brauchen Sie den ganz normalen Standard-Nähfuß, doch gibt es durchaus Situationen, in denen ein spezielles Nähfüßchen hilfreich ist.

Mit einer neuen Nähmaschine wird meist eine Auswahl verschiedener Nähfüße mitgeliefert, z. B. ein Mehrzweck- oder Zickzackfuß, ein Reißverschlussfuß, ein Rollsaumfuß und ein Blindstichfuß. Sie können sicher sein – je mehr Geld Sie für Ihre Maschine ausgegeben haben, desto mehr Nähfüßchen finden Sie in der Zubehörbox.

Wenn Sie also Spezialfüßchen haben, sollten Sie sie auch für die besonderen Aufgaben benutzen. Welches Füßchen für welche Aufgaben geeignet ist, entnehmen Sie bitte dem Handbuch Ihrer Nähmaschine. Oft tragen die Füßchen Nummern oder Buchstaben, damit sie leicht zu finden sind.

Wichtig ist zu wissen, welche Stiche damit genäht werden können. Das ist meist vom Nadelloch auf dem Füßchen abhängig. Ist das Nadelloch klein und rund, können Sie nur Geradstiche damit machen. Ist das Nadelloch breit, können Sie beides nähen: Geradstiche und Zickzackstiche.

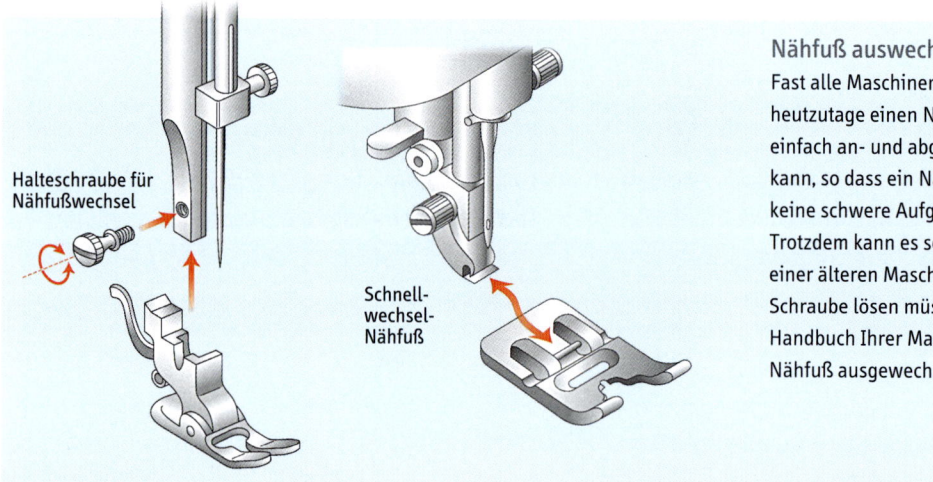

Halteschraube für Nähfußwechsel

Schnell-wechsel-Nähfuß

Nähfuß auswechseln
Fast alle Maschinen haben heutzutage einen Nähfuß, der ganz einfach an- und abgeklipst werden kann, so dass ein Nähfußwechsel keine schwere Aufgabe ist. Trotzdem kann es sein, dass Sie an einer älteren Maschine noch eine Schraube lösen müssen. Lesen Sie im Handbuch Ihrer Maschine, wie der Nähfuß ausgewechselt wird.

Gebräuchliche Nähfüßchen
Hier finden Sie eine kleine Auswahl von gebräuchlichen Nähfüßchen, die Sie für den „Alltag" brauchen und die meist mit der Nähmaschine mitgeliefert werden. Wir haben jeweils Ober- und Unterseite abgebildet.

Geradstichfuß
Der Geradstichfuß hat ein zentrales, kleines Nadelloch. Oft ist eine Seite des Nähfußes breiter als die andere. Mit diesem Fuß erreichen Sie eine gute Stichqualität für Nähte und Steppnähte, besonders auf festen Stoffen (siehe Seite 28).

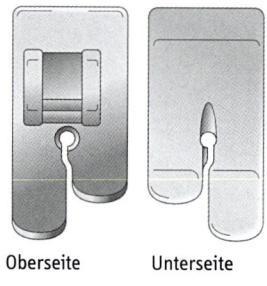

Oberseite   Unterseite

Zickzackfuß
Das breite Nadelloch im Nähfuß erlaubt der Nadel für den Zickzackstich hin und her zu springen. Die Stichbreite wird von der Breite des Lochs begrenzt. Achten Sie also beim Füßchenkauf oder Füßchenwechsel darauf, dass das Loch breit genug ist.

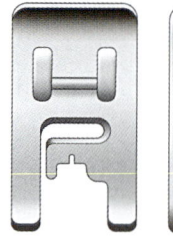 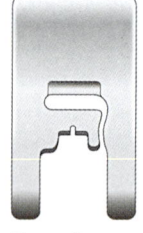

Oberseite   Unterseite

Überwendlichfuß

Wenn Sie über Stoffkanten nähen – z. B. wenn Sie Nähte versäubern (siehe Seite 44) – bemerken Sie, dass manchmal der Faden zieht, was Beulen in der Stoffkante verursacht, besonders bei feinen und weichen Stoffen. Der Überwendlichfuß lockert den Zug, meist mit Hilfe einer angebrachten Metallkante, die Sie übernähen.

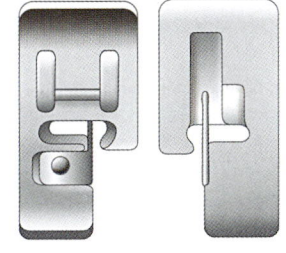

Oberseite   Unterseite

Rollsaumfuß

Hier können Sie die Stoffkante in eine gewundene Führung an der Vorderseite des Fußes schieben. Der Stoff wird während des Nähens eingerollt, so dass ein schmaler Rollsaum entsteht.

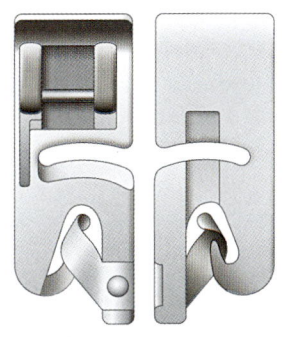

Oberseite   Unterseite

Reißverschlussfuß

Es gibt verschiedene Arten von Reißverschlussfüßchen (rechts). Im Grunde verrichten sie alle die gleiche Arbeit, denn sie ermöglichen, dass Sie an der Außenkante des Fußes entlang nähen können. Dadurch wird der Fuß fest gegen die Reißverschlusskante oder die Paspelkordel gedrückt (siehe Seiten 78 und 82). Trotzdem ist es bei sehr kräftigen Reißverschlüssen manchmal nötig, einen anschraubbaren Nähfuß zu benutzen.

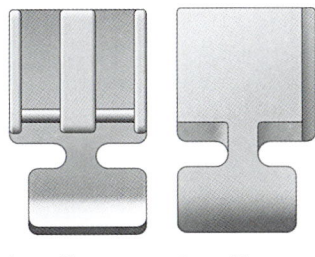

Ansteckbarer   Ansteckbarer
Reißverschlussfuß   Reißverschlussfuß
Oberseite   Unterseite

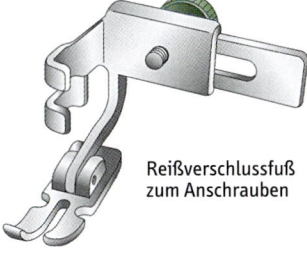

Reißverschlussfuß
zum Anschrauben

Dieser Fuß hat zusätzlich einen verschiebbaren Querriegel, an dem Sie den Fuß so verstellen können, dass seine Kante exakt an der Reißverschlusskante anliegt. Vergessen Sie nicht, dass Sie beim Einnähen eines Reißverschlusses die Nadelposition versetzen müssen.

Blindstichfuß

Beim Blindstich wird zwar nur geradeaus genäht, doch verlangt der Umgang mit dem Nähfuß etwas Übung. Der Stoff muss ein Stück weit zurückgeschlagen werden, so dass die seitlichen Stiche nur auf der Kante der Nahtzugabe liegen, der winzige zweite Stich aber knapp auf den Hauptstoff trifft (siehe Seite 90).

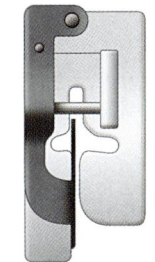

Oberseite   Unterseite

Knopflochfuß

Dieser kann aus klarem Plastik sein, damit Sie genau sehen, wo Sie nähen, oder aus Metall, auf dem eine Maßeinteilung eingraviert ist (rechts), oder aber so beschaffen sein, dass Sie gleich ein komplettes gerades Knopfloch in der richtigen Größe nähen können. Sehen Sie in Ihrem Handbuch nach, wie Ihr Knopflochfuß benutzt wird.

Knopflochfuß   Knopflochfuß
Oberseite   Unterseite

Automatischer Knopflochfuß

Der automatische Knopflochfuß ist nach hinten hin verlängert, um den Knopf aufzunehmen. Die Maschine wird das Knopfloch ganz automatisch so nähen, dass es zu dem Knopf passt.

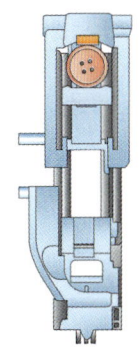

Automatischer   Automatischer
Knopflochfuß   Knopflochfuß
Oberseite   Unterseite

Knopf-Fuß

Der Fuß hält den Lochknopf fest, während Sie ihn mit dem auf Stichlänge „0" eingestellten Zickzackstich festnähen. Meist beträgt der Abstand zwischen den Löchern 3 mm, doch sollten Sie dies nachmessen und ausprobieren, ob die Nadel genau in jedes Loch trifft.

 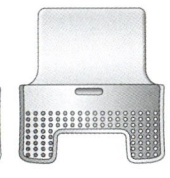

Oberseite   Unterseite

Werkzeug und Zubehör

Wie überall im Leben ist es auch hier das richtige Werkzeug, das die Arbeit einfacher und erfreulicher macht. Sie müssen dazu nicht viel Geld ausgeben. In diesem Kapitel zeigen wir Ihnen alle Hilfsmittel, die Sie brauchen, angefangen von Stecknadeln bis hin zu Schere und Nahttrenner.

Grundausrüstung

Das Schöne am Nähen ist, dass Sie kaum Spezialwerkzeug benötigen. Außer der Nähmaschine gibt es nur sieben andere wichtige Dinge, den Rest können Sie sich nach Belieben zulegen.

Schneiderschere

Sie hat einen geknickten Griff, damit der Stoff beim Zuschneiden flach liegen bleibt. Kaufen Sie die beste, die Sie sich leisten können. Die Klingen sollten mindestens 18 bis 20 cm lang sein. Behandeln Sie Ihre Schere gut und schneiden Sie niemals etwas anderes als Stoff damit – besonders Papier macht die Klinge schnell stumpf.

Spitze Schere

Sie ist nützlich zum Einschneiden von Nahtzugaben und zum Abschneiden von Fadenenden.

Endabschlüssen. Es mag ja ganz witzig sein, Omas Maßband zu benutzen, aber Sie können nicht wissen, wie sehr es mit den Jahren ausgeleiert ist, so dass Sie nicht mehr akkurat messen können.

Nähnadeln

Handnähnadeln müssen leicht durch den Stoff gleiten, doch stark genug sein, dass sie sich nicht verbiegen oder brechen. Meist wird mit halblangen Nähnadeln, den „Sharps" genäht. Sie werden in den Stärken 1-12 und mit verschiedenen Spitzen angeboten. Je höher die Kennzahl, desto kürzer und feiner ist die Nadel. Stärke 9 ist die geeignete Handnähnadel. Denken Sie bei der Auswahl an Ihren Stoff. Je feiner der Stoff, desto feiner sollte auch die Nadel sein. Wenn Sie nicht sicher sind, schieben Sie an einer unauffälligen Stelle verschiedene Nadelstärken durch Ihren Stoff. Entscheiden Sie sich für die Nadel, die leicht durch den Stoff gleitet und keine Löcher hinterlässt.

Stecknadeln

Diese gibt es in vielerlei Ausführungen, Größen und Länge. Für die meisten Arbeiten sind Stecknadeln mit Glasköpfen gut geeignet. Kaufen Sie genügend davon und halten Sie sie in einem Nadelkissen griffbereit.

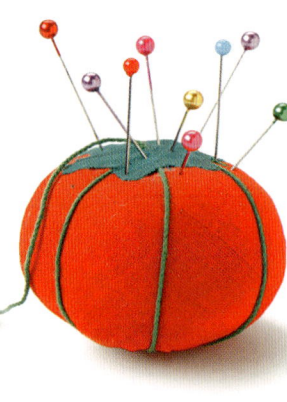

Kreide

Sie eignet sich ideal zum Anzeichnen der Schnittlinien auf einem Stoff. Es gibt sie als Schneiderkreide in Dreiecksform – sehr sparsam – und die Kanten können mit einem Messer nachgeschärft werden. Eine Alternative sind Kreidestifte, die sich zum Einzeichnen von Abnähern

Maßband

Das brauchen Sie dringend zum Messen von Stoffteilen, Säumen und für die Festlegung der Position von Knopflöchern. Kaufen Sie ein neues Maßband aus flexiblem Material, das nicht ausfranst oder sich dehnt, mit metallenen

und Knopflöchern eignen. Vermeiden Sie Wachsstifte, denn sie hinterlassen oft fettige Spuren auf den Stoffen, die sich nur schwer entfernen lassen.

Dampfbügeleisen

Ob Sie nun einen Stoff glätten möchten oder eine Naht ausbügeln, die Kombination von Dampf und Hitze ist unerreicht gut. Haben Sie kein Dampfbügeleisen, dann legen Sie ein feuchtes Nesseltuch oder ein sauberes Geschirrtuch über den Stoff. Das Ausbügeln von Nähten ist für das professionelle Aussehen eines Kleidungsstücks sehr wichtig. Denken Sie aber stets daran, dass nicht alle Stoffe gebügelt werden können. Halten Sie sich an die Bügelanweisungen des Stoffherstellers und testen Sie die Temperatur zur Sicherheit auf einem passenden Stoffrest.

Nützliche Extras

Die folgenden Werkzeuge sind ihr Geld wert, sobald Sie etwas mehr Übung im Nähen haben, sind aber nicht zwingend nötig.

Nadeleinfädler

Mit diesem Hilfsmittel können Sie den Faden in die Nähnadel und die Maschinennadel sehr leicht einfädeln. Eine feine Drahtschlinge wird durch das Nadelöhr geschoben und der Faden dann in die Drahtschlinge eingelegt. Wenn Sie die Schlinge durch das Öhr zurückziehen, nimmt sie den Faden mit. Ganz einfach.

Nahttrenner

Er hilft beim Auftrennen misslungener Nähte. Sie können damit auch Knopflöcher aufschneiden, sobald sie genäht sind. Er wird wegen seiner Form auch „Pfeiltrenner" genannt.

Fingerhut

Ein Fingerhut schützt während der Arbeit Ihre Fingerkuppe vor Nadelstichen. Man muss sich etwas daran gewöhnen, doch ist es diese Mühe wert, besonders dann, wenn Sie mit dicken Stoffen arbeiten. Probieren Sie aus, welcher Fingerhut bequem für Sie ist.

Kopierrädchen

Mit diesem einfachen Werkzeug und Schneiderkopierpapier können Sie Schnittmuster vom Schnittmusterbogen auf den Stoff übertragen. Die Zähne stechen durch das Papier, während Sie das Rädchen über den Schnittmusterbogen schieben. Aber Achtung! Das kann Ihren Arbeitstisch ruinieren. Legen Sie unbedingt eine schützende Schicht darunter

Elle

Dieses lange Messlineal ist für die Schneiderei und für das Ausmessen von Heimtextilien nützlich.

TIPP

Halten Sie die Lauffläche Ihres Bügeleisens immer sauber. Es gibt zu diesem Zweck spezielle Reinigungsstifte, die Sie im Kurzwarenladen kaufen können.

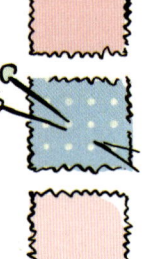

Der Umgang mit Stoffen

Die Auswahl des richtigen Stoffes für ein Projekt macht großen Spaß und es passiert leicht, dass man sich von einem großen Angebot davontragen lässt. Wenn Sie wissen, wie ein Stoff beschaffen ist und wie er sich beim Nähen verhält, können Sie die richtige Entscheidung leichter treffen, und das wiederum ist für den Erfolg Ihrer Arbeit wichtig.

Naturfasern und Kunstfasern

Stoffe werden aus Fäden gewebt, die aus faserigem Material hergestellt sind. Fasern können aus der Natur gewonnen werden, wie z. B. Wolle oder Baumwolle, sie können aber auch künstlich hergestellt sein, wie z. B. Polyester oder Nylon, doch gibt es auch Mischungen davon, also eine Mischfaser. Jede Faser hat spezielle Eigenschaften, die sich auf das fertige Kleidungsstück in Aussehen, Verwendung und Pflege auswirken. Die Art von Faser, die in einem Mischgewebe überwiegt, wird auf dem Stoffetikett in der Regel als Erstes genannt und beeinflusst die Eigenschaften des Stoffes.

Naturfasern

Faser	Herkunft	Stoffe	Pflege
Baumwolle	Baumwolle stammt aus den Samenkapseln der Baumwollpflanze, die in Indien, Israel, Australien und Ägypten angebaut wird. Ägyptische Baumwolle ist für seine weiche und gleichmäßige Qualität berühmt. Baumwollstoff ist widerstandsfähig und fest, nimmt Feuchtigkeit auf und kühlt. Allerdings knittert er und schrumpft ein wenig beim Waschen, wenn er nicht speziell vorbehandelt wurde.	Denim, Kord, Popeline, Webkaro und Organza.	Die meisten Baumwollstoffe sind waschbar – farbechte Stoffe in heißem Wasser, andere in kaltem Wasser. Sie können sie sogar bleichen, falls es die Farbbeschreibung erlaubt. Bügeln Sie Baumwollstoffe mit Dampf.
Leinen	Leinen wird aus den Fasern der Flachspflanze gewonnen, die hauptsächlich in Westeuropa angebaut wird. Es ist sehr stabil, hat eine angenehme Griffigkeit, nimmt Feuchtigkeit auf und wird wegen seiner kühlenden Eigenschaft geschätzt. Leinenstoff knittert stark, falls er nicht speziell vorbehandelt wurde, und neigt zum Schrumpfen. Auch lässt sich Leinen nicht einfach färben. Leinenkleidung kann beim Tragen ausleiern.	Taschentuchleinen (der Begriff wird gerne für feine Leinenstoffe benutzt), Kleiderleinen und Anzugleinen.	Leinen wird meist chemisch gereinigt, um die Griffigkeit zu erhalten. Doch kann man es auch waschen, obwohl es dann schrumpft. Bügeln Sie Knitterfalten aus trockenen Stoffen mit dem heißen Dampfbügeleisen weg. Nach dem Waschen sollten Sie das Leinen bügeln, solange es noch feucht ist.
Seide	Die Seidenfaser wird vom Kokon der Seidenraupe abgewickelt und kommt aus China und Indien, wo es riesige Seidenraupenfarmen gibt. Seide ist sehr stabil, sie nimmt Feuchtigkeit auf und fühlt sich warm an, sie knittert nicht und lässt sich gut färben. Allerdings läuft beim Waschen leicht Farbe aus. Sonnenlicht und Schweiß schwächen die Faser.	Schimmernde, luxuriöse Stoffe, die sich wunderbar anfühlen: Brokat, Satin, Crepe, Chiffon, Tweed und Jersey.	Seide wird meist chemisch gereinigt. Waschbare Qualitäten sollten Sie in kaltem Wasser mit feinen Seifenflocken waschen. Bügeln Sie Seidenstoffe mit mittlerer Temperatur, solange sie noch feucht sind. Verwenden Sie keinen Dampf, da dieser Wasserflecken hinterlassen kann.
Wolle	Wolle wird aus den Fellhaaren von Schafen gesponnen, doch gibt es auch andere Tiere mit geeignetem Fell, aus dem man Fäden spinnen kann und die ähnliche Eigenschaften wie Schafwolle haben. Diese Fasern sind meist teuer und edel: Kaschmir und Mohair aus Ziegenwolle, Angora von Kaninchen und Alpakawolle von Alpakas. Wolle nimmt Feuchtigkeit sehr gut auf und sie ist nicht sehr fest. Ist sie nass, verliert sie an Stabilität. Wolle knittert nicht, doch zieht sie Motten an und kann beim Waschen schrumpfen, es sei denn, sie wurde besonders vorbehandelt.	Flanell, Gabardine, Tweed, Jersey und Crepe.	Wolle wird meist chemisch gereinigt, doch gibt es heute viele Wollstoffe, die man von Hand oder mit der Maschine waschen kann. Benutzen Sie Feinwaschmittel und bügeln Sie die Wolle mit Dampf bei niedriger Temperatur.

Kunstfasern

Faser	Herkunft	Stoffe	Pflege
Polyester	Polyester ist fest, knitterfrei, nimmt wenig Feuchtigkeit auf und fühlt sich warm an. Es kann sich statisch aufladen und neigt zur Knötchenbildung, vor allem auf der Innenseite von Kleidung. Polyesterstoff kann dauerhaft gefältelt, gebügelt und geprägt werden.	Crepe, Satin, Organza, Doppelstrick und Futterstoff.	Sehr pflegeleicht. Es kann von Hand oder mit der Maschine in warmem Wasser gewaschen werden und dann – im Trockner auf schwacher Stufe oder nass aufgehängt– getrocknet werden. Polyester trocknet sehr schnell und braucht kaum gebügelt zu werden.
Acrylfaser	Acryl hat ganz ähnliche Eigenschaften wie Polyester. Es ist genauso fest, knitterfrei und fühlt sich warm an. Es nimmt keine Feuchtigkeit auf und trocknet gut, lädt sich allerdings, wie Polyester, schnell statisch auf und bildet Knötchen.	Doppelstrick und Strickwaren, Kunstpelz, Filz und Fleece.	Acrylfaser kann in der Waschmaschine gewaschen werden. Es wird bei niedriger Temperatur gebügelt – bei zu hoher Temperatur schmilzt es.
Viskose	Viskose ist weich und nimmt Feuchtigkeit auf, ist aber nicht sehr fest. Es speichert die Körperwärme und trocknet gut. Meist wird die Faser vorbehandelt, damit sie weniger knittert, schrumpft und ausleiert.	Jersey, Crepe, Futterstoff. Für Kleiderstoffe wird sie oft mit Rayon gemischt, das ähnliche Eigenschaften besitzt.	Obwohl manche Viskosestoffe nur chemisch gereinigt werden dürfen, gibt es doch einige, die man vorsichtig von Hand oder mit der Maschine waschen kann. Nehmen Sie warmes Wasser und bügeln Sie mit mittlerer Hitze.
Lycra ®, Elastin	Lycra ® ist fest und leicht, nimmt keine Feuchtigkeit auf und ist sehr elastisch. Oft wird es mit anderen Fasern gemischt, um einen Stoff elastisch zu machen.	Strickstoffe für Sportbekleidung, Freizeitkleidung und Unterwäsche, sowie für eng anliegende Kleider.	Lycra ® kann man von Hand oder mit der Maschine im Schonwaschgang waschen und danach im Trockner bei niederer Hitze oder nass aufgehängt trocknen.
Acetat	Acetat ist nicht sehr fest und knittert leicht. Jedoch trocknet es schnell, schrumpft nicht und leiert nicht aus, aber es schmelzt bei hoher Temperatur.	Seidenähnliche Stoffe, die gut fallen, und Futterstoff.	Acetat wird in der Regel chemisch gereinigt. Manche Acetatstoffe können aber von Hand oder mit der Maschine im Schonwaschgang gewaschen werden. Mit niederer Temperatur bügeln.
Nylon (Polyamid)	Nylon ist sehr fest, nimmt keine Feuchtigkeit auf und ist knitterfrei. Es fühlt sich warm an, neigt aber zu Knötchenbildung und lädt sich leicht statisch auf.	Futterstoffe, Jersey, Kunstpelz, Lackstoff.	Nylon kann von Hand oder mit der Maschine warm gewaschen werden und danach, im Trockner bei niederer Hitze oder nass aufgehängt, getrocknet werden. Bügeln Sie es mit niedriger Temperatur, da es sonst schmelzen kann.
Metallic	Metallicfasern sind nicht sehr reißfest, nehmen keine Feuchtigkeit auf und können matt werden, wenn sie nicht zuvor entsprechend beschichtet wurden. Sie sind sehr hitzeempfindlich.	Oft mit anderen Fasern gemischt, um glitzernde Stoffe herzustellen.	Folgen Sie den Anweisungen des Herstellers. Viele Metallics müssen chemisch gereinigt werden, manche können aber bei niederer Temperatur selbst gewaschen werden. Bügeln Sie, wenn erlaubt, mit geringer Temperatur.

Verschiedene Stoffarten

Stoffe lassen sich in drei Hauptgruppen einteilen – gewebt, gestrickt und non-woven. Strickstoffe und Webstoffe sind dabei die gebräuchlichsten. Diese Hauptgruppen geben an, auf welche Weise der Stoff hergestellt wurde. Zusammen mit der Faser und der abschließenden Oberflächenbehandlung stellt sich die Eigenart des Stoffes dar.

Gewebte Stoffe

Solche Stoffe entstehen auf Webstühlen, bei denen ein Querfaden über und unter einen Längsfaden gewebt wird (siehe unten). Die Längsfäden werden „Kette" genannt, die Querfäden nennt man „Schuss". Jeder gewebte Stoff hat feste Webkanten, die längs entlang der Stoffbahn verlaufen und parallel zur Kette liegen. Sie fransen nicht aus. Wir unterscheiden drei wichtige Webarten: Leinenbindung, Twillbindung und Satinbindung. Sie sind die Ausgangsformen für kompliziertere Strukturbindungen wie z. B. Dobby, ein geometrisches Muster, oder Jaquard, meist mit einem fließenden floralen Muster. Florgewebe sind eine Variation der Leinen- oder Twillbindung und haben eine pelzähnliche Oberfläche.

Leinenbindung

Die Leinenbindung ist die einfachste aller Webarten. Jeder Schussfaden führt abwechselnd über und unter einem Kettfaden hindurch. Sie ist die Basis für die meisten bedruckten Stoffe. Leinenbindung haben z. B. Batist, dünne Karo- und Streifenstoffe, Webkaro, Challis und Dupion.

Twillbindung

Bei der Twillbindung führt der Schussfaden jeweils stufig versetzt über mehrere Kettfäden hinweg. So bildet sich eine zarte Diagonalstruktur. Twillstoffe sind haltbarer als Stoffe in Leinenbindung. Twillgewebe sind z. B. Gabardine, Denim, Drillich und Schottenkaro.

 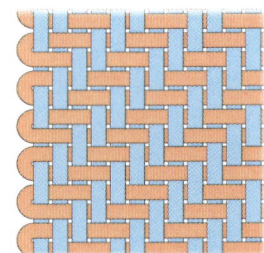

Satinbindung

Auch bei der Satinbindung führt der Schussfaden über mehrere Kettfäden hinweg und bildet eine glänzende Oberfläche. Die oben liegenden Schussfäden geben dem Satin seinen Glanz, können aber leicht reißen oder ziehen. Auch Crepe-Satin und Duchesse-Satin werden so gewebt.

 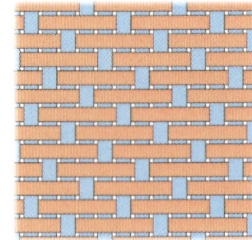

Florgewebe

Gewebe in Leinen- oder Twillbindung werden durch zusätzliche Schussfäden mit einer Flor-Oberfläche versehen. Sie bilden Schlaufen auf der Stoffoberfläche, die entweder zu Plüsch aufgeschnitten oder zu Samt geschoren werden. Bei Frottier werden sie als Schlaufen gelassen.

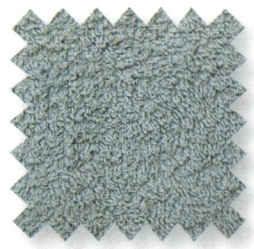 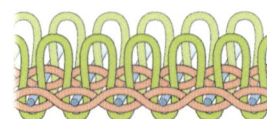

Strickstoffe

Strickstoffe entstehen aus einer Reihe von ineinander greifenden Schlingen, die eine geschmeidige Textilie ergeben. Die senkrechten Schlingenreihen werden Rippen genannt, die quer liegenden Schlingen werden Reihen oder Runden genannt.

Es gibt zwei Gruppen von Strickstoffen – einfache Strickstoffe, die sich stark dehnen, und Doppelstrickstoffe, die deutlich fester sind. Einfache Strickstoffe sind, wie der Name sagt, nur mit einem Nadelset und einem einzelnen Garn gestrickt. Die bekanntesten dieser Art sind Jersey und Linkswirkware, die ideal für Unterwäsche

und Sport- und Freizeitkleidung geeignet sind. Doppelstrickware entsteht aus zweierlei Garn und zwei Nadelsets, die gleichzeitig arbeiten und dickere Textilien bilden, wie z. B. für Hosen und Jacken. Die komplexere Kombination von einfach und doppelt Gestricktem ergibt vielerlei Strukturen und Strickmuster.

Strickstoffe können flach oder schlauchförmig hergestellt werden. Flache haben Webkanten, die zwar offen sind, aber stabil. Wenn Sie nicht erkennen können, ob ein Stoff gewebt oder gestrickt ist, ziehen Sie einen Faden aus der Unterkante. Wenn Schlaufen erscheinen, ist er gestrickt, wenn Fransen erscheinen, ist er gewebt.

Einfache Jersey-Strickware

Einfache Strickware fühlt sich auf der Oberseite sehr weich an und hat senkrechte Rippen. Auf der Rückseite sind Querreihen aus halbmondförmigen Schlingen sichtbar, die dadurch entstehen, dass das Garn hier zur Rückseite gezogen wird.

 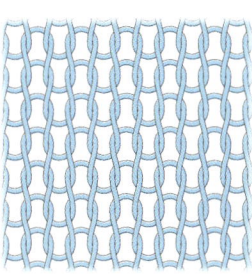

Linksgewirkte Ware

Die Linksware entsteht durch die Schlaufen, die abwechselnd zur Vorder- und Rückseite des Stoffes gezogen werden. Die Maschen sehen also auf beiden Stoffseiten gleich aus. Diese Textilie dehnt sich mehr als Jersey, sowohl in Längs- als auch in Querrichtung.

 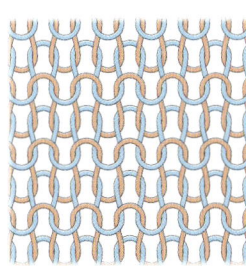

Doppelstrick

Diese Strickware ist stabil und hat „Körper", ähnlich wie ein gewebter Stoff, und dehnt sich nur wenig.

 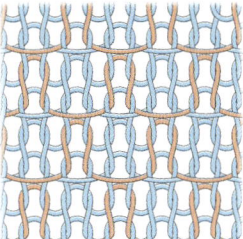

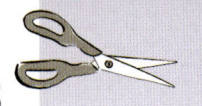
Non-Wovens

Es gibt eine ganze Reihe von Stoffen, die sich nicht in gewebte oder gestrickte Stoffe einordnen lassen. Einer davon ist der Filz. Er entsteht durch die vermutlich älteste bekannte Stoffherstellung. Andere Textilien werden geknüpft, verschmolzen, geklebt und laminiert.

Filz

Filz wird aus Wollfasern hergestellt, die sich von Natur aus zusammenballen und verfilzen (jede, die schon einen Wollpullover zu heiß gewaschen hat, kennt das). Moderne Filzstoffe werden auch aus Acrylfasern gemacht. Die kurzen Fasern werden schichtweise ausgebreitet. Wasser, Hitze und Druck verbinden die Schichten. Filz franst nicht und kann geschnitten, gezogen und geformt werden, wie z. B. bei der Hutherstellung.

Verschweißte Non-Wovens

Schweißen ist dem Filzen ähnlich und wird bei solchen Fasern angewendet, die nicht von Natur aus verfilzen. Sie werden durch ein Bindemittel zusammengehalten. Ein bekanntes Beispiel ist aufbügelbare Non-Woven-Einlage (Seite 134), die zum Versteifen von Krägen oder Ärmelbündchen verwendet wird.

Netzstoffe

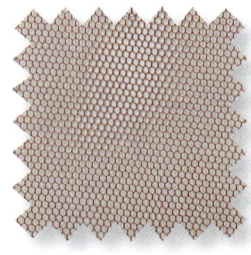

Netzstoffe haben eine lockere, löcherige Oberfläche, die durch das Verknüpfen der Fäden an den Kreuzungspunkten entsteht. Diese Stoffarten können in verschiedenen Stärken hergestellt werden, von ganz schweren Industrienetzen bis zu zartem Seidentüll oder Brautschleier.

Geklebte Non-Wovens

Sie entstehen, wenn zwei verschiedene Stoffe mit einer klebenden Schicht miteinander verbunden werden. Sie werden unterschiedlichen Kombinationen begegnen, z. B. gewebten, geklebten Stoffen oder Kunstleder mit feiner Jersey-Rückseitenbeschichtung.

Besondere Stoffe

Manche Stoffe verlangen nach einer Sonderbehandlung aufgrund ihrer Struktur und Verarbeitung. Sie erfordern besondere Handhabung und Fertigkeit. Achten Sie also sehr darauf, wenn Sie Stoffe auswählen. Haben Sie mit einem bestimmten Stoff noch nie gearbeitet, sollten Sie zuerst einmal 20 cm davon kaufen und ihn testen, bevor Sie eine große Menge kaufen und dann daran verzweifeln und aufgeben. Empfehlungen für Nadel, Faden und Stichgrößen finden Sie in der Tabelle auf Seite 156.

Crêpe

Die meisten Crêpe-Stoffe rutschen stark und dehnen sich während der Verarbeitung. Um das Rutschen zu verhindern, legen Sie Seidenpapier zwischen die Stofflagen und auf den Stofftransport. Das Seidenpapier können Sie nach dem Nähen aus den Nähten zupfen. Passen Sie Stichgröße und Fadenspannung an und bügeln Sie mit sanftem Druck

Spitze

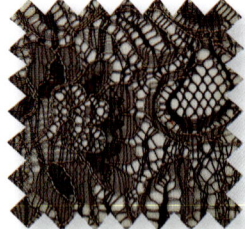

Bei Spitzen, wie auch bei durchsichtigen Stoffen, werden die Nähte sichtbar sein. Arbeiten Sie deshalb mit Kappnähten (siehe Seite 88) und bügeln Sie sehr vorsichtig.

Durchsichtige

Durchscheinende Stoffe, wie z. B. Chiffon, rutschen beim Nähen und dehnen sich. Legen Sie Seidenpapierstreifen zwischen die Stoffe und auf den Stofftransport (siehe Seite 11) und zupfen Sie es danach aus den Nähten. Stellen Sie Stichlänge und Fadenspannung entsprechend ein. Da auch hier die Nähte durchscheinen werden, ist eine französische Naht zu empfehlen (siehe Seite 88).

Taft, Satin und Brokat

Diese Stoffe sind steif und lassen sich nicht gut einhalten oder raffen (siehe Seite 144). Wie beim Samt, können Sie nur ein einziges Mal nähen, denn das Auftrennen hinterlässt Löcher. Bügeln Sie vorsichtig und leicht, bei niederer Temperatur und ohne Dampf.

Samt

Lagen von Samt haben die Eigenschaft, beim Nähen davonzukriechen, da die beiden Florseiten aufeinander liegen. Heften Sie daher alle Nähte von Hand (siehe Seite 38), bevor Sie sie mit der Maschine nähen. Wählen Sie eine feine Maschinennadel und nähen

Sie, wenn möglich, in der Strichrichtung des Flors. Sie können jede Naht nur einmal nähen, da sie nicht mehr aufgetrennt werden kann. Aufgetrennte Stiche hinterlassen Löcher im Stoff. Auch das Bügeln ist nicht einfach – je weniger, desto besser. Ein Badezimmer voll Dampf ist die beste Lösung, doch dürfen Sie nicht weiter arbeiten, bevor der Stoff vollkommen trocken ist. Wir empfehlen Samtstoffe nur für fortgeschrittene Näherinnen.

Strickstoffe

Dafür benötigen Sie spezielle Nadeln und Nähtechniken. Vielleicht müssen Sie die Nähte extra verstärken. Bügeln Sie sehr sorgfältig. Auch diese Stoffe sind eher für fortgeschrittene Näherinnen zu empfehlen.

Leder

Verwenden Sie spezielle Ledernadeln für das Nähen von Leder (siehe Seite 17) und ein mit Teflon ® beschichtetes Nähfüßchen. Sie können nur einmal nähen, da aufgetrennte Nähte Löcher hinterlassen. Wenn überhaupt, bügeln Sie bei niederer Temperatur und ohne Dampf, und halten Sie umgeschlagene Nähte mit speziellem Textilkleber flach.

Langflorige

Für Stoffe mit sehr langem Flor, wie z. B. Kunstpelz, müssen Sie die Stiche und die Fadenspannung entsprechend einstellen. Nähen Sie in Strichrichtung des Flors und schneiden Sie dicke Schichten aus den Nahtzugaben heraus (siehe Seite 43). Wenn

Sie bügeln müssen, dann tun Sie dies nur mit der Spitze des Bügeleisens, damit der Flor nicht platt gedrückt wird.

Metallics

Kleidung aus Metallicstoffen kann Hautreizungen hervorrufen und muss daher gefüttert sein. Metallics lassen sich nicht leicht einhalten und raffen (siehe Seite 146) und können auch nur ein einziges Mal genäht werden, da das Auftrennen Löcher hinterlässt. Arbeiten

Sie mit einer sehr feinen Nadel und tauschen Sie sie regelmäßig aus, damit sie nicht die Metallfasern „zerschneidet". Bügeln Sie vorsichtig, bei niederer Temperatur und ohne Dampf.

Wendestoffe

Beidseitig verwendbare Stoffe erfordern Kappnähte (siehe Seite 89), damit sie auf beiden Seiten schön aussehen. Bügeln Sie die Nähte unter einem Bügeltuch.

Wahl des richtigen Stoffes

Es gibt eine riesige Auswahl von wunderbaren Stoffen, doch ob Sie nun Heimtextilien oder Kleidung nähen – es ist enorm wichtig, die richtige Wahl zu treffen. Wenn Sie ein kommerzielles Schnittmuster verwenden (siehe Seite 110), folgen Sie der Liste mit vorgeschlagenen Stoffen, die auf der Rückseite der Packung zu finden ist. Sie möchten doch Erfolg haben! Kaufen Sie für Ihr erstes Projekt keine teuren Stoffe und sammeln Sie zuerst Erfahrung mit gewebten Stoffen, bevor Sie sich an Strickstoffe und andere Spezialstoffe wagen, die viel Erfahrung brauchen (siehe Seite 28). Vermeiden Sie Karos und große Druckmuster aus dem gleichen Grund. Ihre ersten Versuche sollen in Ihnen die Liebe zum Nähen wecken und keine Enttäuschungen verursachen.

Stoffe kaufen

Bevor der Stoff vom Ballen geschnitten wird, achten Sie genau auf irgendwelche Fehler, die auf eine schlechte Qualität hinweisen. Prüfen Sie lieber doppelt, ob der Stoff wirklich für Ihr Projekt geeignet ist.

Wählen Sie Stoffe, die in Qualität, Art und Stil zu dem Projekt passen, das Sie vorhaben. Wie fühlt sich der Stoff an? Ist er dünn oder schwer, glatt oder mit Textur, fest oder dehnbar, fällt er steif oder in weichen Falten? Wickeln Sie ein Stück Stoff vom Ballen ab und halten Sie es vor sich an den Körper, bevorzugt vor einem Spiegel, und sehen Sie, wie der Stoff fällt und ob er Ihnen steht. Es ist nicht ratsam, ein Oberteil aus schwerer, steifer Baumwolle zu nähen. Knicken Sie eine Ecke des Stoffes, um zu sehen, ob eine Falte bleibt oder ob sie sich wieder glättet. Lesen Sie auch das Etikett, auf dem steht, aus welchem Material der Stoff ist und wie er gewaschen werden soll. Finden Sie heraus, wie der Stoff gebügelt werden muss und ob er einfach zu verarbeiten ist. Wenn Sie keine Angaben finden, fragen Sie die Verkäuferin.

Wenn Sie einen Stoff kaufen, dessen Muster in einer bestimmten Richtung verläuft, seien es Druckstoffe, gewebte Stoffe, oder Stoffe mit Strichrichtung, wie z. B. Samt (siehe Seite 32), müssen alle Schnittteile in einer Richtung aufgelegt werden. Dafür brauchen Sie wahrscheinlich etwas mehr Stoff. Kommerzielle Schnittmuster geben auch die Stoffmenge für Florstoffe an, sofern der Schnitt dafür vorgesehen ist (siehe Seite 110). Fragen Sie die Verkäuferin, wenn Sie sich nicht sicher sind. Sie sollte imstande sein, solche Berechnungen auszuführen. Bald schon werden Sie die unterschiedlichen Stoffmengen selbst ausrechnen können, doch wenn Sie unsicher sind, ist es immer besser, um Rat zu fragen. Fehler können hier sehr teuer werden.

Das Gewebe

- Der Stoff sollte fest gewebt sein. Wenn sich die Gewebefäden mit den Fingern auseinander schieben lassen, werden sie das auch später tun und schwache Stellen im Stoff und an den Nähten verursachen. Manche Stoffe sind bewusst locker gewebt, doch auch hier dürfen sich die Gewebefäden nicht verschieben.
- Der Stoff muss auf der ganzen Fläche gleichmäßig gewebt sein. Halten Sie ihn gegen das Licht und prüfen Sie, ob es dünne und dickere Bereiche gibt.
- Die Schussfäden, die quer über die Stoffbahn verlaufen, müssen im rechten Winkel auf die Webkanten zulaufen. Andernfalls ist der Stoff verzogen (siehe Seite 26).
- Wenn der Stoff sehr ausfranst, ist er schwierig zu verarbeiten. Sie müssen die Stoffkanten der zugeschnittenen Teile noch vor dem Zusammennähen versäubern.

Die Farbe

- Achten Sie darauf, dass der Stoff gleichmäßig eingefärbt ist und vermeiden Sie solche, bei denen schon eine Falzkante ausgeblichen ist oder bei dem Sie mit einem Taschentuch Farbe abreiben können.
- Bedruckte Stoffe dürfen keine weißen Stellen haben, an denen die Farbe fehlt.
- Kaufen Sie ausreichend Stoff. Der Stoff von einem anderen Ballen kann in einer neuen Charge gefärbt sein und farblich vom ersten abweichen.

Das Druckmuster

- Symmetrische und geometrische Druckmuster müssen im rechten Winkel auf die Nahtzugabe treffen. Andernfalls wird es schwierig, ein Muster in einer Naht richtig aufeinander stoßen zu lassen.
- Von Stoffen mit Flor oder Stoffen mit einem Muster in einer bestimmten Richtung müssen Sie wahrscheinlich etwas mehr kaufen.

Die Oberflächenbehandlung

- Reiben Sie den Stoff zwischen Daumen und Zeigefinger. Wenn feines Pulver abreibt, ist zu viel Appretur aufgebracht. Damit wird oft eine schlechte Qualität vertuscht.
- Knautschen Sie den Stoff um zu sehen, ob sich die Falten wieder glätten. Wenn nicht, wird auch das Kleidungsstück immer zerknittert aussehen.

Weitere Überlegungen

- Gewicht und Fall eines Stoffes müssen zu dem Projekt passen, das Sie planen.
- Die Stoffbreite sollte zu den Angaben auf der Schnittmusterpackung passen oder breit genug sein für alle großen Zuschneideteile.
- Sie benötigen Futterstoff (siehe Seite 137), wenn sich ein Kleidungsstück nicht verziehen darf, wenn es lange bequem sitzen soll und wenn Sie mit feinen oder durchsichtigen Stoffen arbeiten.
- Es ist wichtig, die Pflege der Stoffe zu kennen. Vorteilhaft ist, wenn der Stoff waschbar ist, denn mehrfache chemische Reinigung kann teuer werden.

Nähgarn / Fäden

Der Markt hat viele verschiedene Nähfäden zu bieten. Jedes Garn hat eine andere Zusammensetzung, Stärke und einen anderen Zweck. Mit einem Faden in guter Qualität lässt es sich leichter arbeiten, sowohl mit der Nähmaschine, als auch von Hand. Billigangebote sind nur selten gut. Qualitätsgarn ist stark, glatt, gleichmäßig dünn, kringelt nicht und ist farbecht.

Wahl des Fadens

Ihr Stoff gibt vor, welchen Faden Sie kaufen werden. Beides gibt es in unterschiedlichen Qualitäten, Stärken und für unterschiedliche Verwendungszwecke. Das Material eines Fadens muss nicht zwingend das gleiche sein wie das des Stoffes, doch für dickere Stoffe sollten Sie auch dickere Fäden kaufen, so wie feinere Fäden für dünne Stoffe. Durch Verwendung der richtigen Fadenstärke vermeiden Sie wellige Nähte, die besonders bei feinen Stoffen leicht auftreten (siehe Seite 156).

Das Allzweckgarn aus Polyester ist ein guter Faden. Er ist kräftig, dehnt sich leicht ohne zu fransen, reißt nicht, schrumpft nicht, verwittert nicht und er wird in einer großen Farbauswahl angeboten. Nicht immer gelingt es, den Faden in genau der Farbe des Stoffes zu finden. Entscheiden Sie sich in diesem Fall für eine etwas dunklere Schattierung des Fadens oder eine, die zu einer der Hauptfarben eines bedruckten Stoffes passt.

Spulengrößen

Die meisten Spulen haben „Haushaltsgröße" von 100 m Garn. Schwarz, Weiß und einige wenige Farben gibt es auch auf größeren Spulen und die Anschaffung lohnt sich dann, wenn Sie größere Projekte vorhaben, wie z. B. Vorhänge.

TIPP

Wenn Sie eine Rolle Nähgarn kaufen, wickeln Sie ein Stück weit ab und legen Sie den Faden auf den Stoff. Die Farbe sieht immer etwas anders aus als auf der Spule.

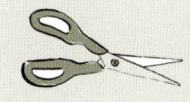

Vorbereitung zum Zuschneiden

Vor dem Zuschneiden fürchten sich viele Anfängerinnen, dabei ist es kein Problem, sobald Sie sich Zeit lassen und die Stoffe richtig vorbereiten.

Die wichtigsten Begriffe

Bevor Sie den Stoff ausbreiten und irgendwelche Teile aufstecken, sollten Sie die wichtigsten Begriffe kennen.

Längsfadenlauf

Der Fadenlauf bedeutet die Richtung eines Gewebefadens in einem gewebten Stoff. Schnittteile werden in der Regel im Längsfadenlauf aufgelegt, also an den Kettfäden entlang, die parallel zu den Webkanten liegen (siehe Seite 28).

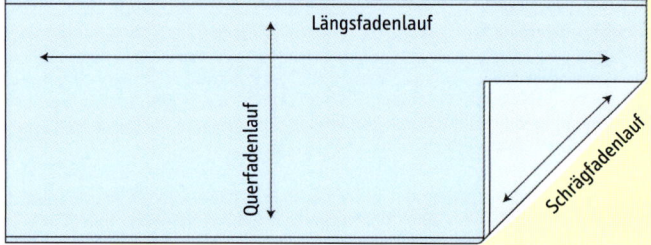

Querfadenlauf

Der Querfadenlauf folgt dem Schussfaden und reicht von einer Webkante bis zur anderen. Er dehnt sich nur leicht. Wenn der Schussfaden nicht im rechten Winkel auf die Webkante trifft, ist der Stoff verzogen. Im Querfadenlauf wird nur dann zugeschnitten, wenn ein bestimmtes Stoffmuster dies verlangt, wie z. B. eine Bordüre entlang einer Saumlinie.

Schrägfadenlauf

Der diagonale, oder schräge Fadenlauf liegt in der gedachten Diagonale zwischen den Gewebefäden und dehnt sich sehr stark. Ein korrekter Schrägfadenlauf liegt im 45°-Winkel zum geraden Fadenlauf. Ein im diagonalen Fadenlauf zugeschnittenes Kleidungsstück hat einen weichen Fall, aber leider auch oft eine instabile Saumlinie.

Strichrichtung

Dies betrifft Stoffe, die entweder einen Flor haben, wie z. B. Samt, oder ein Muster, das in eine bestimmte Richtung verläuft, wie z. B. Blumen die nach oben wachsen (siehe Seite 30). Auf Schnittmusterbögen (siehe Seite 110) ist in diesem Fall oft der Hinweis „in Strichrichtung" zu finden, damit Sie wissen, wie die Teile aufgelegt werden müssen.

Stoffbreiten

Modestoffe gibt es in dreierlei Breiten: 90 cm, 115 cm und 150 cm. Möbelstoffe liegen 137 cm breit. Die Tabelle für den Stoffverbrauch finden Sie auf der Rückseite der Schnittmusterpackung oder bei der Einleitung. Sie gibt an, wie viel Stoff Sie für dieses spezielle Projekt kaufen müssen (siehe Seite 110).

Kanten begradigen

Es ist sehr wichtig, den Stoff vor dem Zuschneiden richtig vorzubereiten. Nachdem Sie alle Falten und Knitter ausgebügelt haben, müssen Sie die Kanten begradigen. Das müssen Sie mit jedem Stoff tun, um sicher zu sein, dass er gerade gefaltet werden kann und dass der Fadenlauf gerade liegt.

Gewebter Stoff

Es gibt verschiedene Methoden, die Kanten von gewebten Stoffen zu begradigen, je nach der Art des Stoffes und seiner Webart.

Jeglicher gewebter Stoff

Zeichnen Sie eine Linie im rechten Winkel zu den Webkanten. Benutzen Sie ein Schneiderlineal, ein Dreieckslineal oder einen anderen rechwinkeligen Gegenstand, wie z. B. ein Buch. Legen Sie dann eine Elle an und zeichnen Sie mit der Schneiderkreide eine Linie (Seite 22). Schneiden Sie an der Linie entlang.

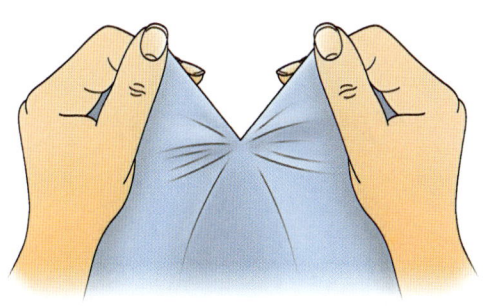

Fest gewebter Stoff

Schneiden Sie kurz in die Webkante, greifen Sie jede Ecke des eingeschnittenen Bereichs und reißen Sie den Stoff auseinander. Wenn der Streifen im Nichts endet, schneiden Sie weiter innen noch einmal in die Webkante und reißen Sie erneut.

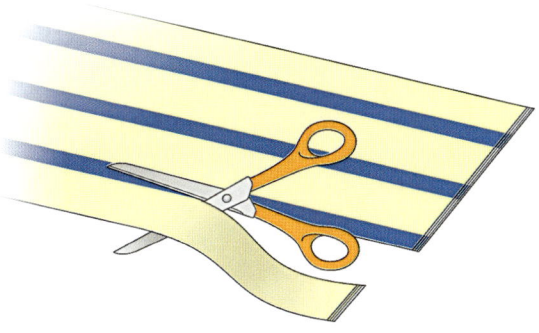

Gemusterter Stoff

Schneiden Sie gestreifte oder karierte Stoffe an einer Musterlinie entlang. Einen bedruckten Stoff sollten Sie zuerst reißen.

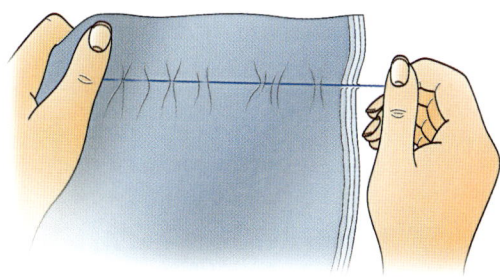

Locker gewebter Stoff

Schneiden Sie kurz in die Webkante und fassen sie das Ende eines Gewebefadens. Ziehen Sie vorsichtig daran, raffen Sie den Stoff und folgen Sie dem Faden bis an die andere Seite. Schneiden Sie entlang der Linie des gezogenen Fadens.

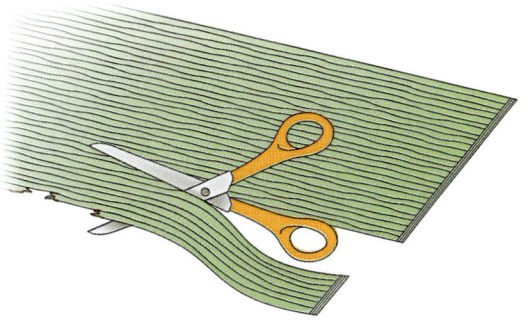

Grob gewebter Stoff

Schneiden Sie zwischen zwei Schussfäden von Webkante zu Webkante

Strickstoff

Wir empfehlen zwar nicht mit Strickstoffen zu beginnen, doch möchten Sie vielleicht damit arbeiten, wenn Sie etwas mehr Erfahrung gesammelt haben. Wie bei den gewebten Stoffen sollten Sie Strickstoffe vorab bügeln, um Falten und Knitter zu entfernen, und dann erst die Kanten begradigen. Rundgestrickte Stoffe müssen Sie eventuell aufschneiden, um sie glatt auslegen zu können. Schneiden Sie dafür entlang einer senkrechten Maschenlinie.

Flacher Strickstoff

Schneiden Sie entlang einer quer laufenden Maschenreihe. Ist es ein sehr feiner Strickstoff, müssen Sie sich auf Ihr Augenmaß verlassen oder mit Schneiderkreide eine Linie zeichnen und daran entlang schneiden (wie beim gewebten Stoff, siehe gegenüberliegende Seite).

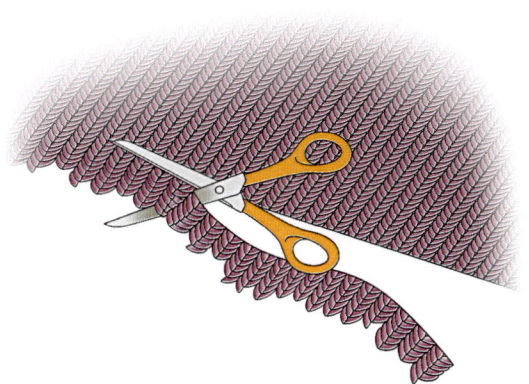

Stoff vorbereiten

Das Zuschneiden ist ein wichtiger Schritt auf Ihrem Weg zum Kleidungsstück. Lassen Sie sich Zeit, besonders, wenn Sie einen teuren Stoff gekauft haben. Ein unvorsichtiger Schnitt – und Sie stehen wieder ganz am Anfang. Folgen Sie den angegebenen Schritten und Sie sparen nicht nur Zeit und Geld, Sie werden sehen, dass auch das Zusammennähen viel einfacher geht.

Stoff zum Zuschneiden falten

Die meisten Schnittmuster werden aus einem gefalteten Stoff zugeschnitten. In der Regel wird der Stoff der Länge nach im Längsfadenlauf (siehe Seite 32), rechts auf rechts gefaltet,

die Webkanten liegen aufeinander oder parallel, und der Bruch liegt dort, wo es der Schnittmusterbogen vorgibt (siehe Seite 116). Streichen Sie den Stoff ganz glatt, bevor Sie die Schnittmusterteile feststecken.

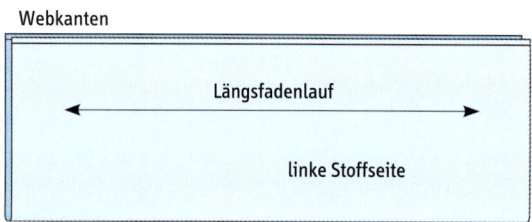

Komplett längs falten

Legen Sie den Stoff Webkante auf Webkante der Länge nach in der Mitte zusammen. Ist der Stoff rutschig, stecken Sie in regelmäßigen Abständen Stecknadeln hindurch.

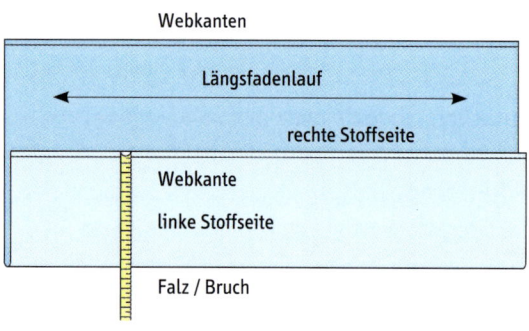

Teilweise oder doppelt längs falten

Bei einem teilweise oder doppelt zusammengelegten Stoff messen Sie in regelmäßigen Abständen vom Bruch bis zur Webkante, damit das Stoffteil gleichmäßig breit liegt.

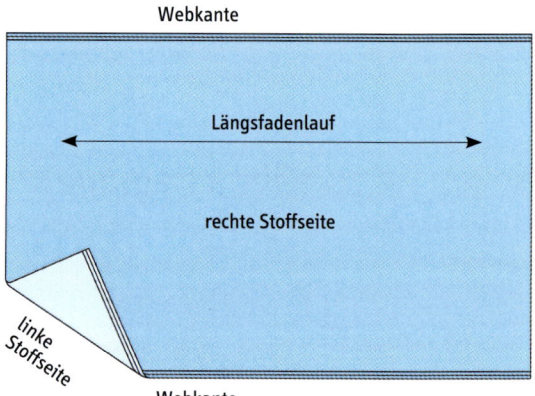

Es wird kein Bruch benötigt

Wird kein Bruch benötigt, legen Sie den Stoff mit der rechten Seite nach oben.

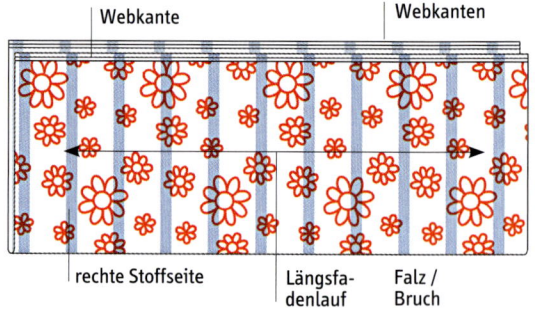

Stoffe mit Strich

Wenn Sie einen Florstoff, ein Muster das aufeinandertreffen soll oder einen Stoff mit großen Motiven zuschneiden möchten, legen Sie ihn links auf links zusammen.

und ... Schnitt!

Nachdem Sie die Kanten begradigt und den Stoff ausgebreitet haben, können Sie mit dem Schneiden beginnen. Beim Zuschneiden jeglicher Stoffteile schieben Sie die Schere durch den Stoff, machen Sie lange Schnitte an geraden Kanten und kürzere an gebogenen Kanten. Lassen Sie sich Zeit und schneiden Sie gleichmäßig, damit die Kanten nicht gezackt werden. Sie werden feststellen, dass sich eine Schneiderschere mit einem geknickten Griff (siehe Seite 22) am besten eignet. Arbeiten Sie niemals mit stumpfen Scheren, damit die Stoffkanten nicht ausfransen.

Glatte Schnitte

Legen Sie Ihre linke Hand (oder die rechte, wenn Sie Linkshänderin sind) leicht auf das Teil oder die Stofflagen, die Sie schneiden möchten. Halten Sie die Schere in der anderen Hand. Öffnen Sie die Schere und schieben Sie die untere Klinge unter den Stoff. Die Schere soll glatt auf dem Tisch aufliegen und der Stoff nur leicht angehoben sein. Machen Sie einen langen glatten Schnitt über die ganze Länge der Klinge. Öffnen Sie die Schere erneut, schieben Sie sie wieder unter den Stoff und bewegen Sie die andere Hand weiter nach vorn, neben die Klingen, um den Stoff festzuhalten. Fahren Sie so fort, bis das Teil ausgeschnitten ist.

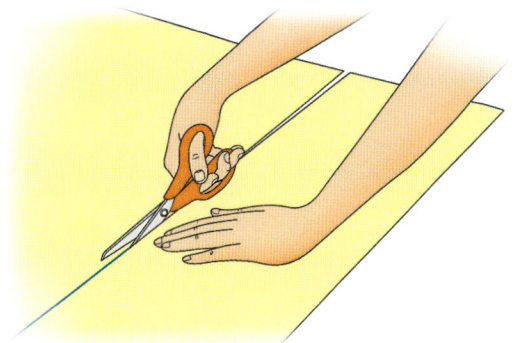

Bevor Sie zu nähen beginnen

- Machen Sie sich mit den Funktionen der Nähmaschine vertraut.
- Stellen Sie die Nähmaschine auf einen stabilen Tisch und den Stuhl auf die richtige Höhe. Sie müssen die Bedienungselemente der Maschine und das Fußpedal, das flach auf dem Fußboden liegt, gut erreichen, die Vorderseite weist zu Ihnen.
- Prüfen Sie, ob das Elektrokabel bequem bis zur Steckdose reicht. Verwenden Sie, wenn nötig, ein Verlängerungskabel.

Nähgeschwindigkeit üben

Nehmen Sie einen festen, preiswerten Stoff, z. B. einen Baumwollstoff. Schalten Sie die Nähmaschine ein. Legen Sie den Stoff unter das Nähfüßchen und senken Sie es auf den Stoff herab. Fassen

Sie die beiden Enden von Ober- und Unterfaden und halten Sie sie fest, damit sie nicht beim ersten Stich in die Unterfadenkapsel hinunter gezogen werden.

Treten Sie nun auf das Pedal – zuerst ganz sanft, dann immer fester, je sicherer Sie werden. Nähen Sie so oft Sie möchten auf dem Stoff auf und ab. Heben Sie an Anfang und Ende jeweils das Nähfüßchen an, verschieben Sie den Stoff ein Stück und nähen Sie dann weiter.

Gerade Nähte üben

Gerade Nähte üben Sie am besten auf einem Streifenstoff. Legen Sie Ihre Hände flach auf den Nähtisch der Maschine, auf jeder Seite der Nadel eine (natürlich weit genug weg von der Nadel). Lenken Sie den Stoff mit beiden Händen und nähen Sie an den Streifen entlang. Üben Sie so lange, bis Sie sich sicher fühlen. Die Nählinien müssen ganz gerade sein.

und so weiter

Nun können Sie zu den Dingen übergehen, die Spaß machen. Der nun folgende Workshop ist so aufgebaut, dass Sie Ihre Fertigkeiten Schritt für Schritt entwickeln. Arbeiten Sie also alle Projekte der Reihe nach. Lassen Sie sich Zeit – und haben Sie viel Spaß dabei!

Scheren

- Um sich an den Umgang mit der Schneiderschere und ihren geknickten Griff zu gewöhnen, kaufen Sie einen Streifenstoff und üben Sie, an den Streifen entlang zu schneiden. Das ist vielleicht etwas langweilig, aber Sie können bald ganz akkurat schneiden und ihre fertigen Projekte sehen professionell aus.
- Heben Sie während des Schneidens die Schere oder den Stoff nicht an. Dies würde den Stoff verschieben und das Teil, das Sie gerade zuschneiden verziehen.

Die Arbeitsfläche

Sie brauchen eine große, flache und feste Oberfläche, wie z. B. einen Esstisch oder einen sauberen Fußboden, auf der Sie die Stoffe zusammenfalten und zuschneiden können. Stecknadeln und Scheren können Schäden auf der Oberfläche hinterlassen, auch sind sie für Kinder gefährlich. Achten Sie also darauf, dass die Arbeitsfläche geschützt ist oder Sie wählen eine, bei der es nicht darauf ankommt und an die Kinder nicht heranreichen.

TEIL 2

Die Workshops

Die folgenden Lehrgänge sind wie ein Anfängerkurs für Maschinennähen in aufsteigenden Schwierigkeitsgraden aufgebaut und sollten nacheinander durchgearbeitet werden. So werden Sie jede Technik beherrschen, bevor Sie zur nächsten Lektion übergehen. Am Ende jedes Workshops folgt ein Nähprojekt, bei dem Sie Ihre neu erlernten Fertigkeiten in die Praxis umsetzen können. Die Stoffmengen, die Schnitte – wenn benötigt – und die einfachen Schritt-für-Schritt-Anleitungen sind jeweils genau angegeben. Alle Arbeitsschritte sind illustriert: Die roten Linien zeigen, was Sie gerade nähen, die schwarzen Striche geben alles an, was Sie in den vorangegangenen Arbeitsschritten bereits genäht haben. So werden Sie schon bald Ihre eigenen schönen Vorhänge und ganz besonderen Kleidungsstücke nähen.

Einfache Nähte und Säume

Ob Sie nun eine Nadel einfädeln oder eine einfache Naht nähen möchten, es ist auf jeden Fall gut, einige Grundtechniken zu beherrschen. Nur so macht das Nähen Freude. Workshop 1 leitet Sie Schritt für Schritt und zeigt Ihnen alle Techniken, die Sie für Ihr erstes Projekt brauchen – eine Kissenhülle mit Hotelverschluss.

Eine Naht heften

Heftstiche sind nur vorübergehend und sollen zwei Stofflagen aufeinander halten. Sie machen sich das Heften leicht, wenn Sie die Stoffteile vorab mit Stecknadeln zusammenhalten und Ihre Nähnadel eingefädelt haben.

Stecken

Mit Stecknadeln zusammengesteckte Stoffteile verrutschen nicht, während Sie sie heften.

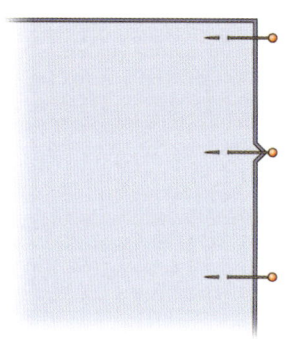

Legen Sie die Stoffe rechts auf rechts (wenn nicht anders angegeben) und passen Sie die Kanten und eventuelle Markierungen (siehe Seite 113) genau aufeinander. Sehen Sie nach, welche Nahtzugabenbreite (der Abstand zwischen der Nählinie und der Stoffkante) benötigt wird. Stecken Sie nun die Stecknadeln quer zur Nählinie durch die Stofflagen. Die Köpfchen sollen nahe der Stoffkante liegen und die Spitzen kurz hinter der Nählinie wieder auftauchen.

Die Fadenenden sichern

Beim Handnähen wird der Fadenanfang in der Regel mit einem Knoten befestigt. Beim Heften ist es unerheblich, ob man den Knoten sieht, denn der Faden wird später sowieso wieder entfernt. Sichern Sie das Fadenende mit ein paar Rückstichen. Wenn Sie keinen Knoten machen möchten, können Sie auch am Fadenanfang einige Rückstiche arbeiten.

TIPP
Damit sich der Faden nicht kringelt und oder verknotet, fädeln Sie immer das Ende in die Nadel, das von der Garnrolle weg weist, nicht das soeben abgeschnittene Ende.

Einen Knoten machen

1. Fädeln Sie zuerst Ihre Nadel ein. Halten Sie das Ende des Fadens zwischen Daumen und Zeigefinger. Mit der anderen Hand wickeln Sie den langen Faden um den Zeigefinger der ersten Hand. Halten Sie den langen Faden straff und schieben Sie den Zeigefinger am Daumen entlang nach unten, so dass sich eine Fadenschlaufe bildet.

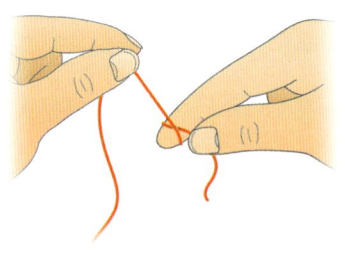

2. Schieben Sie die Schlaufe über die Fingernagelkante nach vorn, halten Sie sie aber immer noch fest zwischen Daumen und Zeigefinger. Ziehen Sie nun am kurzen Ende des Fadens und formen Sie den Knoten.

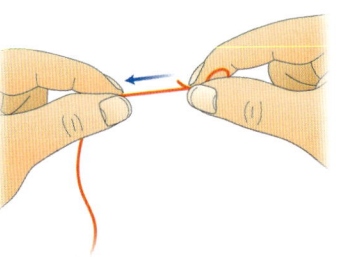

Rückstiche machen

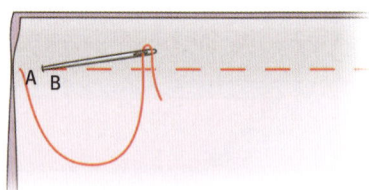

Bringen Sie die eingefädelte Nadel bei Punkt A nach oben zur Oberseite. Stechen Sie bei B (eine Stichlänge hinter A) durch alle Stofflagen nach unten und bei A wieder nach oben. Wiederholen Sie dies und arbeiten Sie einen zweiten Rückstich auf der gleichen Stelle. Schneiden Sie das Fadenende ab.

Das Heften

Das Nähen jeglicher Naht wird einfacher für Sie, wenn Sie die Stoffe zuvor zusammengeheftet haben. Hier finden Sie verschiedene Heftstiche. Der gebräuchlichste ist der gleichmäßige Heftstich, auch Vorstich oder Reihstich genannt.

Er verleiht den Stoffen Halt. Der ungleiche Heftstich ist für die meisten Nähte ausreichend. Geheftete Schlaufen helfen, dass bei speziellen Stoffmustern wie z. B. Streifen, Karos und große Ornamente die Musterkanten genau in der Nählinie zusammentreffen.

Der gleichmäßige Heftstich Er eignet sich gut für glatte Stoffe, die sich beim Nähen leicht verschieben und für Nähte, die besonders gut sitzen müssen, wie z. B. Kurvennähte, Nähte durch viele Stofflagen, sowie für geraffte Nähte und Rüschen.

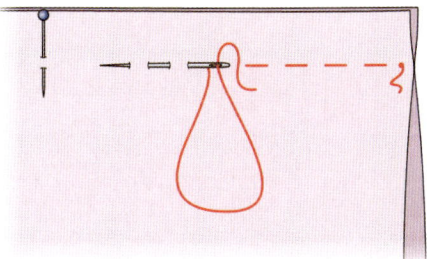

Arbeiten Sie von links nach rechts (Linkshänder/innen arbeiten anders herum) und machen Sie kurze Stiche in gleichmäßigen Abständen von ca. 6 mm. Stechen Sie durch alle Stofflagen und bleiben Sie auf der Nahtzugabe, dicht neben der Nählinie. Fassen Sie mehrere Stiche auf Ihre Nadel, bevor Sie den Faden durch den Stoff ziehen.

Saumstiche / Staffierstiche Wenn Sie mit sehr groß gemusterten Stoffen arbeiten, die genau zusammenpassen müssen, ist dieser Stich geeignet, denn er wird bei beiden Stoffteilen auf den rechten Stoffseiten gearbeitet.

Ungleiche Heftstiche Dieser Stich wird sehr oft benutzt und eignet sich für Stoffkanten, die sich während des Maschinennähens kaum verschieben. Mit diesem Stich markieren Sie auch Positionslinien, wie z. B. für Falten und große Abnäher.

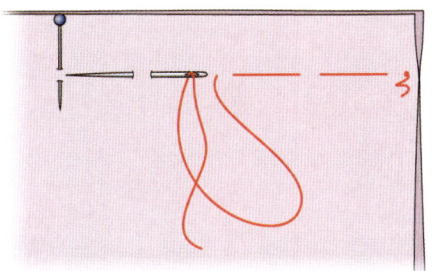

Arbeiten Sie von rechts nach links (Linkshänder/innen beginnen links). Führen Sie die Nadel jeweils ca. 6 mm unter den Stofflagen entlang, stechen Sie dann nach oben und machen Sie auf der Oberseite ca. 2,5 cm lange Stiche. Bleiben Sie innerhalb der Nahtzugabe, nahe der geplanten Nählinie. Sie können mit einer solchen Heftstichreihe auch eine Nählinie kennzeichnen.

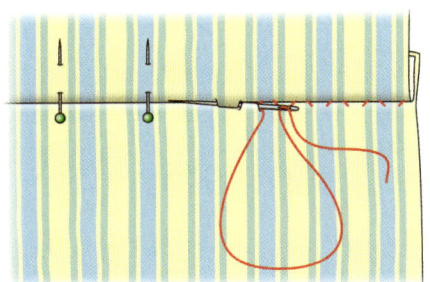

Bügeln Sie eine Kante eines der Stoffteile genau auf der Nählinie zur linken Seite. Legen Sie diese gefaltete Kante mit der rechten Seite auf die rechte Seite des anderen Stoffteiles. Passen Sie die Muster genau aufeinander und stecken Sie die Kante fest, wie abgebildet. Arbeiten Sie von rechts nach links (Linkshänder/innen beginnen links). Machen Sie ca. 6 mm lange Stiche in gleichmäßigen Abständen durch den unten liegenden Stoff und durch die auf der Nählinie verlaufende, oben liegende, umgebügelte Stoffkante. Entfernen Sie im Vorwärtsnähen nach und nach die Stecknadeln.

Wahl des Heftfadens

Arbeiten Sie mit einem Heftfaden in Kontrastfarbe, damit Sie die Heftlinie gut erkennen und von der richtigen Naht unterscheiden können, wenn Sie die Heftfäden wieder herausziehen.

Obwohl es spezielle Heftgarne zu kaufen gibt, sollten Sie allzu billige Angebote meiden, es sei denn, es handelt sich um weißes Garn. Es könnte nämlich sein, dass dunkle Garne nicht farbecht sind und auf helle Stoffe abfärben.

TIPP

Wenn Sie etwas Übung haben, können Sie bei vielen Nähten auf das Heften verzichten. Fixieren Sie die Stofflagen mit Stecknadeln und nähen Sie dann behutsam mit der Maschine entlang der Nählinie. Überqueren Sie die Stecknadeln ganz langsam, um die Nähnadel nicht zu brechen, oder nehmen Sie die Stecknadeln nach und nach heraus.

Einfache Nähte

Über Kappnähte,
bei denen die
Stoffkanten
der ersten Naht
mit einer zweiten
umschlossen
werden, lesen Sie
auf Seite 88.

Sobald Sie zwei oder mehr Stoffe mit einer Naht verbinden, muss die Nahtzugabe versäubert (siehe Seite 44) und oft auseinander gebügelt werden. Meist wird die einfache Naht für gerade Nähte benutzt, aber sie eignet sich auch für gebogene Nähte und Ecken. Bevor Sie beginnen, wählen Sie die passende Nadel und den Faden dazu (siehe Seite 156). Nähen Sie zuerst auf einem doppelt gelegten Stoffrest, um die Einstellung von Stichlänge, Spannung und Füßchendruck zu überprüfen. Achten Sie auch auf die Breite der Nahtzugabe, die bei den meisten Schnittmustern 1,5 cm beträgt.

Die erste einfache Naht

Zuerst müssen Sie wissen, wie der Faden an Nahtanfang und -ende vernäht wird. Es gibt zwei Möglichkeiten – Rückstiche (die sicherste Methode) und das Verknoten der Fadenenden.

Rückstiche

Legen Sie die zusammengehefteten Stoffteile unter den Nähfuß, die Stoffkanten liegen entlang der entsprechenden Markierungslinie. Stechen Sie die Nadel 10 mm nach dem Nahtbeginn in die Nählinie hinab. Senken Sie den Nähfuß. Stellen Sie an der Maschine den „Rückstich" ein und nähen Sie rückwärts bis knapp an die obere Stoffkante heran. Nähen Sie nicht über die Oberkante hinaus, denn dann kann es passieren, dass die

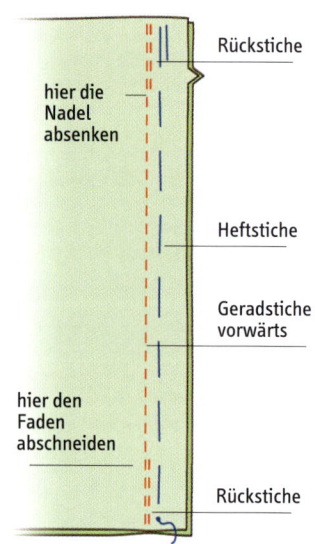

Rückstiche

hier die Nadel absenken

Heftstiche

Geradstiche vorwärts

hier den Faden abschneiden

Rückstiche

Stoffkante in das Loch der Stichplatte gezogen wird. Stellen Sie nun „Geradstich vorwärts" ein und nähen Sie auf der Nählinie entlang bis an die untere Stoffkante heran. Orientieren Sie sich an den Markierungslinien. Nun stellen Sie wieder den „Rückstich" ein, nähen Sie 10 mm auf der Nählinie zurück und schneiden Sie die Fäden dicht über der Naht ab.

Machen Sie einen Knoten, der die Form einer 8 hat.

Unterfaden nach oben ziehen

Fadenenden verknoten

Das Nahtende wird flach und sauber, wenn Sie die Fadenenden verknoten. Lassen Sie am Anfang ein langes Fadenende hängen. Nähen Sie von oben bis unten auf der Nählinie entlang. Lassen Sie auch am Ende der Naht ein langes Fadenende hängen. Ziehen Sie am Oberfaden und holen Sie auf diese Weise den Unterfaden als Schlaufe nach oben. Ziehen Sie den Unterfaden ganz durch und verknoten Sie beide Fadenende in Form einer 8. Dies ist der Weberknoten. Wiederholen Sie dies am anderen Ende der Naht und schneiden Sie überstehende Fadenenden ab.

TIPP

Achten Sie darauf, dass Ihr Bügeleisen auf die richtige Temperatur eingestellt ist. Wenn Sie sicher gehen wollen, testen Sie zuerst auf einem Stoffrest.

Nähte ausbügeln

Das Bügeln der Nähte ist in jedem Arbeitsstadium sehr wichtig. Die Nähte werden glatt, das Anpassen eines Kleidungsstückes gelingt leichter, und es wirkt sofort professionell. Wenn Sie das Bügeln bis zum Ende Ihrer Näharbeit aufschieben, können Sie die innen liegenden Nähte nicht mehr ausbügeln. Wenn Sie aber immer sofort nach jeder Naht bügeln, ist alles noch gut erreichbar.

Naht bügeln

Entfernen Sie die Heftfäden. Bügeln Sie mit dem Bügeleisen in der Richtung über die Naht, in der Sie soeben genäht haben, um die Stiche zu verankern. Dann drücken Sie mit den

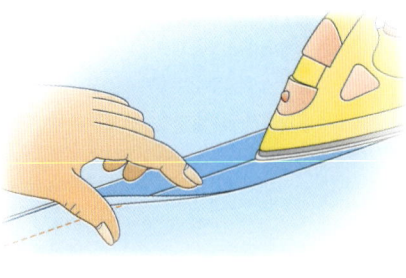

Fingern die Nahtzugaben auseinander, so dass sie flach liegen, und streichen Sie mit dem Bügeleisen dicht hinter Ihren Fingern über die Naht.

Markierungslinien benutzen

Auf der Stichplatte der meisten Nähmaschinen sind Markierungslinien angebracht. Sie sind eine große Hilfe, damit die Nähte ganz gerade werden.

Üben Sie ein wenig, und Sie werden bald die nötige Sicherheit haben. Sollte Ihre Nähmaschine keine Markierungslinien haben, können Sie mit textilem Klebeband Hilfslinien aufkleben.

Markierungen der Stichplatte

Die meisten Nähmaschinen haben auf der Stichplatte eingravierte Markierungslinien. Sie können links, rechts und vor der Nadel liegen und haben Abstände von jeweils ein Achtel-Inch bzw. fünf Millimeter. Damit können Sie die benötigte Nahtzugabenbreite (i. d. Regel 1,5 cm) korrekt einhalten oder den Abstand zu einer vorhergehenden Naht. Legen Sie die Stoffkante an einer der Markierungslinien an und führen Sie die Kanten während des Nähens exakt dort entlang. Auf manchen Stichplatten finden Sie auch quer laufende Linien, die Sie als Drehpunkt beim Nähen von Ecken benutzen können (siehe Seite 42).

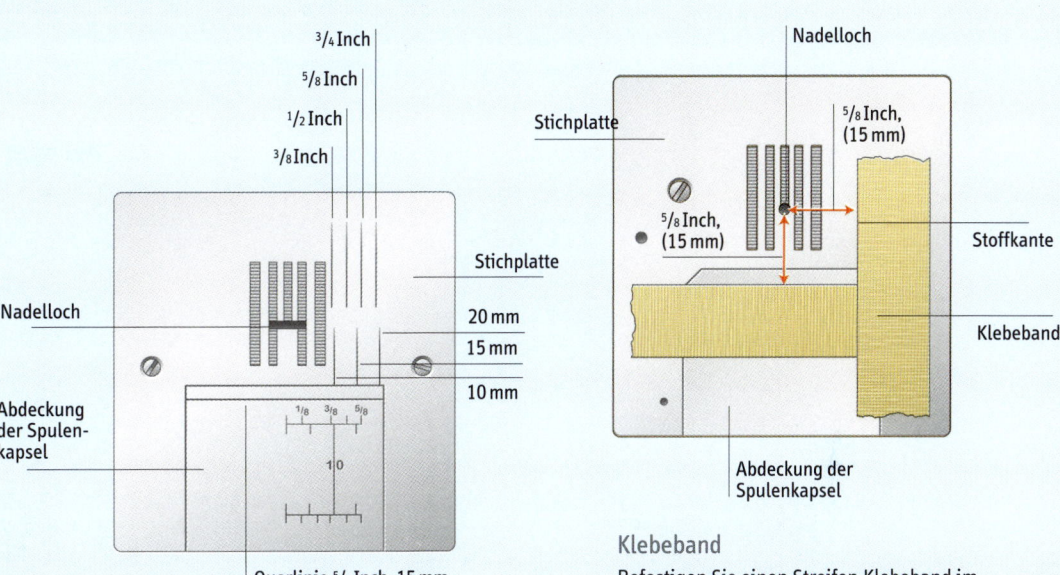

Klebeband

Befestigen Sie einen Streifen Klebeband im Abstand von 1,5 cm (oder in der entsprechend benötigten Breite) rechts des Nadellochs und quer davor als Führungslinie. Legen Sie beim Nähen die Stoffkanten genau an der Innenkante des Klebestreifens an.

Magnetische Kantenführung

Solche magnetischen Kantenführungen finden Sie in gut sortierten Kurzwarengeschäften. Sie eignen sich besonders gut für mechanische Nähmaschinen. Bei den neueren Modellen müssen Sie bedenken, dass der Magnet die Elektronik stören kann. Die Stichplatte muss metallisch sein, um den Magneten halten können.

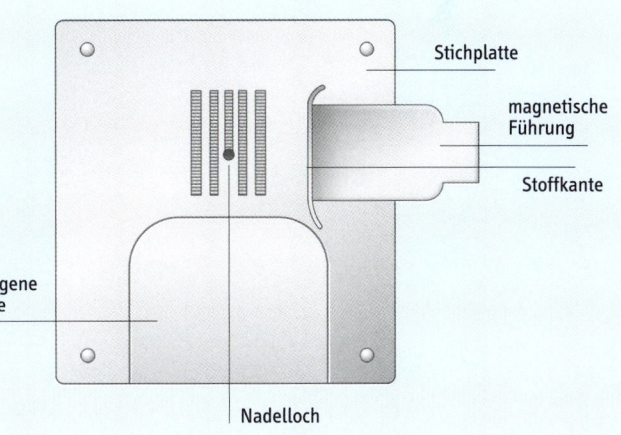

Kurvennähte

Kurvennähte werden genau wie gerade Nähte gearbeitet, Sie müssen nur den Stoff besonders sorgfältig unter der Nadel führen, damit die Nahtzugabe auf der gesamten Strecke genau gleich breit bleibt. Dabei helfen Ihnen die Markierungslinien, wie oben beschrieben. Stellen Sie eine etwas kürzere Stichlänge ein (ca. 2 mm) und nähen Sie langsam.

Eine einfache Ecknaht

Um die Ecke zu nähen ist genau so einfach wie eine gerade Naht, es gibt aber auch hier einige nützliche Hinweise. Wenn Ihre Stichplatte keine Querlinien aufweist, ist es hilfreich, einen Klebestreifen im Abstand einer Nahtzugabenbreite quer aufzukleben.

Außenecke nähen

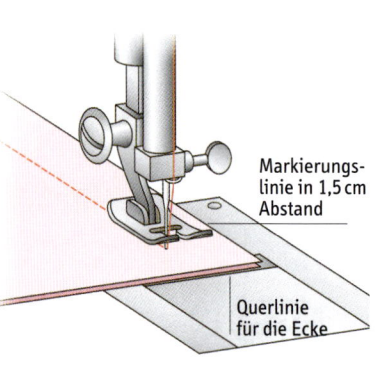

Markierungs-linie in 1,5 cm Abstand

Querlinie für die Ecke

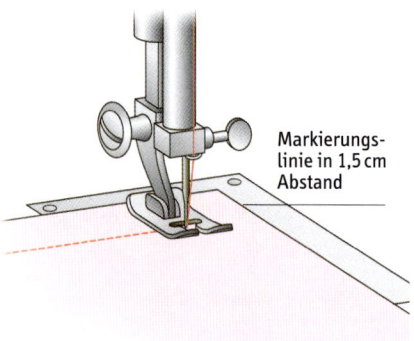

Markierungs-linie in 1,5 cm Abstand

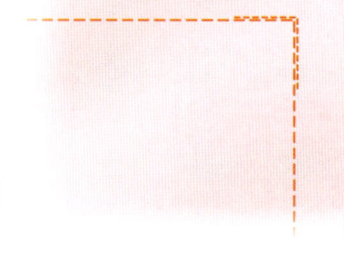

1. Nähen Sie mit 1,5 cm Nahtzugabe und sichern Sie den Fadenanfang mit Rückstichen. Nähen Sie bis an den Eckpunkt heran und lassen Sie die Nadel im Stoff versenkt, sobald die untere Stoffkante die quer laufende Markierungslinie erreicht hat (oder die Kante des Klebebandes). Heben Sie das Nähfüßchen an.

2. Drehen Sie den Stoff um 90°, die Nadel bleibt dabei versenkt. Legen Sie die bisherige Unterkante des Stoffes jetzt entlang der seitlichen Markierungslinie in 1,5 cm Abstand. Senken Sie das Nähfüßchen ab und nähen Sie bis an das Ende der Naht. Verankern Sie die Fäden mit Rückstichen.

3. Verstärken Sie die Ecknaht an beiden Seiten mit jeweils einer ca. 2 cm langen Reihe von kurzen Stichen (z. B. 2 mm). Nähen Sie genau auf der ersten Nählinie und drehen Sie den Stoff exakt am gleichen Punkt.

TIPP
Befeuchten Sie die Spitze Ihres Kreidestifts. Dies ergibt eine deutlichere Linie.

Innenecke nähen

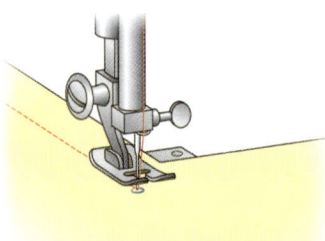

Spitze Ecke nähen

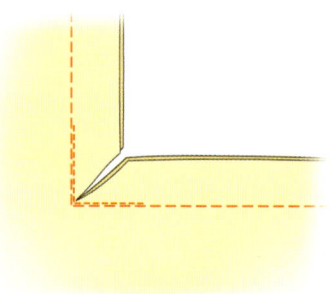

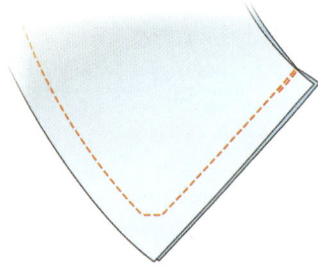

1. Markieren Sie mit einem Kreidestift den exakten Eckpunkt der Nählinie auf der linken Seite des oben liegenden Stoffes. Beginnen Sie mit Rückstichen und nähen Sie bis zum eingezeichneten Eckpunkt. Lassen Sie dort die Nadel im Stoff. Heben Sie das Nähfüßchen an, drehen Sie den Stoff um 90° und senken Sie den Nähfuß wieder, so das die Kante parallel zur seitlichen Stoffkante liegt. Nähen Sie die Naht bis ans Ende fertig und enden Sie wieder mit Rückstichen.

2. Verstärken Sie die Ecknaht an beiden Seiten mit jeweils einer ca. 2 cm langen Reihe von kurzen Stichen (z. B. 2 mm). Nähen Sie genau auf der ersten Nählinie und drehen Sie den Stoff exakt am gleichen Punkt. Mit Hilfe einer keinen, spitzen Schere (siehe Seite 22) schneiden Sie die Ecke bis dicht an die Naht ein. Schneiden Sie aber nicht in die Naht.

Wenn Sie eine Ecke nähen, die weniger als einen rechten Winkel aufweist, wie z. B. an einem Kragen, dann sollten Sie einen oder zwei Stiche diagonal über die Ecke machen. Nähen Sie einen Stich diagonal bei feinen Stoffen, zwei Stiche bei mittelfesten Stoffen und drei Stiche bei schweren oder sperrigen Stoffen.

Beulen vermeiden

Es gibt einen ganz einfachen Trick, Ihr Kleidungsstück professionell wirken zu lassen: Schneiden Sie überflüssigen Stoff aus Ihren Nahtzugaben heraus. Auf diese Weise drückt sich keine Stoffkante durch und sieht keine Naht dick oder unförmig aus. Dies ist besonders wichtig, wenn die Naht umschlossen wird, wie z. B. an einem Kragen oder wenn mehrere Lagen Stoff genäht werden. Es gibt verschiedene Methoden, dicke Nähte zu vermeiden.

Ecken zurückschneiden
Das Zurückschneiden der Nahtzugaben ist für sauber ausgeformte Ecken unerlässlich.

Rechtwinkelige Ecke

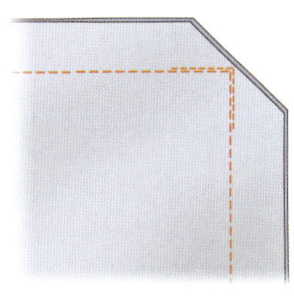

Schneiden Sie ganz einfach die Ecke der Nahtzugabe bis an die Naht heran ab, wie gezeigt. Schneiden Sie aber nicht in die Naht. Um die Ecke auf rechts zu wenden, drücken Sie sie mit Hilfe einer kleinen Schere oder einer Stricknadel sauber heraus.
Stechen Sie nicht zu fest in die Ecke, damit es kein Loch gibt.

Spitzwinkelige Ecke

Bei dieser Ecke muss etwas mehr Stoff zurückgeschnitten werden. Schneiden Sie die Nahtzugabe quer über die Ecke bis an die Naht heran ab, wie bei der rechtwinkeligen Ecke. Dann schneiden Sie rechts und links ein weiteres Schnipselchen weg, wie gezeigt. Dadurch ist weniger Stoff in der Naht, sobald Sie die Ecke auf rechts wenden, denn die Nahtzugabe hat Platz, um flach zu liegen.

Nahtzugaben nachschneiden
Sobald Sie durch mehrere Stofflagen genäht haben, wie z. B. bei einem Bundband oder einem Kragen, oder wenn die Nähte im Schritt oder unter dem Arm liegen, können schnell vier oder mehr Stofflagen aufeinander treffen. Durch das Nachschneiden oder Trimmen werden diese Stellen flacher.

Nahtzugaben einseitig zurückschneiden

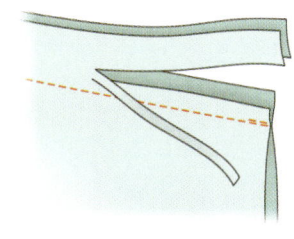

Schneiden Sie die Nahtzugaben auf jeweils unterschiedliche Breite zurück, so dass die unterste ca. 5 mm breit ist, die oberste 1,5 cm breit. Die breiteste Nahtzugabe liegt an der Naht, die am ehesten sichtbar ist, z. B. die oberste Naht eines Kragens. Wenn der Stoff stark franst, dürfen Sie die Nahtzugaben nicht zu schmal schneiden.

Nahtzugaben an Kreuzungen zurückschneiden

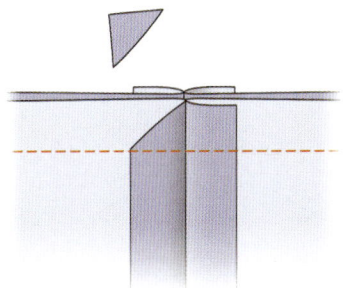

Nachdem Sie die Naht genäht haben, schneiden Sie die Ecken an den Enden der Nahtzugaben zurück, wie abgebildet.

Nahtzugaben einschneiden
Kerben sind kleine keilförmige Ausschnitte, die aus den Nahtzugaben von Innenkurven (konkav) herausgeschnitten werden, damit sie nach dem Wenden glatt liegen. Einschnitte werden in die Nahtzugaben von Außenkurven (konvex) geschnitten. Wenn die Kurvennaht sichtbar sein wird, sollten Sie zuerst die Nahtzugabe schmaler trimmen, bevor Sie sie einzwicken.

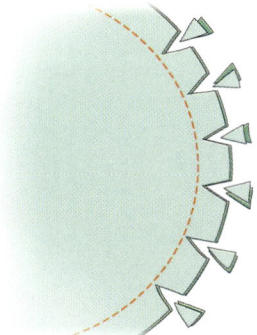

Schneiden Sie mit Hilfe einer kleinen spitzen Schere Kerben in die Nahtzugabe. Halten Sie gleichmäßige Abstände ein und schneiden Sie bis dicht an die Naht, ohne diese zu verletzen.

Nahtzugaben versäubern

Versäuberte Stoffkanten fransen nicht aus, liegen schön flach und geben Ihrem Werk ein professionelles Aussehen. Es gibt mehrere Methoden dafür, schnell und ausreichend sind einfache oder dreifache Zickzackstiche über die Stoffkante hinweg.

Zickzackstich

Dieser Stich kann auf den meisten gewebten Stoffen angewendet werden. Dies ist die schnellste Art, die Kanten zu versäubern und glatt zu halten. Setzen Sie dafür einen Zickzack-Kantenfuß ein, sofern Ihre Nähmaschine einen hat. Dieser Fuß hat eine Laufkante, die auf der Stoffkante aufliegt und dadurch verhindert, dass sie sich hochbiegt und ausleiert (siehe Seite 21).

TIPP
Wenn ihre Maschine keine Zickzackstiche kann, nähen Sie etwa 6 mm innerhalb der Kante und mit einem kurzen Geradstich an der Stoffkante entlang. Schneiden Sie dann die Stoffkante mit einer Zackenschere ab. Eine andere Möglichkeit ist, die Stoffkanten von Hand einzufassen (siehe Seite 49).

Einfacher Zickzackstich mit Spezialfüßchen Dieser Stich eignet sich für Naturfasern und besonders schwere Stoffe.

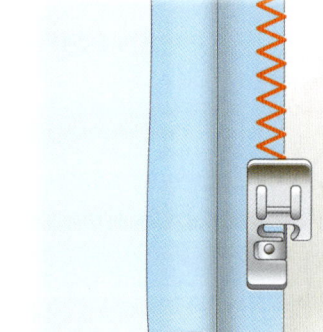

Zuerst schneiden Sie die Kanten und überstehende Fransen zurück. Prüfen Sie, ob die Nähmaschine richtig eingestellt ist. Legen Sie den Stoff unter den Zickzack-Kantenfuß, die Laufkante liegt genau an der Stoffkante. Nähen Sie Zickzackstiche entlang der Kante.

Zickzackstich ohne Spezialfuß Wählen Sie den ganz normalen Zickzackfuß und prüfen Sie die Fadenspannung zuerst auf einem Probestoff.

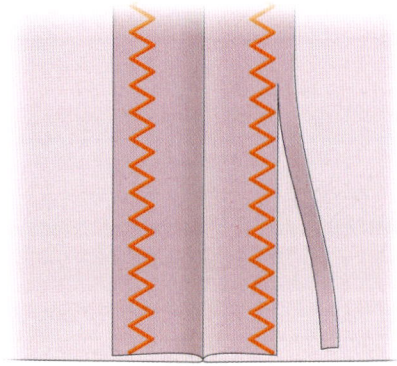

Stellen Sie den Zickzackstich auf eine mittlere Stichbreite ein und nähen Sie 3 mm innerhalb der Nahtzugabenkanten entlang. Schneiden Sie den Stoff bis dicht an die Zickzacklinie heran ab.

Dreistufiger Zickzackstich Er eignet sich für synthetische Stoffe und andere Gewebe, die sich leicht verziehen und Falten werfen.

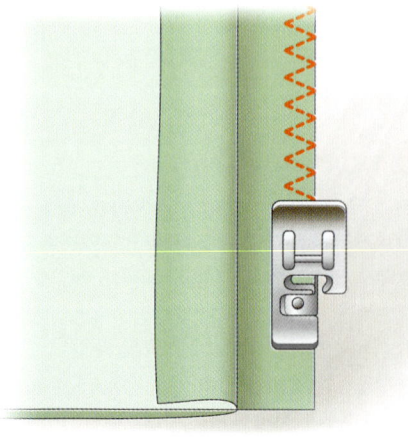

Schneiden Sie die Kanten zurück und überstehende Fransen ab. Stellen Sie den richtigen Stich der Nähmaschine ein. Legen Sie die Stoffkante unter den Zickzack-Kantenfuß, so dass die Laufkante genau an der Stoffkante anliegt. Nähen Sie an der Kante entlang, um sie zu versäubern.

Doppelt eingeschlagener Saum

Dies ist eine einfache und sehr haltbare Art, eine Kante zu säumen. Sie wird gelegentlich bei Kleidungsstücken und Heimtextilien verwendet. Der Saum wird, wie der Name sagt, zweimal nach innen umgeschlagen und dann mit der Nähmaschine befestigt. Die offene Stoffkante ist im Saum eingeschlossen.

Sie können diesen Saum so schmal oder so breit nähen wie Sie möchten und auch die Breite der eingeschlagenen Kante kann je nach Stoffstärke und Saumgröße unterschiedlich sein. Zum Beispiel kann ein schmaler Saum an einem leichten Baumwollstoff zweimal 1 cm breit eingeschlagen sein, doch bei einem breiten Saum ist es ratsam, die Kante beim ersten Mal schmaler einzuschlagen als der Saum breit wird, denn dadurch wirkt der Saum flacher und glatter. Achten Sie stets darauf, den Saum beim Bügeln nicht zu dehnen.

Schmaler doppelt eingeschlagener Saum

Dieser Saum ist sauber und unauffällig und wird gerne bei Blusen, Tischleinen und bei Vorhängen angewendet.

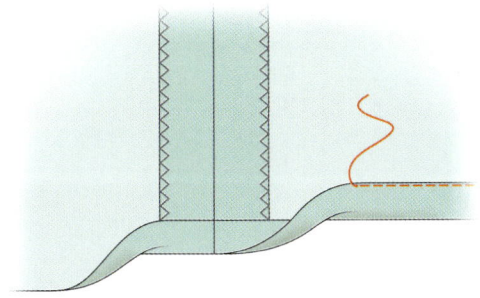

Wenn die Nahtzugabe Ihres Projekts für einen breiten Saum berechnet ist, schneiden Sie die Stoffkante bis auf 2 cm zurück. Falten Sie die Saumkante zuerst 1 cm weit nach innen und stecken Sie sie fest. Bügeln Sie die Kante und entfernen Sie nach und nach die Stecknadeln. Pressen Sie nicht über die Stecknadeln hinweg. Falten Sie die Kante nun noch einmal 1 cm weit nach innen. Stecken und heften Sie dann an der Kante entlang. Halten Sie den geraden Fadenlauf ein, damit der Saum keine Falten zieht. Entfernen Sie die Stecknadeln. Bügeln Sie die untere Saumkante. Nähen Sie den Saum mit der Nähmaschine knapp innerhalb der oberen gebügelten Kante fest. Entfernen Sie die Heftfäden und bügeln Sie zum Abschluss noch einmal über den Saum.

Breiter doppelt eingeschlagener Saum

Wenn die Naht sichtbar sein darf, ist dieser Saum dekorativ. Er eignet sich am besten bei einem geraden Saum. Bevor Sie mit dem Zuschneiden Ihres Projekts beginnen, berechnen Sie den Stoffbedarf für die Nahtzugabe. Entscheiden Sie, in welchem Abstand die Nahtlinie zur Stoffkante liegen soll und rechnen Sie 12 mm zu diesem Maß dazu. Berechnen Sie die Nahtzugabe und die gewünschte Saumbreite und schneiden Sie dann erst die Stoffe zu.

Nähte für Fortgeschrittene finden Sie auf Seite 88.

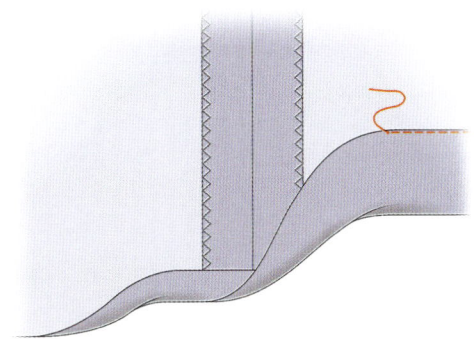

Falten Sie die Stoffkante 1 cm weit nach innen und stecken Sie sie fest. Bügeln Sie die Kante und entfernen Sie nach und nach die Stecknadeln. Bügeln Sie nicht darüber. Falten Sie den Stoff noch einmal nach innen, diesmal so breit wie der gewünschte Saum. Stecken und heften Sie die gebügelte Kante. Bügeln Sie die untere Saumkante ein und nähen Sie mit der Nähmaschine knapp unterhalb der oberen gefalteten Kante entlang. Entfernen Sie die Heftfäden und bügeln Sie zum Abschluss noch einmal über den Saum.

Kissenhülle mit Hotelverschluss

Dies ist ein wunderbares Anfängerprojekt, denn dafür brauchen Sie nur geradeaus zu nähen! Sie können die Vorderseite schlicht belassen oder Sie nehmen die Rückseite nach vorn und nähen einen auffallenden Knopf darauf. Wählen Sie einen Unistoff oder einen Stoff mit kleinem Streumuster aus Baumwolle oder dicht gewebtem Leinen. Diese Stoffe lassen sich leicht verarbeiten und sehen schön aus.

Sie benötigen

- 70 cm Stoff, 137 cm breit
- farblich passenden Faden
- eine 41 cm x 41 cm große Kissenfüllung
- einen dekorativen Knopf (nach Belieben)

Hinweis

- In den Maßen sind 1,5 cm Nahtzugabe enthalten, falls nicht anders angegeben.
- Nähen Sie die Stoffe rechts auf rechts aufeinander

1. Schneiden Sie ein Quadrat von 44 cm x 44 cm für die Vorderseite zu, die Seitenkanten parallel zum geraden Fadenlauf. Für die Rückseite schneiden Sie ein 26 cm x 44 cm großes Rechteck und ein 33 cm x 44 cm großes Rechteck zu. Die kurzen Kanten liegen im geraden Fadenlauf.

2. Folgen Sie der Anleitung auf Seite 45 und arbeiten Sie an beiden Rückseitenstoffen jeweils auf der linken Stoffseite einen breiten, doppelt eingeschlagenen Saum entlang einer der langen Kanten. Schlagen Sie zuerst 1 cm um, dann noch einmal 3 cm.

TIPP

Vielleicht möchten Sie die Teile zuerst aus Papier zuschneiden und diese auf den Stoff auflegen. Zeichnen Sie mit Schneiderkreide um die Papierformen herum.

Um eine dekorative Zackenlitze anzunähen (siehe Seite 80) folgen Sie zuerst den Schritten 1 und 2. Dann nähen Sie die Litze auf die Vorderseite oder auf die rechte Stoffseite eines der Rückseitenteile. Fahren Sie mit Schritt 3 fort.

3. Legen Sie das Vorderteil mit der rechten Seite nach oben auf eine glatte Arbeitsfläche, die Kanten mit dem Längsfadenlauf sind die Seiten. Legen Sie das schmalere Rückseitenteil mit der rechten Seite nach unten auf das Vorderteil, an der Oberkante entlang, die offenen Kanten liegen genau aufeinander. Legen Sie nun das zweite, breitere Rückseitenteil mit der rechten Seite nach unten an der Unterkante entlang, die offenen Kanten liegen genau aufeinander. Die gesäumten Kanten überlappen sich. Stecken und heften Sie die Teile an allen offenen Kanten aufeinander. Nähen Sie mit der Maschine um alle Kanten und drehen Sie dabei den Stoff an den Ecken (siehe Seite 42). Versäubern Sie die Nahtzugaben gemeinsam (siehe Seite 44). Entfernen Sie die Heftstiche, schneiden Sie die Ecken zurück (siehe Seite 43) und wenden Sie die Kissenhülle auf rechts. Schieben Sie die Kissenfüllung durch die Verschlussöffnung.

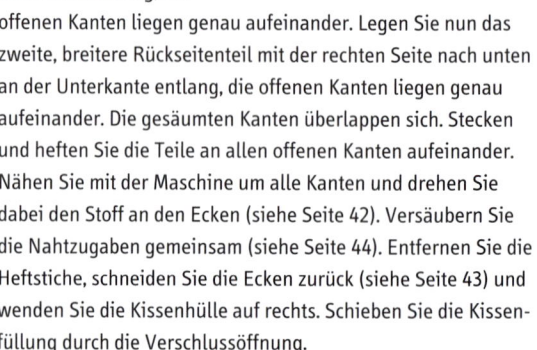

4. Nach Belieben können Sie nun einen Knopf aufnähen. Markieren Sie die Stelle dafür und nähen Sie den Knopf mittig auf dem Saum der Verschlussöffnung fest (siehe Seite 65).

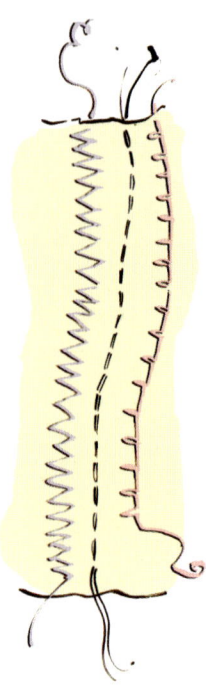

Einfache Handnähstiche

In diesem Workshop lernen Sie einige wirklich nützliche Handnähstiche und Steppstiche, die Sie für Ihr zweites Modell, einen verzierten Schal, gut gebrauchen können.

Einige Handstiche muss jede Näherin beherrschen, auch wenn meist mit der Nähmaschine gearbeitet wird. Viele Stiche werden mit dem Maschinennähen kombiniert, sowohl für die Fertigstellung eines Nähprojekts, als auch für Reparaturen. Steppnähte sind optische Schmucklinien auf einem Kragen, einem Jackenverschluss oder einem Saum. Sie können aber auch auf einem schlichten Stoff eine schöne Linie bilden. Schauen Sie den wunderschönen Schal auf Seite 53 an. Sehen Sie, wie mit Stepplinien und etwas Fantasie ein schlichtes Projekt zu etwas Besonderem wird.

Handnähstiche

Diese Nähstiche werden oft zusammen mit Maschinenstichen benutzt. Sie sind nicht schwierig und wenn Sie sie beherrschen, werden Sie sie immer wieder arbeiten.

Reißverschluss einsetzen siehe Seite 78

Vorstich

Er geht wie der Heftstich (siehe Seite 39), ist aber viel kürzer. Der Vorstich wird zum Raffen von Stoffen benutzt (siehe Seite 144), kann aber auch als dekorativer Stich angewendet werden.

Rückstich

Dieser Stich ist sehr kräftig. Er sieht auf einer Seite wie der Maschinenstich aus, auf der anderen Stoffseite überlappen sich die Stiche. Rückstiche werden zum Verankern von Fadenenden benutzt (siehe Seite 38) und für die Reparatur von Nähten.

Punktstich

Er wird ähnlich dem fortlaufenden Rückstich gearbeitet, doch sind die Stiche auf der Oberfläche viel kürzer und mit längeren Abständen dazwischen. Mit diesem Stich wird z. B. ein Reißverschluss in empfindliche Stoffe eingenäht, denn die winzigen Stiche sind nahezu unsichtbar.

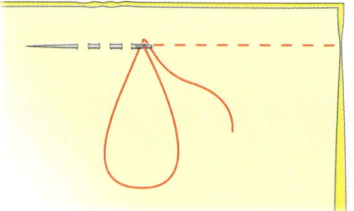

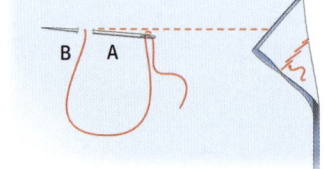

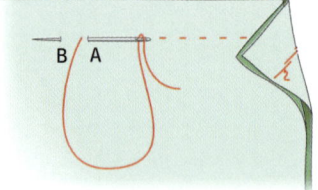

Fädeln Sie die Nadel ein und sichern Sie den Fadenanfang. Arbeiten Sie von rechts nach links (Linkshänderinnen beginnen links). Weben Sie die Nadelspitze im Stoff auf und ab und fassen Sie jeweils mehrere Stiche auf die Nadel, bevor Sie den Faden durchziehen

Fädeln Sie die Nadel ein und sichern Sie den Fadenanfang. Arbeiten Sie von rechts nach links (Linkshänderinnen beginnen links). Bringen Sie die Nadel zur Stoffoberseite. Stechen Sie bei A in den Stoff, 2-3 mm hinter dem Punkt, an welchem die Nadel soeben aufgetaucht ist. Stechen Sie bei B wieder nach oben, im gleichen Abstand wie vor diesem Punkt. Ziehen Sie den Faden durch und wiederholen Sie den Stich.

Fädeln Sie die Nadel ein und sichern Sie den Fadenanfang. Arbeiten Sie von rechts nach links (Linkshänderinnen beginnen links). Bringen Sie die Nadel zur Stoffoberseite. Stechen Sie bei A in den Stoff, ein oder zwei Gewebefäden hinter dem Punkt, an welchem die Nadel soeben aufgetaucht ist. Stechen Sie bei B wieder nach oben, der Abstand zu A beträgt 3-6 mm. Ziehen Sie den Faden durch und wiederholen Sie den Stich.

Überwendlichnaht

Sie hält zwei Stoffkanten zusammen.

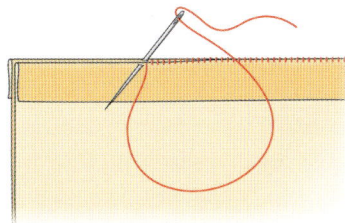

Fädeln Sie die Nadel ein und sichern Sie den Fadenanfang. Arbeiten Sie von rechts nach links (Linkshänderinnen beginnen links). Stechen Sie die Nadel schräg durch beide Stoffkanten. Fassen Sie dabei jeweils nur einen oder zwei Gewebefäden der hinteren und dann der vorderen Kante. Ziehen Sie den Faden durch. Stechen Sie die Nadel direkt hinter dem Faden des vorherigen Stichs ein und bringen Sie sie ein wenig weiter links wieder zur vorderen Kante.

Blindstich / Staffierstich

Dieser Stich ist nahezu unsichtbar und wird als Naht oder zum Schließen einer Öffnung auf der rechten Stoffseite benutzt.

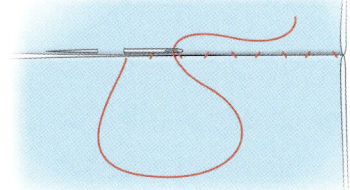

Fädeln Sie die Nadel ein und sichern Sie den Fadenanfang. Arbeiten Sie von rechts nach links (Linkshänderinnen beginnen links). Bringen Sie die Nadel auf einer umgeschlagenen Kante nach oben. Schieben Sie die Nadelspitze ca. 6 mm weit durch die Kante des gegenüber liegenden Stoffes und ziehen Sie den Faden durch. Wiederholen Sie den Stich.

Überwendlichstich

Mit diesem Stich können Sie z. B. Stoffkanten versäubern, denn der Faden umschließt die Kante weich und glatt.

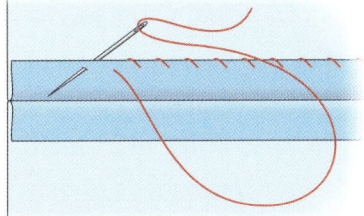

Fädeln Sie die Nadel ein und sichern Sie den Fadenanfang. Arbeiten Sie von rechts nach links (Linkshänderinnen beginnen links). Nähen Sie feine schräge Stiche über die Kante jeder Nahtzugabe. Machen Sie die Stiche ca. 3 mm tief und in Abständen von 6 mm.

Festonstich

Dies ist ein traditioneller Zierstich, mit dem Stoffkanten eingefasst werden. Er wird auch dazu verwendet, die Kanten von Applikationen zu verdecken (siehe Seite 83). Größe und Abstand können Sie selbst wählen, so wie es zu Ihrem Projekt passt. Kleine, enge Stiche eignen sich für feine Stoffe, große und auffällige Stiche wirken auf Filz und Faserfleece gut.

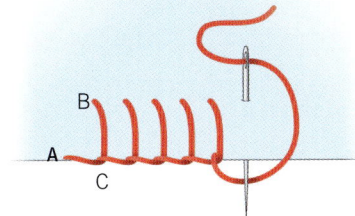

Fädeln Sie die Nadel ein und sichern Sie den Fadenanfang. Arbeiten Sie von links nach rechts (Linkshänderinnen beginnen links), der Stoff weist mit der rechten Stoffseite nach oben, die zu bearbeitende Kante zeigt zu Ihnen. Verknoten Sie den Fadenanfang und bringen Sie die Nadelspitze bei A, dicht an der Stoffkante nach oben. Stechen Sie für den ersten Stich bei B weiter rechts und innerhalb der Stoffkante nach unten. Wenn Sie nun die Nadel bei C wieder herausstechen, legen Sie den Arbeitsfaden unter die Nadelspitze. Ziehen Sie den Faden durch und formen Sie an der Stoffkante eine Schlaufe. Fahren Sie so fort und arbeiten Sie sehr gleichmäßige Stiche.

Hexenstich

Der Hexenstich ist ein starker, flacher Saumstich. Er wird von links nach rechts gearbeitet, wobei die Nadelspitze aber nach links geführt wird (Linkshänderinnen arbeiten anders herum).

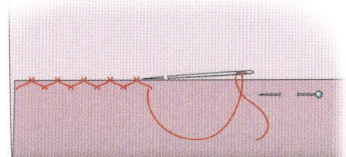

Sichern Sie den Fadenanfang auf der linken Seite des Saums. Machen Sie einen sehr kurzen Rückstich in das Gewebe, 6-10 mm nach rechts versetzt und direkt über der umgeschlagenen Kante. Arbeiten Sie nun den zweiten Stich 6-10 mm rechts davon in die Stoffkante. Beim Nähen werden Sie bemerken, wie sich die Fäden überkreuzen.

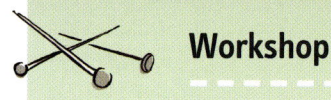
Steppstiche mit der Nähmaschine

Steppstiche auf der Stoffoberseite sehen sehr edel aus und sind oft an maßgeschneiderten Kleidungsstücken zu finden. Gleichzeitig halten sie die Nahtzugaben flach. Steppstiche werden auf der rechten Stoffseite gearbeitet und sind funktionell und dekorativ zugleich. Sie befestigen z. B. eine Tasche an ihrem Platz. Meist ist dies ein einfacher Geradstich, der etwas länger als normal eingestellt ist. Dadurch fällt er auf und unterstreicht den dekorativen Zweck. Üblich ist eine einfache oder eine doppelte Nählinie, doch können es durchaus noch viel mehr sein. Um 1930 wurden z. B. Krägen vollständig mit Nähten in 3 mm Abständen bedeckt.

Es kann der normale Nähfaden benutzt werden, der sich für feine Stoffe eignet, oder Sie verwenden ein spezielles Steppgarn, das für festere Stoffe vorgesehen ist. Wählen Sie als Fadenfarbe eher einen Ton dunkler als der Farbton des Stoffes, doch je nach gewünschtem Effekt kann der Faden auch heller sein oder im Kontrast dazu stehen.

Naht absteppen
Bedenken Sie, dass bei dieser Arbeit die Markierungslinien der Stichplatte nicht zu sehen sind. Sie brauchen also eine Alternative. Die Füßchenbreite ist der Abstand zwischen der Nadelspitze und der Stoffkante und ist ein gutes Maß. Alternativ dazu können Sie mit einem Heftfaden eine Linie markieren oder einen Klebestreifen aufkleben, an dessen Kante Sie dann entlang nähen.

Bevor Sie jedoch beginnen, prüfen Sie die Fadenfarbe, die Stichlänge und die Fadenspannung auf einem Stoffstück, das Sie so oft gefaltet haben, bis Sie die gleiche Anzahl von Stoffschichten haben, wie das „echte" Projekt. Passen Sie die Einstellungen bei Bedarf an.

Einfache Steppnaht
Meist wird parallel einer Naht oder einer Kante einfach abgesteppt.

Doppelte Steppnaht
Hier arbeiten Sie zwei Stepplinien, je eine auf jeder Seite der Naht, in jeweils gleichen Abständen.

Versäubern Sie die Nahtzugaben einer einfachen Naht (siehe Seite 44) und bügeln Sie beide nach der Seite, auf welcher Sie die Steppnaht planen. Arbeiten Sie auf der rechten Stoffseite und steppen Sie neben der Naht entlang. Nähen Sie füßchenbreit oder in einem anderen, gleichmäßigen Abstand zur Naht. Steppen Sie gleichzeitig durch beide Nahtzugaben.

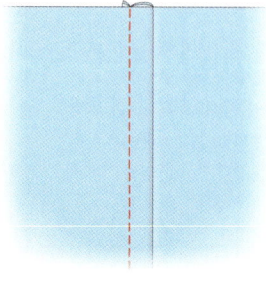

Versäubern Sie die Nahtzugaben einer einfachen Naht (siehe Seite 44) und bügeln Sie sie auseinander. Arbeiten Sie auf der rechten Stoffseite und steppen Sie entweder füßchenbreit oder in einem anderen, gleichmäßigen Abstand an beiden Seiten der Naht entlang. Nähen Sie beide Male in der gleichen Richtung und gleichzeitig durch die Nahtzugaben.

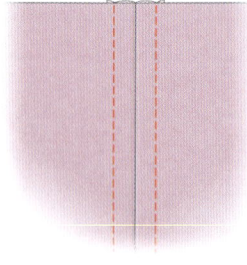

Eine fertige Kante absteppen

Stepplinien werden oft um eine fertige Kante gearbeitet, wie z. B. um einen Kragen, Manschetten oder eine Tasche. Hier wird die Steppnaht parallel zur Kante genäht und erfüllt zwei Aufgaben. Sie ist dekorativ und sie verhindert, dass sich das Stoffteil nach außen rollt.

Arbeiten Sie auf der rechten Stoffseite. Legen Sie die fertige Kante parallel zur gewünschten Markierung und beginnen Sie an einer offenen Kante. Wenden Sie an den Ecken, indem Sie das Nähfüßchen anheben und den Stoff um die Nadel herum drehen (siehe Seite 42). Schneiden Sie die Fäden an der offenen Kante ab.

Knappkantig absteppen

Eine knappkantige Steppnaht ist das Gleiche wie die zuvor beschriebene Steppnaht, wird jedoch ganz nahe einer Naht gearbeitet (ca. 2 mm Abstand). Knappkantige Steppnähte können mit normalen Stepplinien kombiniert werden und dekorieren ein Kleidungsstück als doppelte Linie. Faltenkanten bleiben mit Hilfe einer knappkantigen Naht scharf und stabil (siehe Seite 146). Wenn eine Steppnaht innerhalb einer Stofffläche endet, also nicht an einer offenen Kante, müssen Sie die Fadenenden zur Unterseite ziehen und dort verknoten (siehe Seite 40).

Knappkantig flachsteppen

Das Flachsteppen einer Nahtkante wird, wie das Absteppen, von der rechten Stoffseite her gearbeitet, ist aber rein funktionell. Die Stichreihe hält z. B. eine Einlage fest und die beiden gegengleichen Stoffkanten zusammen, so dass sie innerhalb eines Kleidungsstückes flach liegen.

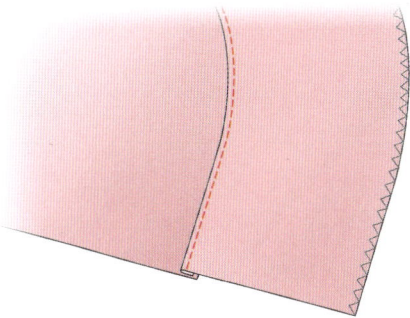

Passen Sie die umgeschlagenen Nahtkanten (siehe Seite 43) genau aufeinander, die schmalste Nahtzugabe liegt der Einlage am nächsten (siehe Seite 92). Steppen Sie nun dicht an der Naht entlang, die rechte Seite der Einlage liegt zuoberst, durch Stoff und Einlage gleichzeitig.

Wenden und Verstürzen

Bei verstürzten Projekten, z. B. einem Schal oder einem Stoffgürtel, liegen die Nahtzugaben zwischen den Stoffschichten verborgen. Dies erreichen Sie, indem Sie die Stoffe rechts auf rechts legen, die offenen Kanten genau aufeinander. Nähen Sie nun um alle Kanten und lassen Sie in einer der Nähte eine Wendeöffnung frei. Jetzt ziehen Sie den ganzen Stoff durch diese Wendeöffnung hindurch nach außen. Danach bügeln Sie die Kanten flach und schließen Sie die Wendeöffnung mit feinen Blindstichen (siehe Seite 49).

Verzierter Schal

Dieser individuelle Schal springt sofort ins Auge. Klare ausgeschnittene Blattformen, mit Stepplinien eingefasst, machen aus einem alltäglichen Kleidungsstück etwas ganz Besonderes. Die Stepplinien sehen auch auf der Rückseite gut aus, wo sie sich zart in die Oberfläche prägen.

Stoffvorschläge

- Steifer Schal: Filz, Wollstoff oder Fleece in zwei Kontrastfarben

- Weicher Schal: Wollstoff und Seide – bedenken Sie aber, dass Sie die Blattformen nicht aus einem Stoff schneiden können, der stark ausfranst.

Sie benötigen

- je 1,30 m eines 90 cm breiten Stoffes oder je 30 cm eines 150 cm breiten Stoffes in zwei Kontrastfarben

- Blattvorlage, abgepaust vom Schnittmusterbogen am Ende des Buches

- farblich passende Fadenfarben für Vorder- und Rückseite des Schals

- Steppgarn, passend zur Rückseite des Schals

- Schneiderkopierpapier (im Kurzwarenhandel in den Farben Weiß, Rot, Blau und Gelb erhältlich).

Hinweis

- In den Maßen sind 1,5 cm Nahtzugabe enthalten, falls nicht anders angegeben.

- Nähen Sie die Stoffe rechts auf rechts aufeinander.

1. Schneiden Sie aus jedem Stoff einen Streifen von 18 x 125 cm zu. Legen Sie beide rechts auf rechts, die Schnittkanten genau aufeinander. Stecken

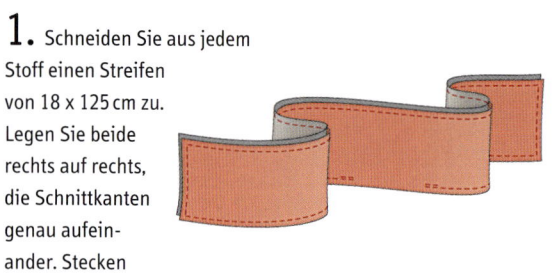

und heften Sie die beiden Stoffe aufeinander und nähen Sie mit der Nähmaschine um alle Kanten. Lassen Sie dabei in der Mitte einer langen Kante ca. 15 cm der Naht zum Wenden offen. Schneiden Sie die Nahtzugaben bis auf gut 3 mm an die Naht zurück und schneiden Sie die Ecken ab (siehe Seite 43). Wenden Sie den Schal durch die Öffnung in der Naht und schließen Sie die Wendeöffnung mit Blindstichen (siehe Seite 49). Stellen Sie das Bügeleisen auf mittlere Hitze, legen Sie ein feuchtes Tuch über den Schal und bügeln Sie die Kanten sorgfältig flach.

3. Legen Sie das Schneiderkopierpapier mit der Farbseite nach unten auf ein Ende des Schals. Legen Sie die durchgepausten Blätter darüber und zeichnen Sie die Formen durch. Mit einer spitzen, scharfen Schere (siehe Seite 22) schneiden Sie nun die Blattformen aus der oberen Stofflage heraus um so die Farbe des unteren Stoffes freizulegen. Übertragen Sie die Blättervorlage auch auf das andere Ende des Schals. Stecken und heften Sie durch beide Stofflagen rund um die Kanten jedes Blattes.

2. Wickeln Sie den zur Rückseite passenden Faden auf die Unterfadenspule und nehmen Sie den zur Vorderseite passenden Faden als Oberfaden. Dann arbeiten Sie auf der Oberseite

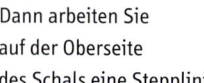

des Schals eine Stepplinie um alle Kanten. Fädeln Sie jedes Fadenende einzeln in eine Nähnadel und vernähen Sie es zwischen den Stofflagen des Schals.

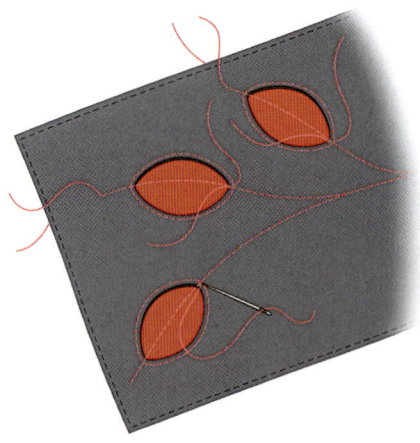

4. Fädeln Sie nun das Steppgarn als Oberfaden in Ihre Maschine und passen Sie, wenn nötig, die Fadenspannung an, um ein gleichmäßiges Stichbild zu erhalten (siehe Seite 19). Lassen Sie die Fadenenden lang hängen und steppen Sie mit der Maschine in 3 mm Abstand rund um die Blattkanten. Drehen Sie den Stoff an den Ecken um die versenkte Nadel (siehe Seite 42). Fädeln Sie jedes Fadenende einzeln in eine Nähnadel und vernähen Sie es zwischen den Stofflagen des Schals. Entfernen Sie die Heftfäden.

Einfassung mit Schrägstreifen und aufgesetzte Taschen

In diesem Workshop bringen wir Ihnen bei, wie Sie Ihre eigenen Schrägstreifen herstellen, denn die benötigen Sie für viele Näharbeiten. Sie fassen Halsausschnitte und Armlöcher, Quiltkanten, Schürzenkanten und Kissen damit ein. Die zweite Technik in diesem Workshop ist das Nähen einer aufgesetzten Tasche. Dies ist die einfachste Tasche, doch kann ihre Form, eine Verzierung oder ihre Platzierung der modische Blickfang auf einem Kleidungsstück werden. Am Ende des Workshops können Sie Ihr drittes Modell nähen: Eine tolle Vorbindeschürze mit eingefassten Kanten und mit einer großen Tasche für alle Utensilien. Fangen wir an.

Schrägstreifeneinfassung

Ein Schrägstreifen ist ein im diagonalen Fadenlauf geschnittener Streifen Stoff mit umgefalteten Kanten. Damit versäubern Sie eine gerade oder gebogene Stoffkante praktisch und dekorativ. Es gibt im Kurzwarenladen fertige, gefaltete Schrägstreifen zu kaufen, meist aus Baumwolle, Satin oder Synthetik. Allerdings ist die Farbauswahl beschränkt und die Breite beträgt meist nur 12-15 mm oder 20-25 mm. Es ist viel besser, einen eigenen Schrägstreifen herzustellen, der genau zum Projekt passt.

Schrägstreifen herstellen

Schrägstreifen werden aus dem diagonalen Fadenlauf geschnitten, der schräg über den Stoff verläuft (siehe Seite 32).

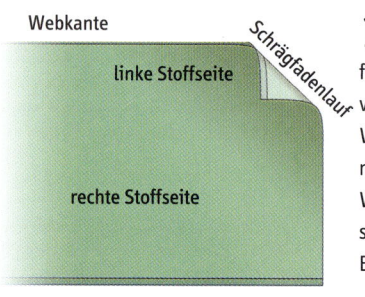

Webkante

linke Stoffseite

Schrägfadenlauf

rechte Stoffseite

Webkante

1. Um den diagonalen Fadenlauf zu finden, falten Sie die Schnittkante (sie verläuft quer über die Stoffbahn von Webkante zu Webkante) wie ein Dreieck nach unten, so dass sie parallel zur Webkante liegt. Bügeln Sie die Kante und schneiden Sie das Dreieck entlang der Bügellinie ab.

2. Zeichnen Sie mit der Schneiderkreide parallel liegende Linien in gewünschten Abständen diagonal über den Stoff. Die Zuschneidebreite entspricht der doppelten fertigen Breite. Schneiden Sie an den Linien entlang, bis Sie ausreichend viele Streifen haben. Ein Einfassstreifen muss um die gesamte Stoffkante Ihres Projektes reichen.

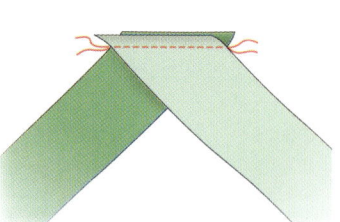

3. Wenn Sie zwei Schrägstreifen aneinander nähen, schneiden Sie beide Enden zuerst im 45°-Winkel ab. Legen Sie ein Streifenende schräg über das andere, rechts auf rechts, wie abgebildet und nähen Sie quer darüber. Die Kanten liegen hier im geraden Fadenlauf. Bügeln Sie die Nahtzugaben auseinander und schneiden Sie die überstehenden Ecken ab.

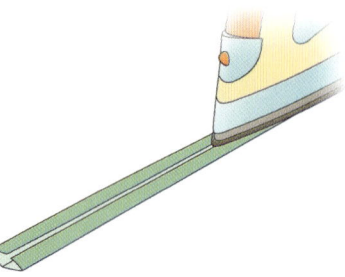

4. Falten Sie den Streifen der Länge nach links auf links und bügeln Sie den Falz (Bruch). Öffnen Sie den Streifen und legen Sie beide Längskanten zur Mitte, so dass sich die offenen Kanten auf dem gebügelten Falz berühren.

Kante mit Schrägstreifen einfassen

Mit einem Schrägstreifen können Sie jede Stoffkante einfassen, entweder mit dem identischen Stoff oder mit einem Stoff in Kontrastfarbe. Hier zeigen wir Ihnen zwei Methoden. Einmal wird der Schrägstreifen komplett mit der Nähmaschine angenäht – wenn beide Seiten des Projektes sichtbar sind. Einmal wird eine der Kanten von Hand gesäumt, wenn nur die rechte Seite zu sehen sein wird, z. B. an einem Halsausschnitt.

Umlaufende Kante mit Maschine einfassen

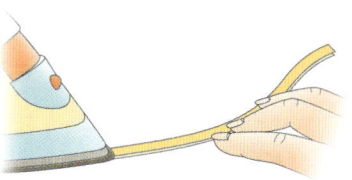
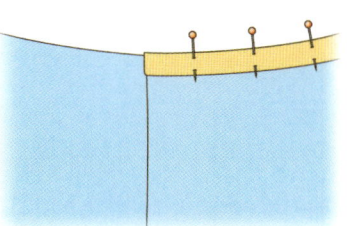
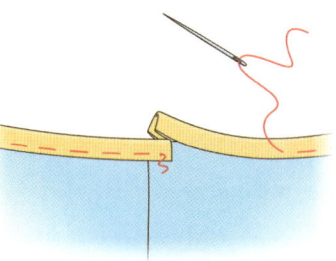

1. Falten Sie den Anfang des Schrägstreifens 1 cm weit um und bügeln Sie ihn. Verschieben Sie die Mitte des Streifens, so dass eine Seite der eingeschlagenen Nahzugaben etwas schmaler ist als die andere. Bügeln sie ihn.

2. Beginnen Sie, wenn vorhanden, an einer Naht des Kleidungsstücks. Legen Sie den Schrägstreifen über die Kante. Stülpen Sie ihn so darüber, dass die etwas breitere Seite innen liegt und die Kante umfasst wird. Stecken Sie den Schrägstreifen rundum sorgfältig fest.

3. Am Ende der Strecke schneiden Sie den überflüssigen Rest des Schrägstreifens nach ca. 1 cm ab und schlagen Sie ihn unter. Heften Sie den Schrägstreifen an der gesamten Kante fest. Nähen Sie mit der Maschine von der rechten Stoffseite her. Steppen Sie knappkantig an der gefalteten Kante durch alle Stofflagen. Entfernen Sie die Heftfäden.

Umlaufende Kante von Hand einfassen

1. Falten Sie eine Seite des vorbereiteten Schrägstreifens auf und stecken Sie diese rechts auf rechts kantenbündig an die Außenkante des Kleidungsstücks. Falten Sie den Anfang des Streifens 1 cm weit um und beginnen Sie, 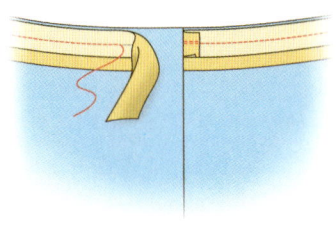  wenn vorhanden, an einer Naht des Kleidungsstücks. Stecken und heften Sie den Schrägstreifen fest. Nähen Sie mit der Nähmaschine im gebügelten Falz entlang und machen Sie an Anfang und Ende der Naht einige Rückstiche. Enden Sie ca. 5 cm vor dem Startpunkt.

2. Schneiden Sie den überflüssigen Reststreifen bis auf ca. 1 cm ab. Falten Sie das Ende unter und nähen Sie es durch alle Lagen fest. Bügeln Sie die Nahtzugaben in Richtung der Einfassung. Falten Sie die noch offene Falzkante des 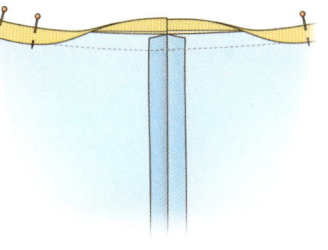 Schrägstreifens um die offene Kante des Halsausschnittes nach innen bis an die Nählinie heran. Stecken Sie sie fest. Nähen Sie die gefaltete Kante auf der Nählinie an der Innenseite mit Blindstichen fest (siehe Seite 91).

Gerade offene Kante einfassen

Wenn die Kante nicht umlaufend ist, sondern offene Enden hat, brauchen Sie den Schrägstreifen an den Enden nicht einzuschlagen. Bereiten Sie den Schrägstreifen wie für die runde Kante vor und beginnen Sie mit der Schnittkante des Streifens an der Schnittkante des Projekts. Nähen Sie den Schrägstreifen entweder mit der Maschine oder von Hand fest. Schneiden Sie die offene Stoffkante gerade.

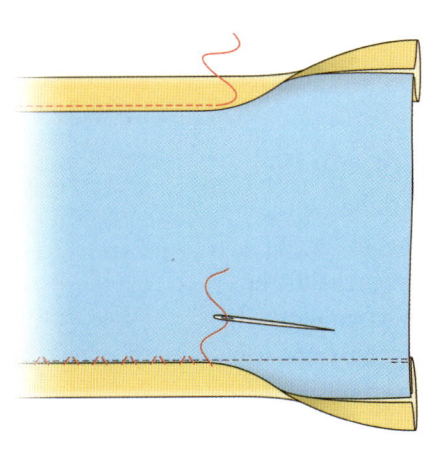

Aufgesetzte Taschen

Aufgesetzte Taschen werden aus Stoff ausgeschnitten, an allen Kanten versäubert und dann auf die Außenseite eines Kleidungsstücks genäht, entweder mit der Nähmaschine oder von Hand. Sie können quadratisch, rechteckig oder gerundet sein und werden oft mit Stepplinien zusätzlich verziert (siehe Seite 50). Sie sind ein auffallendes Element und müssen daher besonders sorgfältig genäht und an der richtigen Stelle befestigt werden. Paarweise Taschen müssen unbedingt gleich groß sein und die gleiche Form haben. Zum Bügeln und Nähen ist es hilfreich, aus dünnem Karton eine Schablone in der fertigen Größe der Tasche anzufertigen.

Mehr über Einlagen lesen Sie auf Seite 92

Tasche mit geraden Ecken

Für eine Tasche wird ein Stoffstück an seiner Oberkante versäubert (Taschenkante) und die Seitenkanten umgeschlagen. Damit die Tasche wirklich schön aussieht, muss die Nahtzugabe in den unteren Ecken diagonal gelegt werden.

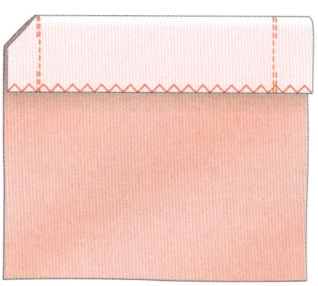

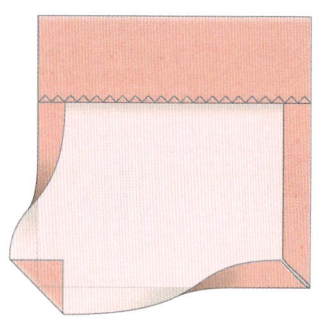

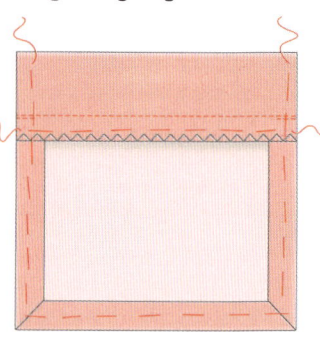

1. Versäubern Sie die Oberkante der Tasche (siehe Seite 44). Legen Sie die Oberkante entlang der Faltkante nach außen. Stecken, heften und nähen Sie dann mit der Nähmaschine rechts und links mit 1,5 cm Nahtzugabenbreite bis nach oben und machen Sie Rückstiche (siehe Seite 40) um den Faden zu sichern. Schneiden Sie die oberen Ecken der Nahtzugabe ab, um flache Ecken zu erhalten (siehe Seite 43).

2. Wenden Sie die Oberkante auf rechts, drücken Sie die Ecken mit Hilfe einer feinen Schere heraus und bügeln Sie sie. Bügeln Sie die Nahzugaben an den Seiten und der Unterkante zur linken Stoffseite hin. Öffnen Sie die Nahtzugaben an den unteren Ecken und falten Sie sie diagonal, so dass die gebügelten Linien aufeinander treffen. Bügeln Sie die Diagonale. Schneiden Sie die Ecken bis auf 6 mm Nahtzugabe zurück.

3. Heften Sie die umgenähte Oberkante und die Nahtzugaben. Steppen Sie nach Belieben mit der Nähmaschine 1 cm oberhalb des unteren Falzes der Taschenkante entlang.

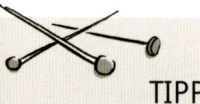
Taschen aufnähen

Aufgesetzte Taschen können Sie von Hand oder mit der Maschine festnähen. Mit der Nähmaschine geht dies schneller, die Nähte sind stabiler und haltbarer. Allerdings müssen Ihre Nähte so sorgfältig und genau wie möglich genäht sein.

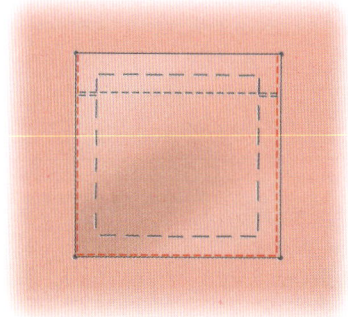

Nachdem Sie die Taschenposition auf der rechten Stoffseite Ihres Kleidungsstücks markiert haben (siehe Seite 59) legen Sie die Tasche darauf. Stecken und heften Sie sie fest. Stellen Sie eine mittlere Stichlänge ein und nähen Sie die Tasche knappkantig auf. Verknoten Sie die Fadenenden (siehe Seite 40). Entfernen Sie die Heftfäden.

Tasche mit abgerundeten Ecken

Wenn die Ecken einer aufgesetzten Tasche abgerundet sind, werden Sie feststellen, dass an den Rundungen zuviel Nahtzugabenstoff ist, sobald Sie diese zur linken Stoffseite hin bügeln. Diese Stoffweite muss entfernt werden, damit keine Stoffe mehrfach übereinanderliegen und Beulen verursachen.

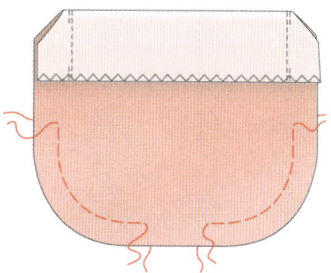
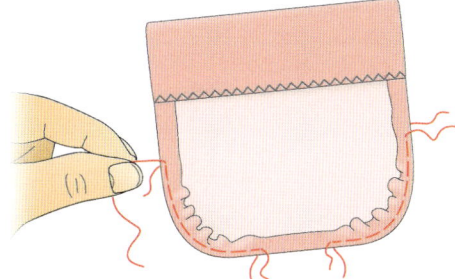

1. Folgen Sie Schritt 1 der aufgesetzten Tasche von Seite 56 gegenüber. Arbeiten Sie auf der rechten Stoffseite kapp innerhalb der Nahtzugabe einen Reihstich in der maximalen Stichlänge der Maschine. Schneiden Sie alle Nahtzugaben auf 1 cm Breite zurück.

2. Wenden Sie die Oberkante auf rechts und drücken Sie die Ecken sorgfältig heraus. Bügeln Sie. Ziehen Sie nun vorsichtig am Unterfaden der Reihstichlinie jeder Ecke und raffen Sie die Nahtzugabe.

3. Bügeln Sie die Nahtzugaben 1 cm weit zur linken Stoffseite hin und schneiden Sie kleine Kerben in die Fältchen an den Kurven (siehe Seite 43) ohne die Naht zu verletzen. Dadurch legen sich die Nahtzugaben flach. Heften Sie entlang der Oberkante und der Nahtzugaben. Steppen Sie nach Belieben mit der Nähmaschine 1 cm oberhalb des unteren Falzes der Taschenkante entlang.

Ecken der Taschen verstärken

Da Sie in eine Tasche sehr oft hineingreifen werden, müssen die Ecken besonders viel aushalten. Es empfiehlt sich daher, die Ecken besonders fest zu sichern und zu verstärken.

Genähte Dreiecke

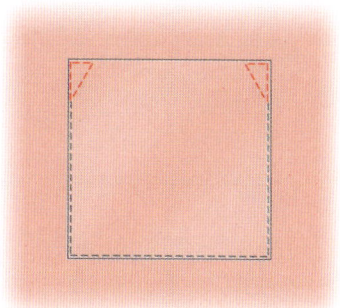

Nähen Sie an jede Ecke ein kleines Dreieck. Nähen Sie an der Oberkante ca. 6 mm weit in Richtung Taschenmitte und dann diagonal zurück bis zur Seitennaht. Sie finden diese Technik oft an Schürzentaschen.

Zickzackstiche

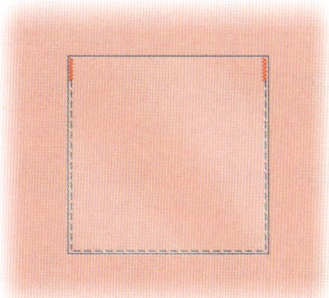

Arbeiten Sie entlang der Seitennähte dichte, ca. 3 mm breite Zickzackstiche (siehe Seite 18) ab der Oberkante 1 cm weit nach unten. Bedecken Sie damit die Nähstiche, mit denen Sie die Tasche aufgenäht haben. Verknoten Sie die Fadenenden (siehe Seite 40).

Rückstiche

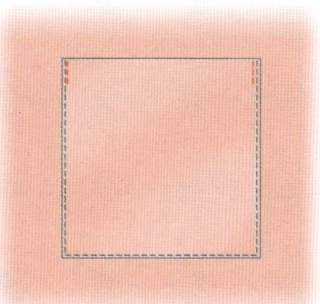

Nähen Sie die Tasche von Hand mit Rückstichen auf. Beginnen Sie jeweils an der Oberkante und arbeiten Sie im Abstand von 1 cm zur umgeschlagenen Kante. Verknoten Sie die Fadenenden. Diese Technik werden Sie an Blusen und Hemden wiederfinden.

Taschenklappen

Taschen können ganz unterschiedlich verziert werden, vom einfachen Steppstich (siehe Seite 50) bis hin zu Falten und Biesen (siehe Seiten 146 und 149). Sie können aber auch eine Taschenklappe aufsetzen. Diese kann gerade oder runde Ecken haben oder eine ganz andere, noch ausgefallenere Form. Normalerweise wird sie oberhalb einer aufgesetzten Tasche befestigt, kann aber auch nur zur Zierde dienen. Es gibt zwei grundsätzliche Methoden, eine Taschenklappe zu nähen: Entweder als separate Klappe oder als angeschnittene Taschenklappe.

Separate Taschenklappe

So eine Taschenklappe wird oberhalb der aufgesetzten Tasche am Kleidungsstück festgenäht und nach unten über die Öffnung gebügelt.

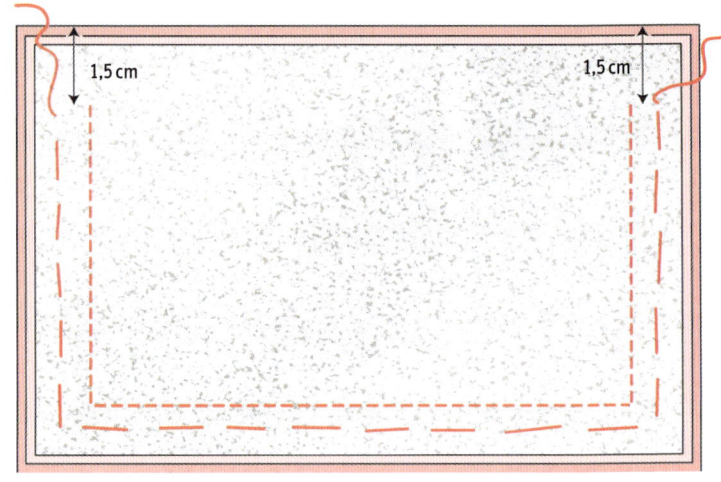

1,5 cm   1,5 cm

1. Schneiden Sie die Klappe und das Innenfutter nach derselben Vorlage zu (siehe Seite 134) aber legen Sie die Vorlage umgedreht auf den Futterstoff. Stecken und heften Sie die Teile von Klappe und Futter rechts auf rechts aufeinander. Nähen Sie entlang der Seiten und der Unterkante.

Beginnen und enden Sie 1,5 cm unterhalb der Oberkante. Entfernen Sie die Heftstiche. Schneiden Sie die Nahtzugaben einseitig zurück und die Ecken ab. Kerben Sie die Nahtzugaben von runden Ecken ein, um Stoffbeulen zu vermeiden (siehe Seite 43).

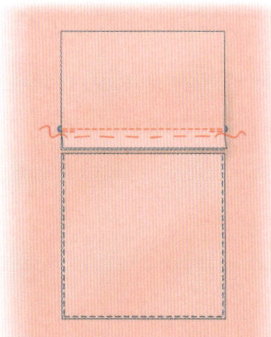

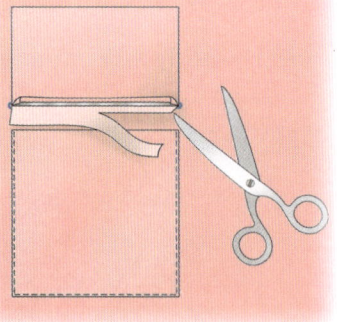

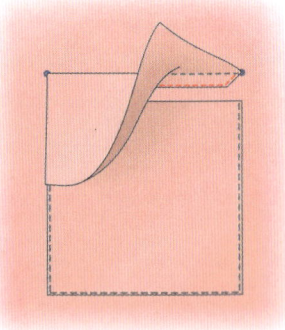

2. Wenden Sie die Klappe auf rechts und drücken Sie die Nähte heraus, dabei darauf achten, dass auf der Vorderseite kein Futterstoff sichtbar ist. Bügeln Sie die genähten Kanten. Markieren Sie die Position der Klappe (siehe Seite 55) oberhalb der aufgesetzten Tasche. Stecken und heften Sie die Klappe rechts auf rechts fest, so dass die offene Kante zur Tasche, die geschlossene Kante nach oben weist. Nähen Sie mit der Nähmaschine auf der Nählinie entlang fest und sichern Sie Anfang und Ende der Naht mit Rückstichen (siehe Seite 40).

3. Damit alle offenen Kanten versäubert sind, halten Sie die obere Lage der Nahtzugabe hoch und schneiden Sie die unten liegende Nahtzugabe bis auf 6 mm zurück. Bügeln Sie die obere Nahtzugabe 6 mm weit nach innen und schlagen Sie die Enden ein.

4. Falten Sie die obere Nahtzugabe nach unten und steppen Sie knappkantig entlang, so dass keine offenen Stoffkanten bleiben. Verknoten Sie die Fadenenden (siehe Seite 40) auf der linken Stoffseite. Legen Sie die Klappe über die Tasche und bügeln Sie darüber. Sie können entlang der Oberkante der Klappe auch Steppstiche arbeiten (siehe Seite 50), um sie zusätzlich zu befestigen.

Angeschnittene Klappe

Bei dieser Art von Klappe wird die Tasche extra lang zugeschnitten. Die Höhe der Klappe ist also gleich bei der Tasche mitgerechnet. Das Ganze wird gewendet und bildet Tasche und Klappe gleichzeitig. Die Taschenöffnung befindet sich bei diesem Beispiel hinter der Klappe. Diese Methode eignet sich nicht besonders bei Stoffen mit Flor oder einem in einer Richtung verlaufenden Muster.

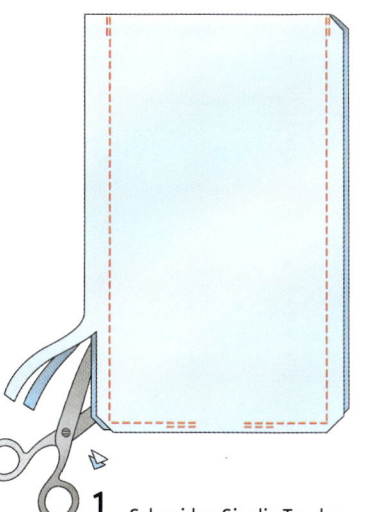

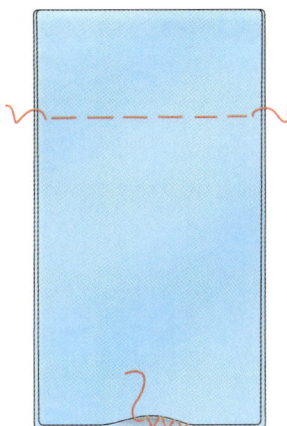

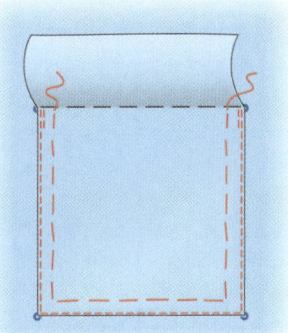

1. Schneiden Sie die Tasche (mit Klappe) in doppelter Höhe zu. Falten Sie den Stoff quer durch die Mitte rechts auf rechts, Kante auf Kante ausgerichtet. Stecken und heften Sie die Seitenkanten aufeinander. Nähen Sie mit der Maschine auf allen Nählinien rundum, doch lassen Sie an der kurzen Unterkante eine Wendeöffnung frei. Machen Sie Rückstiche an den Enden der Nähte (siehe Seite 40). Schneiden Sie die Nahtzugaben einseitig zurück und schneiden Sie die Ecken ab (siehe Seite 43), um Beulen zu vermeiden.

2. Wenden Sie die Arbeit vorsichtig durch die Öffnung und drücken Sie die Ecken mit Hilfe einer kleinen Schere sorgfältig nach außen. Bügeln Sie die Tasche mit der Klappe flach und schließen Sie die Wendeöffnung mit Blindstichen (siehe Seite 49). Nähen Sie eine Reihe von ungleichen Heftstichen (siehe Seite 39) quer über die Faltlinie der Klappe.

3. Nachdem Sie die Position der Tasche auf der rechten Stoffseite des Kleidungsstücks eingezeichnet haben (siehe unten), stecken und heften Sie sie an allen Kanten fest. Beginnen und enden Sie an der Faltlinie der Klappe. Nähen Sie die Tasche mit der Nähmaschine an den Seiten und an der Unterkante fest, wobei Sie die oberen Ecken besonders verstärken (siehe Seite 57). Entfernen Sie die Heftfäden und falten Sie die Klappe nach unten. In diesem Fall ist die Tasche oberhalb der Klappe offen. Anschließend die Tasche bügeln.

Position der Tasche markieren

Wie bereits erwähnt, ist es sehr wichtig, dass Ihre Taschen richtig sitzen und auf gleicher Höhe liegen. Meist sind die Positionen bereits auf dem Schnittmuster eingezeichnet.

Bei einer aufgesetzten Tasche mit geraden Ecken müssen Sie nur die vier Eckpunkte einzeichnen und dann die Tasche innerhalb der Markierung auflegen. Dies geht am schnellsten mit einem Kreidestift (siehe Seite 32), mit dem Sie für jede Ecke einen kleinen Punkt auf die rechte Stoffseite Ihres Kleidungsstückes zeichnen.

Haben die aufgesetzten Taschen abgerundete Ecken, markieren Sie die beiden oberen Ecken wie beschrieben. Dann pausen Sie die unteren runden Ecken mit Hilfe eines Kopierrädchens (siehe Seite 23) und Schneiderkopierpapiers durch. Beides ist in Kurzwarenläden und der Stoffabteilung von Kaufhäusern erhältlich.

Schürze mit Tasche

Sie benötigen

■ Schnittmuster für die Schürze aus dem Schnittmusterbogen am Ende dieses Buches

■ 1,5 m gemusterter Baumwollstoff, 115 cm breit

■ 4,5 m eines 25 mm breiten, selbst gemachten oder fertig gekauften Schrägstreifens

■ farblich passendes Nähgarn

Nun kommen wir zum Leckerbissen dieses Workshops – testen Sie Ihre erlernten Fähigkeiten. Jetzt können Sie bereits eine wunderschöne Vorbindeschürze ganz allein nähen. Die ist genau das Richtige, um sich mitten im Trubel von Haus- und Gartenarbeit wohlzufühlen.

1. Kleben Sie die Teile 1A und 1B des Schürzenschnitts an den schattierten Bereichen überlappend aufeinander, um ein großes Schnittteil zu erhalten. Falten Sie den Stoff der Länge nach rechts auf rechts zur Hälfte (siehe Seite 34). Legen Sie die vordere Kante des Schnittes entlang des gefalteten Stoffbruchs. Schneiden Sie eine Schürzenform und eine Tasche aus. Bereiten Sie aus den Stoffresten zwei 90 cm x 8 cm große Bindebänder vor, dabei ist wichtig, dass die langen Kanten im geraden Fadenlauf entlang der Webkanten liegen (siehe Seite 26).

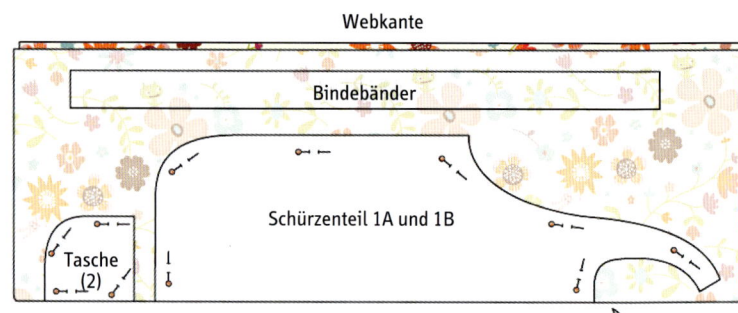

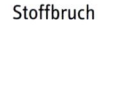

2. Fassen Sie die gerade Kante der Tasche ein (siehe Seite 55, gerade offene Kante mit Schrägstreifen einfassen) und bügeln Sie an den unteren Kanten 1,5 cm Nahtzugabe nach innen (siehe Seite 57 – aufgesetzte Tasche mit abgerundeten Ecken).

3. Markieren Sie die Position der Tasche auf der Vorderseite der Schürze (siehe Seite 59) und nähen Sie die Tasche fest (siehe Seite 56). Verstärken Sie die oberen Ecken mit genähten Dreiecken (siehe Seite 57).

4. Nähen Sie die beiden Nackenträger an der hinteren Naht mit 1,5 cm Nahtzugabe zusammen. Versäubern Sie beide Nahtzugaben gemeinsam (siehe Seite 44) und bügeln Sie sie zur Seite.

5. Beginnen Sie an der Nackennaht und fassen Sie den Halsausschnitt ein (siehe runde Kante mit Schrägstreifen einfassen, Maschinennähtechnik, Seite 55). Dann fassen Sie auf die gleiche Weise die oberen Außenkanten der Schürze ein (siehe Seite 55, offene Kanten einfassen).

6. Zum Schluss fassen Sie die Seiten und die Unterkante der Schürze ein, so wie Sie auch die oberen Kanten eingefasst haben. Lassen Sie hier aber an jedem Ende 2 cm des Schrägstreifens überstehen. Falten Sie diese Enden zur Innenseite der Schürze und heften Sie sie dort fest.

7. Falten Sie ein Bindeband der Länge nach zur Hälfte kantenbündig rechts auf rechts. Stecken und heften Sie die offenen Kanten aufeinander. Nähen Sie mit einer Nahtzugabe von 1,5 cm an der langen Kante entlang und quer über eines der kurzen Enden. Sichern Sie Anfang und Ende der Naht mit Rückstichen.

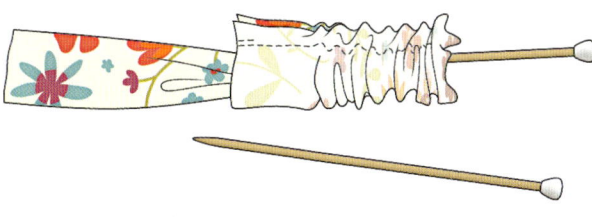

8. Schneiden Sie die Nahtzugaben der Ecken ab, um Beulen zu vermeiden (siehe Seite 43). Dann wenden Sie das Schürzenband und drücken Sie mit Hilfe einer Stricknadel oder einem anderen geeigneten Werkzeug die Ecken sorgfältig heraus. Falten Sie die Kanten der offenen kurzen Seite des Bandes nach innen - die Kante muss ganz gerade sein - und bügeln Sie darüber. Schließen Sie diese Enden mit Blindstichen (siehe Seite 49). Wiederholen Sie die Schritte 7 und 8 für das andere Schürzenband.

Im Quadrat

Mit dieser Technik werden Bänder und Träger an Kleidung festgenäht. Wie der Name sagt, näht man zuerst kastenförmig im Quadrat und dann innerhalb davon zwei sich überkreuzende Linien. Diese Verbindung ist besonders stark. Nähen Sie das Quadrat in einer durchgehenden Linie, ohne das Nähgut aus der Maschine zu nehmen.

1. Beginnen Sie in einer Ecke und nähen Sie quer über die Breite des Trägers oder Bandes. Nähen Sie dann rundum und enden Sie an dem Punkt, an dem Sie begonnen haben. Lassen Sie die Nadel im Stoff stecken.

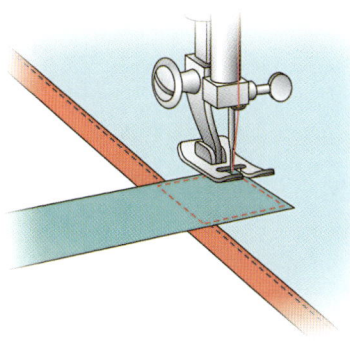

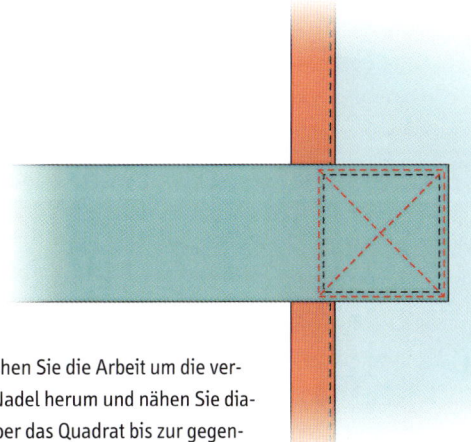

2. Drehen Sie die Arbeit um die versenkte Nadel herum und nähen Sie diagonal über das Quadrat bis zur gegenüberliegenden Ecke. Nähen Sie dann noch einmal an der Seite des Quadrat entlang, genau auf der bereits bestehenden Naht. Dann überqueren Sie das Quadrat mit einer zweiten diagonalen Naht in der anderen Richtung. Um ganz sicher zu gehen, nähen Sie noch einmal rund um das Quadrat. Nehmen Sie die Arbeit aus der Nähmaschine und schneiden Sie die Fäden ab.

9. Um die Schürzenbänder an der Innenseite anzunähen, legen Sie das Ende des Bandes 3 cm weit überlappend auf die Ecke der Schürze. Bedecken Sie dabei die umgehefteten Enden der Schrägstreifen. Vergewissern Sie sich, dass die langen Nähte der Bänder genau an der Kante verlaufen und zur Saumkante der Schürze weisen. Stecken, heften und nähen Sie die Enden der Bänder kreuzweise fest (siehe oben). Entfernen Sie alle Heftstiche.

Verschlüsse

Dieser Workshop führt Sie in die Welt der nützlichen Verschlüsse ein, das sind Knopf und Knopfloch, Druckknöpfe, Haken und Ösen. Manche Verschlüsse sind rein funktionell und unsichtbar angebracht, andere sind speziell als dekoratives Element gedacht, so wie die schicken Knöpfe auf der Tasche von Seite 74. Jeder Verschluss hat seinen speziellen Zweck und wir werden Ihnen sagen, wann und wo welcher Verschluss passt und wie man ihn anbringt.

Knöpfe

Die Auswahl an Knöpfen ist enorm. Von winzigen Blümchenformen bis zu auffallenden Knöpfen in der Größe eines Türstoppers und Jeansknöpfen, die man mit einem speziellen Werkzeug und einem Hammer in festen Denim-Stoff einschlagen kann. Sie können sogar Knöpfe mit Ihrem gewünschten Stoff überziehen.

Die Entscheidung für einen Knopf will sorgfältig überlegt sein: Passt er zum Stil des Modells, zum Stoff, zur Stoffstärke? Und passt er an die Stelle, die dafür vorgesehen ist? Halten Sie sich an die in der Beschreibung angegebene Größe, denn die Designer haben bereits eine passende Größe und die geeigneten Abstände zwischen den Knöpfen festgelegt. Grundsätzlich wird die Stärke und Größe eines Knopfes von der Stärke des Stoffes bestimmt. Kleine, zierliche Knöpfe passen zu leichten Stoffen, während große klobige Knöpfe besser zu dicken, schweren Stoffen aussehen.

Knopftypen
Es gibt zweierlei Knöpfe: Ösenknöpfe und Lochknöpfe.

Ösenknöpfe
Diese haben auf ihrer Unterseite eine Öse oder eine Schlinge, durch welche der Knopf festgenäht werden kann. Beim Ösenknopf liegt die dekorative Seite oben auf dem Knopfloch. Ösenknöpfe sind keine gute Dekoration, denn ohne Knopfloch hängen sie plump nach unten. Sie eignen sich am besten für mittlere und schwere Stoffe.

Lochknöpfe
Diese Knöpfe haben in ihrer Mitte zwei oder vier Löcher. Flach aufgenäht, sind sie eine schöne Dekoration. Wenn sie aber als Verschluss dienen sollen, müssen sie einen „Hals" habe, damit der Knopf nicht auf dem Unterstoff aufliegt. Die Stoffstärke gibt die Länge des Halses vor. Lochknöpfe eignen sich gut für dünne Stoffe und können entweder von Hand oder mit der Maschine angenäht werden, sofern Ihre Maschine einen Knopf-Nähfuß besitzt und Zickzack nähen kann (siehe Seite 18).

TIPP

Legen Sie sich eine Knopfschachtel zu. Schneiden Sie von abgelegter Kleidung sorgfältig alle Knöpfe ab. Sie werden staunen, wie viele Knöpfe Sie wieder verwenden können und wie viel Geld Sie dabei sparen.

Jeansknöpfe
Diese Knöpfe sind extrem kräftig und eignen sich für Freizeithosen und Jacken. Sie werden nicht auf den Stoff genäht, sondern sie bestehen aus zwei Einzelteilen: einem unteren Teil mit Dorn und einem oberen Teil mit dem eigentlichen Knopf. Beide Teile werden auf und unter den Stoff gelegt und dann mit einem Hammer zusammengeklopft. Es gibt sie in Komplettpackungen zu kaufen, zusammen mit der Anleitung und einem Spezialwerkzeug. Folgen Sie den Anweisungen des Herstellers.

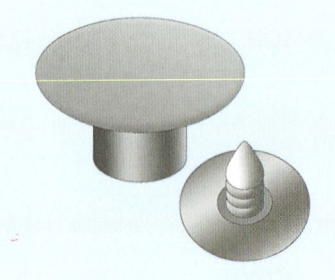

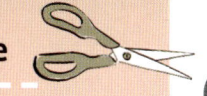
Knöpfe annähen

Verschlussknöpfe müssen großen Belastungen standhalten, z. B. an einem Taillenbund oder an einer Vorderkante. Hier kann sogar der Stoff reißen. Es ist daher sehr wichtig, dass der Knopf durch mindestens zwei Stoffschichten genäht

wird oder dass hier der Stoff extra verstärkt wird. Verwenden Sie kräftiges Steppgarn, das im Kurzwarenladen erhältlich ist. Es eignet sich besonders gut für Knöpfe und Knopflöcher in dicken Stoffen.

Lochknopf von Hand annähen Wenn der Knopf für einen Verschluss angenäht werden soll, muss er einen Hals haben. Legen Sie zu diesem Zweck ein Streichholz quer über den Knopf und nähen Sie darüber hinweg. Dies gilt für Zweiloch- und für Vierlochknöpfe gleichermaßen.

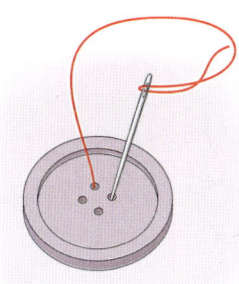
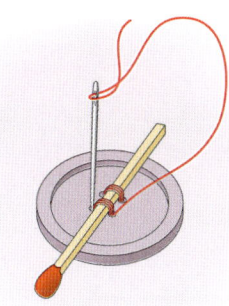

1. Markieren Sie die Position für den Knopf mit einem Kreidestift (siehe Seite 117) und sichern Sie den Fadenanfang auf der Oberseite des Stoffes genau auf dem Markierungspunkt mit einem Rückstich (siehe Seite 38). Stechen Sie die Nadel durch eines der Löcher nach oben und schieben Sie sie ein Stück weit durch das benachbarte Loch wieder nach unten.

2. Legen Sie ein Streichholz quer über den Knopf und ziehen Sie dann die Nadel zur Unterseite des Stoffes durch. Der Faden hält das Streichholz. Führen Sie die Nadel durch das dritte Loch wieder nach oben, über das Streichholz hinweg und stechen Sie durch das vierte Loch nach unten. Machen Sie etwa sechs Stiche durch jedes Lochpaar und ziehen Sie dann das Streichholz vorsichtig heraus.

3. Heben Sie den Knopf vom Stoff ab, so dass die Stiche straff sind, und schieben Sie die Nadel bis unter den Knopf nach unten. Winden Sie den Faden dicht um die Spannfäden und formen Sie so den Hals. Sichern Sie das Fadenende auf der Unterseite mit einigen Rückstichen.

TIPP
Wenn der Knopf rein dekorativen Zwecken dienen soll, brauchen Sie keinen Hals zu nähen. Nähen Sie den Knopf auf die gleiche Weise an, aber ohne darüber gelegtes Streichholz.

Lochknopf mit der Maschine annähen Wenn ihre Maschine Zickzackstiche nähen kann, dann kann dieser in der Regel auch zum Annähen von Lochknöpfen benutzt werden. Vielleicht haben Sie bei dem Zubehör Ihrer Maschine einen Knopf-

Nähfuß, der den Knopf festhält, während Sie ihn annähen (siehe Seite 21), doch nicht alle Maschinen benötigen ihn. Entnehmen Sie dem Handbuch Ihrer Nähmaschine, welchen Nähfuß Sie brauchen und wie Sie den Knopf annähen können.

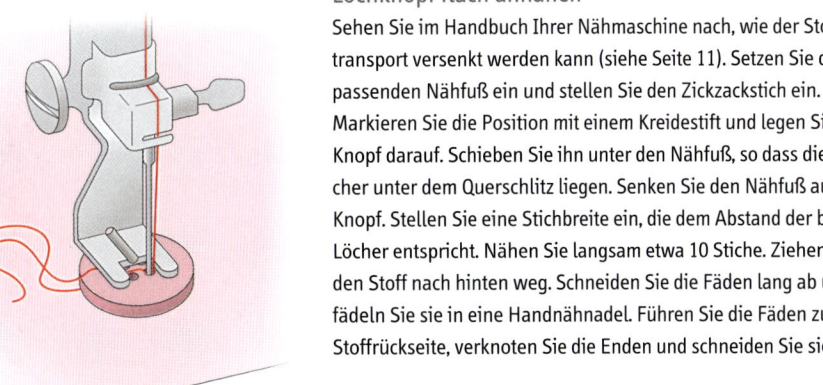

Lochknopf flach annähen
Sehen Sie im Handbuch Ihrer Nähmaschine nach, wie der Stofftransport versenkt werden kann (siehe Seite 11). Setzen Sie den passenden Nähfuß ein und stellen Sie den Zickzackstich ein. Markieren Sie die Position mit einem Kreidestift und legen Sie den Knopf darauf. Schieben Sie ihn unter den Nähfuß, so dass die Löcher unter dem Querschlitz liegen. Senken Sie den Nähfuß auf den Knopf. Stellen Sie eine Stichbreite ein, die dem Abstand der beiden Löcher entspricht. Nähen Sie langsam etwa 10 Stiche. Ziehen Sie den Stoff nach hinten weg. Schneiden Sie die Fäden lang ab und fädeln Sie sie in eine Handnähnadel. Führen Sie die Fäden zur Stoffrückseite, verknoten Sie die Enden und schneiden Sie sie ab.

TIPPS

■ Üben Sie zuerst mit einem übrig gebliebenen Knopf auf einem Stoffrest.
■ Prüfen Sie zweimal, ob die Stichbreite stimmt. Drehen Sie das Handrad (siehe Seite 11) zu sich hin und testen Sie, ob die Nadel problemlos in beide Löcher sticht. Passen Sie, wenn nötig, die Stichbreite an.
■ Wenn Sie sich nicht sicher fühlen, bedienen Sie nicht das Fußpedal, sondern drehen Sie mehrmals am Handrad, bis der Knopf befestigt ist.

Lochknopf mit Hals annähen

Manche Maschinen haben eine Knopfnähfunktion, mit der auch ein Hals genäht werden kann. Falls Ihre das nicht kann, können Sie auch hier ein Streichholz quer über den Knopf legen, und zwar längs unter die Rille eines normalen Nähfußes. Wenn Sie darüber nähen, haben Sie auch hier einen Fadenhals. Wenn der Knopf befestigt ist, winden Sie das Fadenende mehrmals um die Fäden unter dem Knopf, wie beim Handnähen (siehe Seite 65). Fädeln Sie dann den Oberfaden in eine Nähnadel und ziehen Sie ihn zur Stoffunterseite. Verknoten Sie die Enden und schneiden Sie die Fäden ab.

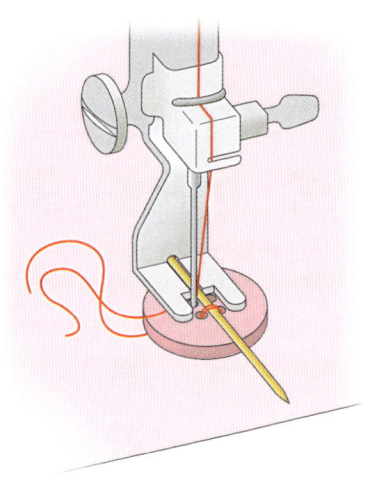

Ösenknopf annähen
Diese Knöpfe müssen Sie von Hand annähen, denn das Loch befindet sich auf der Unterseite des Knopfs in Form einer Öse. Die Maschinennadel kann hier nicht hindurch stechen.

Fadenhals an einen Ösenknopf nähen
Sobald Ihr Stoff extrem dick ist, müssen Sie sogar an einem Ösenknopf einen Hals annähen.

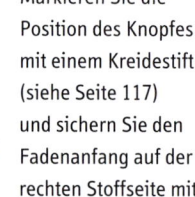

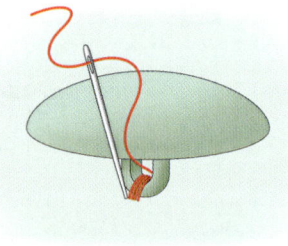

Markieren Sie die Position des Knopfes mit einem Kreidestift (siehe Seite 117) und sichern Sie den Fadenanfang auf der rechten Stoffseite mit einigen Rückstichen (siehe Seite 38) genau auf der Markierung. Legen Sie die Öse auf die Markierung, das Loch liegt parallel zum Knopfloch. Stechen Sie die Nadel durch die Öse und durch alle Stofflagen zur Unterseite. Bringen Sie die Nadel wieder nach oben und wiederholen Sie dies mit ungefähr sechs Stichen. Sichern Sie das Fadenende mit einigen Rückstichen auf der Stoffunterseite.

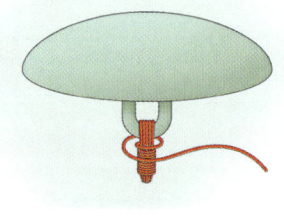

Befestigen Sie den Ösenknopf, wie links beschrieben, aber legen Sie ein Streichholz zwischen Öse und Stoff und nähen Sie darüber. Entfernen Sie das Streichholz, ziehen Sie den Knopf vom Stoff weg, bis die Fäden straff sind und winden Sie den Faden fest um den Fadenhals. Sichern Sie die Fadenenden auf der Stoffunterseite mit einigen Rückstichen.

TIPP
Bei sehr zarten Stoffen legen Sie ein doppelt gefaltetes Stoffstück oder ein Nahtband als Verstärkung auf die Innenseite des Kleidungsstücks, direkt unter den Knopf.

Verstärkende Unternähknöpfe

Unternähknöpfe werden an solchen Stellen verwendet, die besonders großer Belastung ausgesetzt sind und an Kleidungsstücken aus sehr festen Stoffen, wie z. B. Mänteln. Sie können spezielle Unternähknöpfe aus durchsichtigem Plastik kaufen, doch dient ein kleiner flacher Knopf demselben Zweck, so lange er die gleiche Anzahl von Löchern wie der obere Knopf hat. Ein Unternähknopf wird auf die Innenseite des Kleidungsstücks, genau unter dem Oberknopf mit diesem zusammen festgenäht.

Folgen Sie der Anleitung zum Annähen eines Lochknopfes mit Fadenhals. Legen Sie hier einen kleinen flachen Knopf auf der Innenseite Ihres Kleidungsstücks genau unter die Position des oberen Knopfs. Nähen Sie durch alle Löcher beider Knöpfe. Beim letzten Stich bringen Sie die Nadel nur durch den oberen Knopf zur Oberfläche. Entfernen Sie das Streichholz und bilden Sie den Fadenhals.

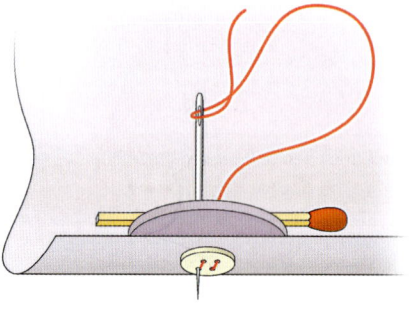

Mit Stoff bezogene Knöpfe

Wenn Sie keinen geeigneten Knopf finden oder wenn Sie einen mit passendem Stoff überzogenen Knopf wünschen, dann machen Sie ihn selbst. Knöpfe zum Überziehen gibt es in weißem Plastik oder aus vernickeltem Messing. Sie bestehen aus einem Oberteil, das Sie überziehen und einer Rückseite, welche die offenen Stoffkanten befestigt. Die beiden Knopfhälften werden anschließend ineinander gedrückt. Plastikknöpfe, die es in den Größen von 11 mm bis 29 mm Durchmesser gibt, eignen sich für dünnere Stoffe, Metallknöpfe eignen sich für dicke Stoffe, sie sind in den Größen von 11 mm bis 38 mm Durchmesser erhältlich. Beide Arten sind waschbar.

Plastikknopf überziehen Hier wird der Stoff um den oberen Plastikkörper herum gerafft und dann die Rückseitenplatte fest hineingedrückt.

Metallknopf überziehen So ein Metallknopf ist schnell überzogen – kleine Zähne auf der Unterseite der oberen Knopfhälfte halten den Stoff fest.

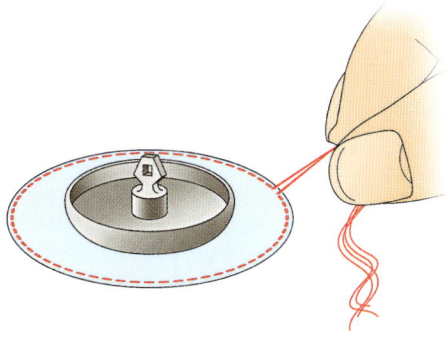

1. Schneiden Sie einen Kreis aus dem Karton der Knopfpackung. Legen Sie den Kreis auf den Stoff, beachten Sie dabei eventuelle Stoffmuster, und zeichnen Sie den Umriss mit einem Kreidestift auf den Stoff. Schneiden Sie den Stoffkreis aus. Fädeln Sie einen doppelten Faden ein – d. h. die Fadenenden liegen auf gleicher Höhe. Lassen Sie an Anfang und Ende ein längeres Fadenende stehen. Nähen Sie eine Reihe von sehr kleinen Vorstichen (siehe Seite 48) ca. 3 mm innerhalb der Stoffkanten rundum. Legen Sie die obere Knopfhälfte mittig auf die linke Stoffseite und ziehen Sie gleichmäßig am Faden. Der Stoff muss dicht an der Öse liegen. Sichern Sie die Fadenenden mit einem Knoten.

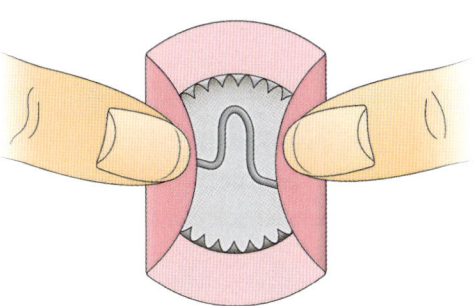

1. Schneiden Sie einen Stoffkreis zu, wie beim Plastikknopf (links) beschrieben. Legen Sie die obere Knopfhälfte mittig auf die linke Stoffseite und spannen Sie den Stoff dicht um die Kante. Machen Sie dies rundum, damit die Metallzähne gut greifen können.

TIPP
Wenn Ihr Stoff durchsichtig oder lose gewebt ist, legen Sie einen Kreis aus Futterstoff unter den Bezugsstoff für Ihren Knopf.

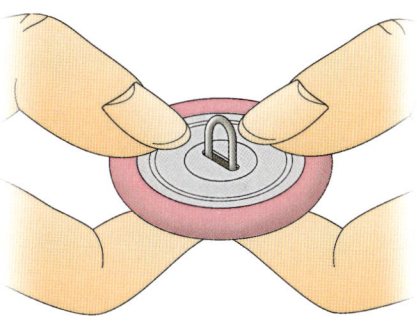

2. Vergewissern Sie sich, dass die Rückseitenplatte mit der rechten Seite nach oben weist und schieben Sie den Schlitz über die Öse des Knopfoberteils. Drücken Sie beide Teile an zwei gegenüberliegenden Stellen fest aufeinander, bis die Kante einrastet.

2. Drücken Sie die Rückseitenplatte in die Unterseite der oberen Knopfplatte, so dass die Öse durch das Loch trifft. Drücken Sie fest, bis die Kante einrastet.

Knopflöcher

Es gibt zwei unterschiedliche Arten von Knopflöchern. Die umnähten Knopflöcher sind die gebräuchlichsten, bei denen die Stoffkanten mit dichten Stichen umnäht sind – und die Paspelknopflöcher, deren Kanten mit schmalen Stoffstreifen eingefasst sind und die man an Jacken und Mänteln anwendet. In diesem Buch befassen wir uns nur mit den umnähten Knopflöchern und arbeiten sie mit der Nähmaschine. Diese Art geht schnell und sieht gut aus.

Die übliche Form eines Knopflochs ist gerade, d. h. ein Schlitz im Stoff wird an den Kanten mit Zickzackstichen eingefasst und die Enden mit einem Riegel abgeschlossen (siehe Seite 69). Es wird durch alle Stofflagen gleichzeitig gearbeitet – in der Regel dann, wenn das Kleidungsstück fertig ist – und am Schluss aufgeschnitten. Die meisten elektronischen und computerunterstützten Nähmaschinen bieten verschiedene Knopflochprogramme an, z. B. mit rundem Ende, welche man für Hemden und Blusen aus feinem Stoff benutzt, oder ein Schlüsselloch-Knopfloch für Jacken und Mäntel. Studieren Sie das Handbuch Ihrer Nähmaschine, um herauszufinden, was Ihre Maschine leisten kann.

Länge des Knopflochs berechnen

Dass die Länge eines Knopflochs stimmt, ist enorm wichtig, denn der Knopf muss hindurchpassen und er soll das Kleidungsstück geschlossen halten. Die Positionen von Knopf und Knopfloch sind auf den Schnittmustern angegeben. Die Knopflochschiene und der Fuß (siehe Seite 21) stellen sich automatisch richtig ein, sobald der Knopf unter den Spezialfuß gelegt wird. Trotzdem ist es gut, wenn man die richtige Länge eines Knopflochs selbst ausrechnen kann.

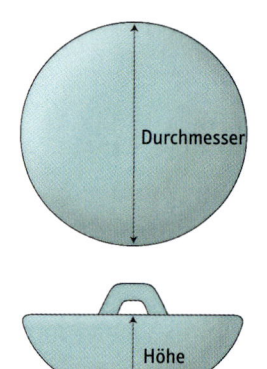

Knopflochlänge = Durchmesser + Höhe + 3 mm

Die Länge eines Knopflochs für einen Ösenknopf oder für einen Lochknopf wird durch den Durchmesser und die Höhe des Knopfs bestimmt. Addieren Sie die Maße und geben Sie 3 mm dazu für die Riegel an beiden Enden des Knopflochs.

Knopflöcher nähen

Senkrechte Knopflöcher sitzen in der Regel auf der Knopfleiste einer Bluse oder einer Jacke. Sie sind auf den Schnittmusterbogen eingezeichnet. Wenn die Kanten des Kleidungsstücks überlappend geschlossen werden, sollten die Mittellinien beider Seiten genau aufeinanderliegen. Knöpfe werden 3 mm unterhalb eines senkrechten Knopflochs angenäht. Bei waagerecht liegenden Knopflöchern sitzt der Knopf am Ende des Knopflochs, also muss er 3 mm hinter der Mittellinie der Knopfleiste sitzen, damit er, wenn das Kleidungsstück geschlossen wird, genau auf der Mitte sitzt.

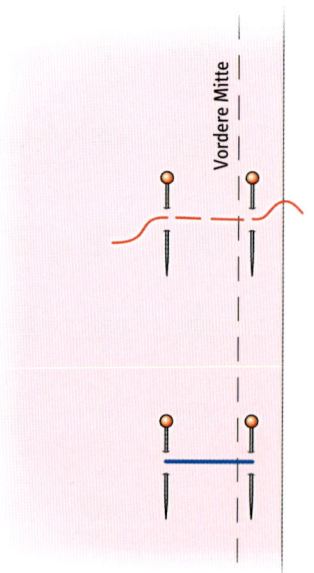

Legen Sie Ihr Schnittteil auf das Kleidungsstück, die vorderen Kanten liegen genau aufeinander. Kennzeichnen Sie die Positionen der Knopflöcher mit je einer quer zur Knopflochrichtung gesteckten Stecknadel an Anfang und Ende. Markieren Sie das Knopfloch mit einem Strich, entweder mit einem Stift oder mit Heftgarn.

Knopfloch nähen

Die meisten elektronischen oder computerunterstützten Nähmaschinen haben eine Funktion, die Knopflöcher entweder halbautomatisch oder vollautomatisch näht. Sie brauchen weder die Nadelposition zu verstellen, noch den Stoff zu drehen. An einer älteren Maschine müssen Sie das Knopfloch selbst steuern. Studieren Sie dafür das Handbuch Ihrer Nähmaschine.

Handgeführtes Knopfloch Hierfür müssen Sie Ihre Nähmaschine auf einen sehr dichten Zickzackstich einstellen. Für die beiden Riegel an Anfang und Ende des Knopflochs benötigen Sie die breiteste Einstellung. Für die Seiten muss die Stichbreite etwas schmaler als die halbe Breite sein, damit zwischen den Reihen noch Platz für den Schlitz bleibt.

1. Markieren Sie die Lage des Knopflochs und setzen Sie den passenden Nähfuß ein. Dieser ist meist aus klarem Plastik, so dass Sie die Stiche gut sehen können. Platzieren Sie die Markierung des Knopflochs mittig unter dem Nähfuß, die Nadel liegt genau am oberen Ende der Markierungslinie. Versetzen Sie die Nadel nach links und machen Sie zwei Zickzackstiche über die volle Breite. Stellen Sie die halbe Stichbreite ein und nähen Sie an der linken Seite des Knopflochs entlang, parallel zur Linie. Am Ende versetzen Sie die Nadel nach rechts und stechen Sie sie in den Stoff. Heben Sie das Nähfüßchen an und lassen Sie die Nadel im Stoff stehen.

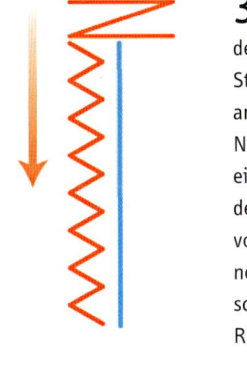

2. Drehen Sie den Stoff um 180° und senken Sie den Nähfuß. Machen Sie einen Stich nach links und heben Sie die Nadel. Stellen Sie die volle Stichbreite ein und arbeiten Sie vier oder fünf Stiche als Riegel. Am Schluss soll ihre Nadel links stehen.

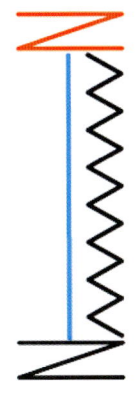

3. Heben Sie die Nadel wieder aus dem Stoff, stellen Sie wieder die halbe Stichbreite ein und nähen Sie auf der anderen Seite entlang. Heben Sie die Nadel, stellen Sie die volle Stichbreite ein und nähen Sie drei Stiche, um den angefangenen ersten Riegel zu vollenden. Heben Sie den Nähfuß und nehmen Sie die Arbeit aus der Maschine. Ziehen Sie die Fadenenden zur Rückseite und verknoten Sie sie dort.

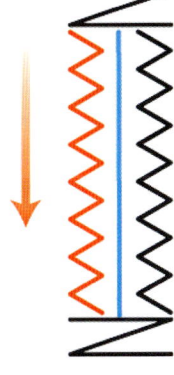

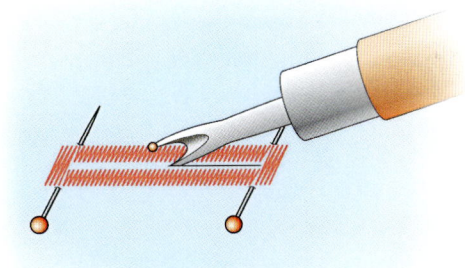

4. Stechen Sie zur Sicherheit an jedes Ende des Knopflochs eine Stecknadel quer, knapp innen vor die Riegel. Nehmen Sie den Nahttrenner (siehe Seite 23) und schneiden Sie den Stoff vorsichtig in der Mitte des Knopflochs auf.

Knopfloch halbautomatisch nähen Eine Halbautomatik arbeitet mit einem Nähfuß, der an der linken Seite ein bewegliches Anschlaglineal hat, an dem die Länge des Knopflochs gemessen wird. Auch hier markieren Sie zuerst die Position des Knopflochs und dann bewegen Sie den Schlitten so, dass die untere Markierungslinie auf gleicher Höhe liegt wie der untere Beginn des Knopflochs auf Ihrem Kleidungsstück. Ziehen Sie beide Fäden unter dem Nähfuß nach links.

1. Stellen Sie die Maschine für den ersten Arbeitsschritt ein, vielleicht müssen Sie einen Wahlknopf oder den Memoryknopf drücken, damit die Maschine mit dem Knopflochnähen beginnt. Studieren Sie deshalb das Handbuch. Die Maschine näht zuerst den ersten Riegel und dann rückwärts die eine Seite des Knopflochs. Halten Sie an der oberen Markierung des Lineals an.

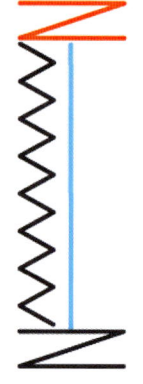

2. Drücken Sie den Memoryknopf oder den entsprechenden Wahlknopf und die Maschine näht den oberen Riegel.

3. Am Schluss näht die Maschine an der zweiten Seite des Knopflochs wieder nach unten. Schneiden Sie die Mitte des Knopflochs auf, wie beschrieben (siehe Seite 69).

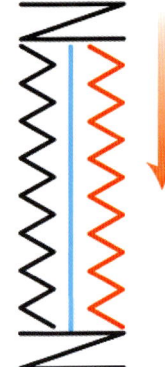

TIPP
Wenn die Stiche nicht dicht genug sind oder wenn ein besonders starkes Knopfloch gewünscht ist, wie z. B. für einen Mantel oder eine Jacke, nähen Sie ein zweites Mal darüber, direkt über das erste Knopfloch.

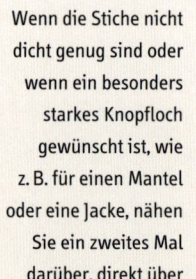

Knopfloch vollautomatisch nähen Bei einem vollautomatischen Knopflochfuß können Sie die Länge des Knopflochs bestimmen, indem Sie den Knopf in den Knopfhalter des Nähfußes legen. So wird Ihnen die Arbeit des Ausrechnens abgenommen. Lesen Sie das Handbuch und prüfen Sie alle Einstellungen zwei Mal, bevor Sie beginnen.

Setzen Sie den Knopflochfuß in Ihre Maschine ein und programmieren Sie „gerades Knopfloch". Ziehen Sie den Knopfhalter nach hinten und legen Sie den Knopf hinein. Rasten Sie den Knopf fest ein. Schieben Sie den Knopflochhebel so weit wie möglich nach unten. Ziehen Sie beide Nähfäden nach links weg und platzieren Sie den Nähfuß genau über der Markierung auf dem Stoff. Das Loch des Nähfüßchens liegt dabei genau über dem vorderen Ende der Markierung. Die Maschine wird nun das Knopfloch automatisch in der richtigen Größe nähen, in der Regel in einem einzigen Arbeitsgang. Schneiden Sie das Knopfloch auf, wie auf Seite 69 beschrieben.

Knopfhalter

Druckverschlüsse

Druckverschlüsse bestehen aus zwei oder mehreren Teilen. Sie sind rein funktional, doch gibt es auch dekorative Variationen. Zu den Verschlüssen dieser Art zählen Druckknöpfe, Haken und Ösen und Klettverschlüsse.

Druckknöpfe

Es gibt zwei Arten von Druckknöpfen – die zum Annähen und nähfreie Druckknöpfe. Bei beiden wird ein Oberteil mit „Nase" in ein Loch in ein Basisteil hinein gedrückt.

Druckknöpfe zum Annähen sind immer dann zu empfehlen, wenn Sie eine leichte Verschlusstechnik benötigen. Auch dienen sie als zusätzlicher Verschluss, z. B. in der Nähe eines Kragens an einem geknöpften Kleid. Es gibt sie in schwarz, silber-metallisch und in klarem Plastik.

Die nähfreien Druckknöpfe werden in den Stoff gestanzt. Sie halten sehr gut und eignen sich für schwere Stoffe. Es gibt sie in verschiedenen Farben zu kaufen, auch in verschiedenen Größen und Stärken und sie eignen sich für Kinderkleidung, Freizeitkleidung, Sportkleidung und Bettbezüge.

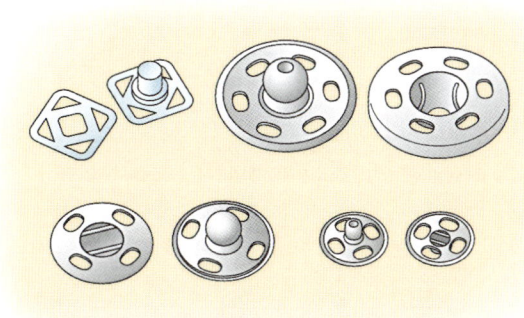

Näh-Druckknöpfe

Druckknöpfe aus Metall sind rund und in verschiedenen Größen, von 6 bis 20 mm Durchmesser erhältlich. Verwenden Sie diese für mittlere bis schwere Stoffe, die sehr großen werden manchmal als Jackenverschluss benutzt. Die Plastikdruckknöpfe sind feiner und können entweder rund oder eckig sein. Sie sind ideal für leichte Stoffe, wie z. B. halbdurchsichtige Stoffe und Unterwäsche. Es gibt sie von 6-10 mm Größe.

Druckknopf annähen

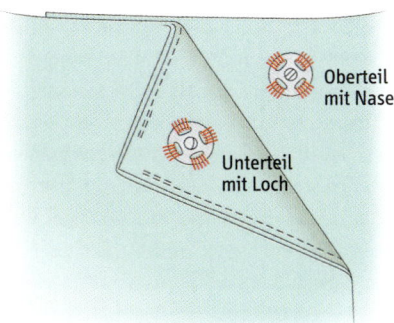

Oberteil mit Nase

Unterteil mit Loch

Legen Sie das Oberteil des Druckknopfs auf die Unterseite des überlappenden Verschlussstoffes, weit genug von der Kante entfernt, damit es später nicht zu sehen ist. Nähen Sie durch jedes Randloch vier Stiche, ohne dass diese auf der Vorderseite des Kleidungsstücks sichtbar sind. Sichern Sie den Faden mit einigen Rückstichen unter dem Oberteil. Platzieren Sie dann das Unterteil des Druckknopfs auf der rechten Seite des Untertritts, genau unter der Nase des Oberteils. Nähen Sie das Unterteil genauso fest an wie das Oberteil.

Nähfrei-Druckknöpfe

Diese bestehen aus vier Bauteilen. Zwei Kappen bilden die Oberflächen von Oberteil und Unterteil. Ein Teil mit Nase und ein Sockelteil mit Loch sind die Gegenstücke dazu, die den Knopf im Stoff verankern. Es gibt auch eine Version für Strickstoffe, bei denen der Stoff auf der Oberfläche sichtbar ist. Die Position der nähfreien Druckknöpfe kann je nach Funktion unterschiedlich sein,

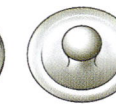  

aber die Befestigungstechnik ist grundsätzlich gleich. Es gibt Packungen mit mehreren Knöpfen, der Anleitung und einem speziellen Werkzeug zum Festmachen. Halten Sie sich an die Anweisungen des Herstellers.

Haken und Ösen

Haken und Ösen sind kleine, doch sehr starke metallene Verschlüsse. Sie werden in verschiedenen Größen hergestellt und u. a. an Bundverschlüssen oder am oberen Ende eines Reißverschlusses angenäht. Wenn Sie sich für Haken und Ösen entscheiden, müssen Sie wissen, wie viel Belastung sie ausgesetzt sein werden und wie dick der Stoff ist, in den sie eingenäht werden. Kleine Haken und Ösen eignen sich für einen Halsausschnitt, sind aber völlig unzureichend an einem Rockbund, wo ein starker Haken benötigt wird. Große überzogene Haken und runde Ösen gibt es für Jacken, Mäntel und Kleidung aus Kunstfell.

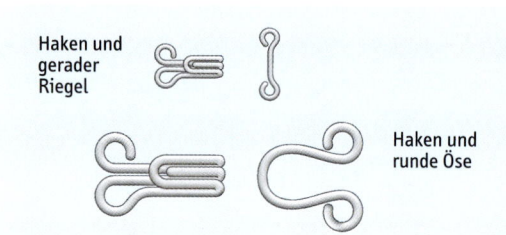

Haken und gerader Riegel

Haken und runde Öse

Normale Haken und Ösen

Es gibt sie in Silber und Schwarz, und in Größen von 1 (die kleinste) bis 3 (die größte). Die Öse kann gerade oder rund sein. Nehmen Sie einen geraden Riegel an Kanten, die sich überlappen und eine runde Öse für aneinanderstoßende Kanten.

Haken und Ösen annähen

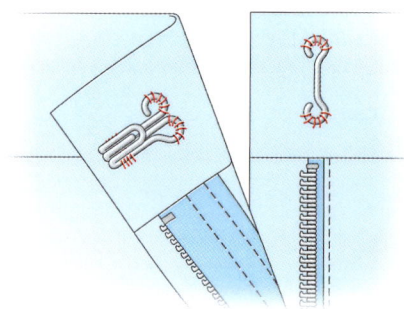

An überlappende Kanten

Legen Sie den Haken an die Unterseite des Übertritts, ca. 3 mm innerhalb der Kante und markieren Sie die Position mit einem Kreidestift. Sichern Sie das Fadenende und nähen Sie dann fest um jedes Loch, ohne dass die Stiche auf der Stoffvorderseite zu sehen sind. Schieben Sie die Nadel zwischen den Stofflagen bis ans Ende des Hakens nach vorn und stechen Sie um den Hals des Hakens, damit er flach auf dem Stoff liegen bleibt. Sichern Sie das Fadenende mit einigen winzigen Stichen. Überlappen Sie die Kanten des Kleidungsstücks und markieren Sie mit einem Stift das Ende des Hakens auf der rechten Seite des Untertritts. Nähen Sie an diese Stelle einen Riegel als Gegenstück, stechen Sie durch die Löcher, wie zuvor.

An aneinanderstoßende Kanten

Haken und Öse werden jeweils auf die Innenseite des Kleidungsstücks genäht. Legen Sie den Haken ca. 2 mm innerhalb der Kante auf die Innenseite und markieren Sie Position mit einem Kreidestift. Nähen Sie den Haken fest, wie links beschrieben. Legen Sie eine runde Öse auf die andere Innenkante, in gleicher Höhe wie der Haken, die Ösenkante ragt ein kleines Stück über die Stoffkante hinaus. Nähen Sie die Öse durch die Löcher fest, wie den Haken. Schieben Sie die Nadel zwischen den Stofflagen nach vorn und befestigen Sie auch die Seiten der Öse mit je drei Stichen, damit sie flach auf dem Stoff liegen bleibt. Sichern Sie das Fadenende mit einigen Rückstichen.

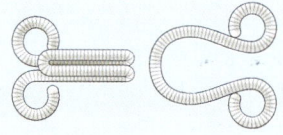

Überzogener Haken und Öse

Große, überzogene Haken und Ösen werden manchmal als Verschluss von Mänteln und Teddyjacken benutzt. Auf Stoffmänteln werden sie wie oben beschrieben festgenäht. Bei Kunstfell fasst man sie in die Kantennaht.

Bundhaken und Riegel

Dies sind spezielle Haken und Riegel, die für Röcke oder Hosenbunde vorgesehen sind. Sie sind flach und kräftig, und der Haken rutscht nicht leicht aus dem Riegel heraus. Befestigen Sie die Teile mit kräftigem Garn, denn sie müssen großer Belastung standhalten.

Bundhaken und Riegel festnähen

Legen Sie den Haken mittig auf die linke Seite des Bund-Endes, ca. 3 mm innerhalb der Stoffkante. Nähen Sie ihn durch die Löcher fest. Schließen Sie das Kleidungsstück, der Bund überlappt sich. Legen Sie den Riegel auf die rechte Seite des Untertritts, so dass er mit dem Haken zusammentrifft. Markieren Sie die Stelle und nähen Sie auch den Riegel durch die Löcher fest. Nähen Sie durch alle Lagen. Vernähen Sie das Fadenende auf der Rückseite.

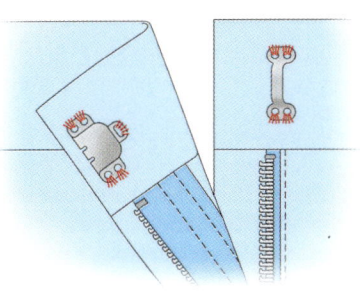

Verschlussbänder

Es gibt zweierlei Verschlussbänder: Das Klettband und das Druckknopfband. Kettband besteht aus zwei Streifen – einem mit Schlaufen und einem mit kleinen Häkchen. Drückt man beide Streifen aufeinander, verhaken sich die Oberflächen so lange, bis man sie wieder auseinander zieht. Ein Druckknopfband hat die Oberhälften der Druckknöpfe auf dem einen Band, die Unterhälften auf dem gegenüberliegenden.

Klettverschluss Klettband gibt es in Breiten von 16 mm bis 20 mm in den Farben Weiß, Schwarz und Beige. Es kann komplett angenäht, festgeklebt oder in Kombination von beidem befestigt werden. Selbstklebendes Klettband ist zum Befestigen von Fensterrollos ideal (siehe Seite 106). Die nähbare Version eignet sich für Kleidung und weiche Heimtextilien wie z. B. Kissen und Hussen.

Druckknopfband Das Druckknopfband, auch als Bodyverschluss bekannt, ist leichter und weicher als ein Klettband und wird gerne für Babykleidung, Sportbekleidung und für Kissenbezüge benutzt. Setzen Sie an Ihrer Nähmaschine den Reißverschlussfuß ein, damit Sie knapp neben dem Band nähen können. Die kurzen abgeschnittenen Enden des Bandes werden in der Regel in eine Naht gefasst, halten Sie die Druckknöpfe daher von der Naht fern.

TIPP

Damit die Druckknöpfe aufeinander passen, schneiden Sie das Band in gewünschter Länge ab und lassen Sie dabei die beiden Hälften aufeinanderliegen.

Klettverschluss annähen

Schneiden Sie das Band in benötigter Länge ab. Stecken und heften Sie die Häkchenseite auf die Oberseite des Untertritts. Das Band ist sehr steif – benutzen Sie deshalb einen Fingerhut (siehe Seite 23). Nähen Sie dann das Band an allen Kanten entlang mit der Nähmaschine fest und machen Sie Rückstiche an Anfang und Ende der Naht. Drücken Sie das Gegenstück des Bandes auf das bereits angenähte und legen Sie den Übertritt des Kleidungsstückes darauf. Stecken Sie es fest, so dass das Band auf der Vorderseite nicht zu sehen sein wird. Trennen Sie die Klettbänder voneinander, heften und nähen Sie sie fest, wie zuvor beschrieben. Entfernen Sie alle Heftstiche und übernähen (siehe Seite 49) Sie die abgeschnittenen Enden, aber nähen Sie nur durch eine Stofflage.

Druckknopfband annähen

Schneiden Sie das Band in gewünschter Länge ab und stecken und heften Sie die Seite mit den Druckknopf-Oberseiten auf die Innenseite des Übertritts. Die Außenkante des Bandes liegt knapp innerhalb der Stoffkante. Setzen Sie einen Reißverschlussfuß in die Nähmaschine ein und nähen Sie durch alle Lagen knapp an der Kante des Bandes entlang. Machen Sie Rückstiche an Anfang und Ende der Naht. Legen Sie die Seite mit den Druckknopf-Unterseiten auf die Oberseite des Untertritts, die Knöpfchen müssen genau aufeinandertreffen, die Bandkante liegt knapp innerhalb der Stoffkante. Stecken, heften und nähen Sie das Band fest, wie oben beschrieben.

Gefütterte Schultertasche

In dieser vielseitigen Tasche ist viel Platz für viele Dinge. Sie entsteht aus modernem Filz, die Steppnähte greifen die hellen Farben des Innenfutters auf. Die Klappe wird mit zwei Knöpfen sicher verschlossen.

Sie benötigen

- Taschenschnitt, alle Teile vom Schnittmusterbogens am Ende des Buches (siehe Seite 114)

- 60 cm Filzstoff, 90 cm breit

- 60 cm passenden gemusterten Baumwollstoff, 90 cm breit, für das Innenfutter

- 20 cm aufbügelbare Einlage, 90 cm breit (siehe Seite 134)

- zwei dekorative Knöpfe, Durchmesser ca. 25 mm

- zwei Unternähknöpfe

- farblich passenden Nähfaden

- Steppgarn in Farbe des Futterstoffs

- Schneiderkopierpapier (erhältlich im Kurzwarengeschäft in Weiß, Blau, Rot und Gelb)

Hinweis

- Alle Maße sind inklusive 1 cm Nahtzugabe, wenn nicht anders angegeben

- Nähen Sie die Stoffe rechts auf rechts zusammen, wenn nicht anders angegeben.

1. Schneiden Sie aus dem Filz und aus dem Futterstoff je zwei Taschenteile und eine Klappe. Legen Sie die Schnittteile im geraden Fadenlauf auf, wie abgebildet. Übertragen Sie die Position der Träger mit Hilfe eines Kreidestifts auf die linke Seite der Taschenteile aus Filz. Schneiden Sie aus dem Einlagenmaterial zwei Träger und eine Klappe. Legen Sie die Teile auf, wie abgebildet. Nähen Sie innerhalb der Nahtzugabe einmal entlang der Taschenoberkanten und der Klappe, sowie über die kurzen Enden der Träger (siehe Seite 141).

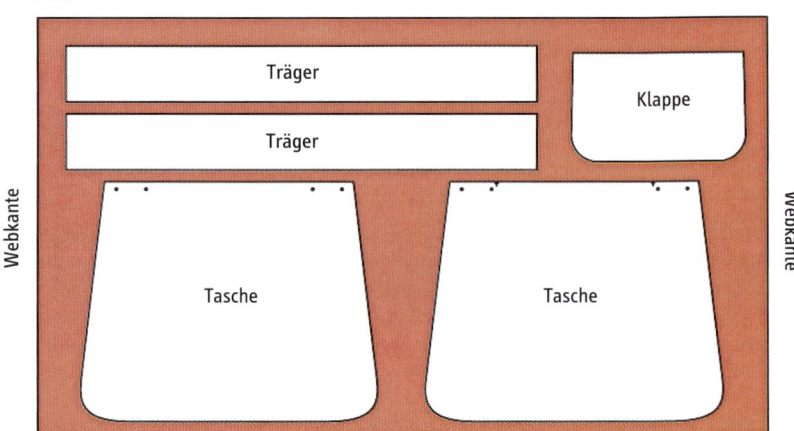

2. Übertragen Sie die Stepplinien auf eines der Taschenteile aus Filz. Legen Sie zu diesem Zweck das Schneiderkopierpapier mit der Farbseite nach unten auf die rechte Seite des Stoffes. Breiten Sie den Schnittteil darüber und pausen Sie die Linien mit einem Bleistift durch. Entfernen Sie Schnittmuster und Kopierpapier. Legen Sie das Steppgarn als Oberfaden in die Nähmaschine ein und stellen Sie mittellange Stiche ein. Steppen Sie auf den drei Linien.

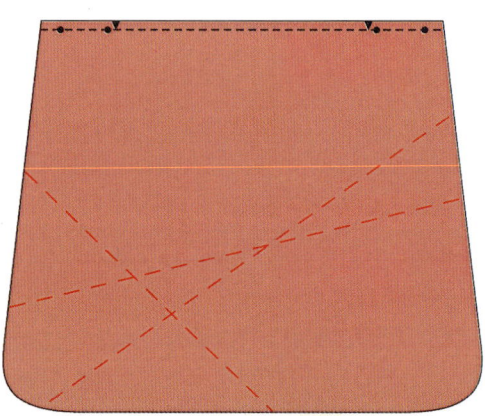

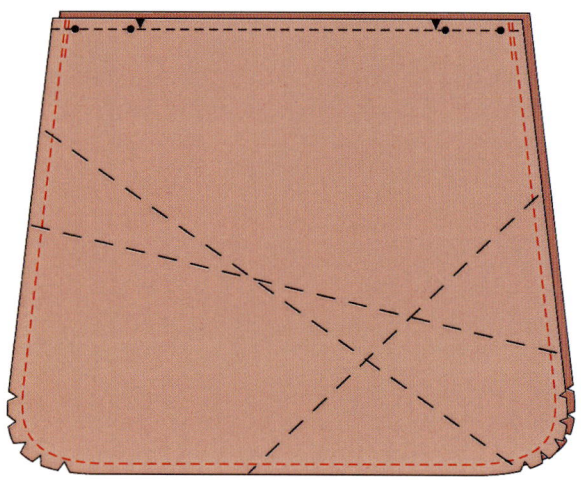

3. Fädeln Sie wieder den normalen Nähfaden in die Nähmaschine und stellen Sie eine kürzere Stichlänge ein. Stecken und heften Sie die gesteppte Taschenvorderseite rechts auf rechts auf die Taschenrückseite, die Seitenkanten und die Unterkante liegen bündig aufeinander. Nähen Sie beide Teile mit der Nähmaschine zusammen und machen Sie Rückstiche an Anfang und Ende der Naht. Um die Naht haltbarer zu machen, arbeiten Sie eine zweite Naht über die erste. Schneiden Sie an den Kurven kleine Keile aus der Nahtzugabe (siehe Seite 44) und wenden Sie die Tasche auf rechts. Bügeln Sie die Nahtkanten (siehe Tipp links).

4. Wiederholen Sie Schritt 3 mit den beiden Futterteilen, lassen Sie aber in der Mitte der unteren Naht ein ca. 12 cm langes Stück der Naht offen. Dies ist die Wendeöffnung.

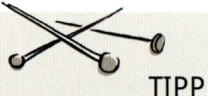

TIPP

Bügeln Sie Filz mit dem trockenen Bügeleisen, das auf mittlere Temperatur eingestellt ist. Gut ist ein feuchtes Bügeltuch zwischen Filz und Lauffläche, denn der Filz bekommt leicht Glanzstellen, sobald man über Nähte und Kanten bügelt.

5. Für die Klappe bügeln Sie die Einlage auf die linke Stoffseite des Futters (siehe Seite 134 cm). Stecken und heften Sie die Filzklappe rechts auf rechts auf das Futterteil. Nähen Sie entlang der Seiten und der Unterkante und machen Sie Rückstiche an Anfang und Ende jeder Naht. Schneiden Sie die Nahtzugaben einseitig zurück und kerben Sie sie an den Kurven ein (siehe Seite 43).

6. Wenden Sie die Klappe auf rechts. Bügeln Sie von der Futterstoffseite her die Nähte flach. Steppen Sie 6 mm innerhalb der Außenkante entlang. Stecken und heften Sie die offenen Kanten aufeinander.

7. Auch für die Träger bügeln Sie die Einlage auf die linke Stoffseite des Futterstoffes. Stecken und heften Sie jeden Filzstreifen rechts auf rechts an den langen Kanten auf den Futterstreifen. Nähen Sie die Streifen mit der Nähmaschine zusammen und machen Sie Rückstiche an Anfang und Ende jeder Naht. Entfernen Sie die Heftstiche und schneiden Sie die Nahtzugaben bis auf 6 mm zurück.

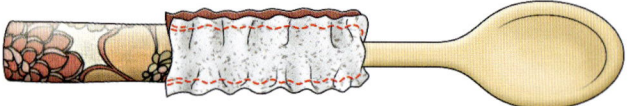

8. Nähen Sie an jedem Träger eine der kurzen Seiten zu. Wenden Sie den Träger mit Hilfe eines Kochlöffelstiels oder etwas Ähnlichem. Trennen Sie das genähte kurze Ende wieder auf und bügeln Sie die Träger flach. Stecken und heften Sie die kurzen Enden zusammen und steppen Sie an den langen Kanten entlang.

9. Stecken Sie die geheftete offene Kante der Klappe mittig an die Oberkante der Taschenrückseite, genau zwischen die Markierungen, dabei liegt Filz auf Filz. Heften Sie die Klappe kantenbündig fest. Stecken Sie je ein kurzes, geheftetes Ende eines Trägers an die Oberkante der Taschenrückseite, genau zwischen die Markierungen, dabei liegt Filz auf Filz. Heften Sie die Träger-Enden Kante an Kante fest. Wiederholen Sie dies mit dem anderen Träger und heften Sie ihn genau so an die Taschenvorderseite.

10. Schieben Sie nun den Taschenkörper rechts auf rechts in die Futtertasche. Die Seitennähte müssen aufeinander und die Kanten bündig liegen. Stecken und heften Sie um die Oberkante und fassen Sie gleichzeitig die Klappe und die Träger mit in die Naht ein. Nähen Sie mit der Nähmaschine und arbeiten Sie eine zweite Naht direkt auf die erste, um die Ansatzstellen der Klappe und der Träger zu verstärken. Schneiden Sie die Nahtzugaben einseitig zurück.

11. Wenden Sie die Tasche durch die Wendeöffnung an der Unterkante des Futterstoffs. Schließen Sie die Wendeöffnung mit Blindstichen (siehe Seite 49). Schieben Sie das Innenfutter in die Tasche. Bügeln Sie die Oberkante von der Futterseite her flach.

12. Heften Sie das Futter und die Taschenseite an der Oberkante aufeinander. Steppen Sie 6 mm innerhalb der Kante durch alle Stofflagen, aber nicht über Träger und Klappe. Nähen Sie zwei Knopflöcher an den markierten Stellen auf die Klappe (siehe Seite 68) und befestigen Sie die beiden großen Knöpfe auf der Taschenvorderseite. Nähen Sie im gleichen Arbeitsgang auch die Unternähknöpfe mit an (siehe Seite 66).

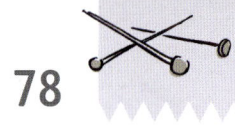
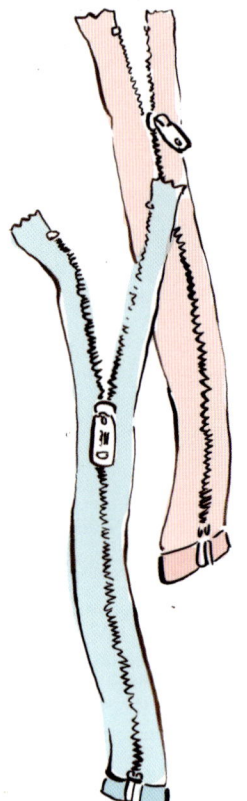

Reißverschlüsse & Dekorationen

Workshop Nr. 5 erklärt die verschiedenen Reißverschlüsse, die es gibt und wie man einen Standard-Reißverschluss einnäht. Wir entdecken auch die Dekorationen mit denen Sie ein schlichtes Projekt aufpeppen können. Haben Sie diese Techniken gemeistert, dann gibt es am Ende des Workshops wieder ein schönes Modell zu nähen – eine ganz besondere Kissenhülle.

Ein gerissener Erfinder

Elias Howe hat nicht nur die Nähmaschine, sondern auch 1851 den Reißverschluss erfunden. Der „hakenlose Verschluss", wie er es nannte, war nicht sofort ein Erfolg, erst 1930 wurde er bei Kleidungsstücken verwendet. Reißverschlüsse sind wahrscheinlich die meistverwendeten Verschlüsse überhaupt. Es gibt sie in verschiedenen Typen, Stärken und Längen. Es gibt drei übliche Sorten: den Rockreißverschluss, den verdeckten Reißverschluss und den offenen Reißverschluss.

Normale Reißverschlüsse

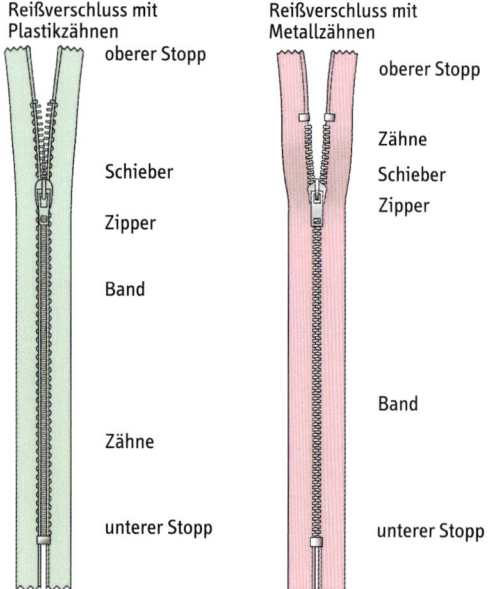

Reißverschluss mit Plastikzähnen
- oberer Stopp
- Schieber
- Zipper
- Band
- Zähne
- unterer Stopp

Reißverschluss mit Metallzähnen
- oberer Stopp
- Zähne
- Schieber
- Zipper
- Band
- unterer Stopp

Die normalen Reißverschlüsse haben entweder Zähne aus Plastik oder aus Metall, die an einem gewebten Band befestigt sind. Das Reißverschlussband ist am unteren Ende mit einem „Stopper" verbunden, am oberen Ende befinden sich dickere Zähne, die den Verschluss geschlossen halten. Diese Reißverschlüsse werden in eine Naht gefasst und eignen sich für Röcke, Kleider und Oberteile. Die Plastikversion ist leichter und biegsamer (ideal für dünne Baumwolle, Viskose, Seide, Polyester und Crepe de Chine). Metallene Reißverschlüsse eignen sich für dickere Stoffe oder wenn der Verschluss sehr haltbar sein muss, z. B. bei Jeans.

Verdeckter Reißverschluss

Bei den verdeckten Reißverschlüssen sind die Zähne auf der Vorderseite nicht zu sehen. Sie brauchen einen speziellen Reißverschlussfuß für Ihre Nähmaschine. Der Reißverschluss wird von der linken Seite her in den Stoff genäht, das ist nicht ganz einfach. Sie sollten zuerst einen normalen Reißverschluss einnähen können, bevor Sie sich an einen verdeckten wagen.

- Schieber
- Zipper
- Vorderseite
- Rückseite
- Zähne
- unterer Stopp

Teilbarer Reißverschluss

Diese Reißverschlüsse sind an beiden Enden offen und werden in solche Nähte eingesetzt, die vollständig geöffnet werden müssen. Es gibt diese Reißverschlüsse mit Plastik- und mit Metallzähnen, die Farbauswahl ist nicht so reichlich wie bei den anderen beiden Sorten. Diese Verschlüsse werden bei Jacken und Freizeitkleidung verwendet und auf ähnliche Weise eingesetzt, wie ein normaler Reißverschluss. Die Zähne sind sichtbar und dekorativ.

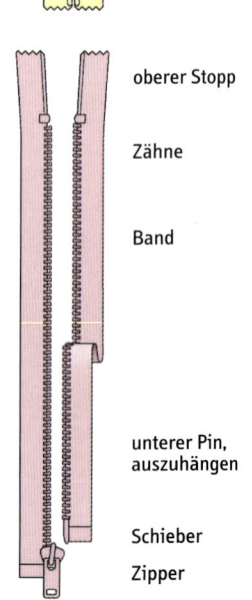

- oberer Stopp
- Zähne
- Band
- unterer Pin, auszuhängen
- Schieber
- Zipper

Normalen Reißverschluss einsetzen

Es gibt zwei Methoden, einen normalen Reißverschluss einzusetzen. Entweder mittig, wobei die Nähte in gleichen Abständen rechts und links davon liegen, oder verdeckt, wobei die Stoffkante dicht neben den Reißverschluss genäht und die andere Stoffkante über die Reißverschlusszähne gefaltet wird und sie verdeckt.

Reißverschluss mittig einsetzen

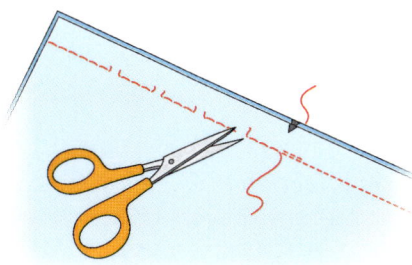

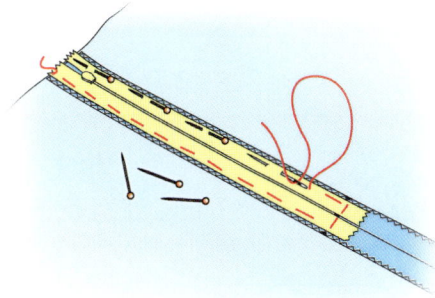

1. Schließen Sie die Naht des Kleidungsstücks bis an das untere Ende des Reißverschlusses und sichern Sie die Naht mit Rückstichen. Stellen Sie die längste Stichlänge Ihrer Nähmaschine ein und heften Sie den Rest der Naht ohne Rückstiche am Ende. Schneiden Sie die Stiche des Unterfadens in Abständen von ca. 1 cm entlang der Reißverschlussöffnung ab. Dies erleichtert das spätere Entfernen der Heftfäden. Versäubern Sie die Nahtkanten (siehe Seite 44) und bügeln Sie die Nahtzugaben auseinander.

2. Legen Sie den Reißverschluss mit der rechten Seite nach unten auf die Nahtzugaben, so dass die Zähne mittig auf der Naht und der untere Stopp genau unter dem Ende der Öffnung liegen. Stecken und heften Sie den Reißverschluss fest.

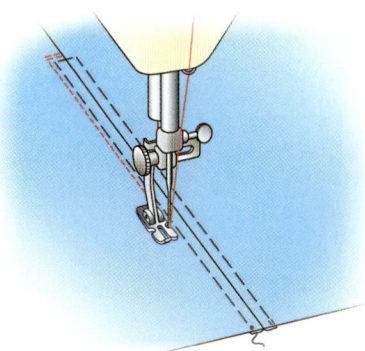

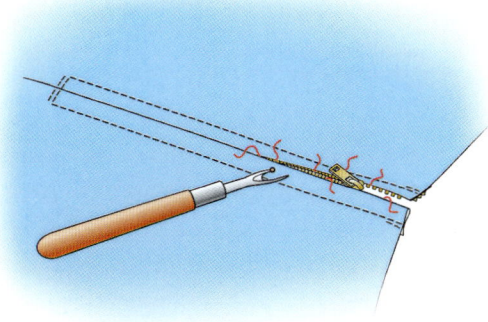

3. Nähen Sie nun von der rechten Stoffseite her und mit normaler Stichlänge den Reißverschluss ein. Dafür muss der Reißverschlussfuß links von der Nadel liegen. Beginnen Sie an der Naht direkt unter dem Stopp. Nähen Sie drei oder vier Stiche quer über die Naht, drehen Sie dann den Stoff (siehe Seite 42) und nähen Sie parallel an der Naht entlang bis zur Oberkante. Machen Sie Rückstiche am Ende der Naht.

4. Schieben Sie den Reißverschlussfuß nach rechts und beginnen Sie wieder am unteren Stopp. Nähen Sie die andere Seite des Reißverschlusses fest. Entfernen Sie die Heftfäden und trennen Sie die geschlossene Naht auf, um den Reißverschluss freizulegen.

Verdeckten Reißverschluss einnähen

1. Folgen Sie Schritt 1 des mittig eingesetzten Reißverschlusses. Um den Reißverschluss anzulegen, falten Sie die rechte Nahtzugabe auf und legen Sie den Reißverschluss mit der rechten Seite nach unten auf die Stoffoberseite. Die Zähne liegen mittig

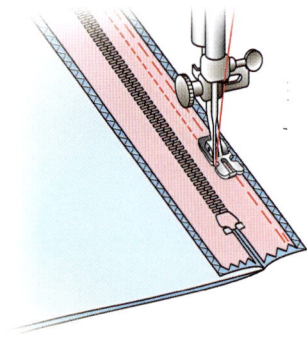

auf der Nahtlinie und der untere Stopp am Beginn der Öffnung. Stecken und heften Sie den Reißverschluss fest. Schieben Sie den Reißverschlussfuß links neben die Nadel und nähen Sie 6 mm neben den Zähnen entlang.

2. Wenden Sie den Reißverschluss nach außen, so dass die rechte Seite oben liegt. Die Nahzugabe ist nach unten gefaltet. Schieben Sie die andere Kante dicht an die Zahnreihe, doch nicht darüber, und stecken Sie sie fest. Schieben Sie den Reißverschlussfuß wieder links neben die Nadel und nähen Sie durch alle Lagen an der gefalteten Kante entlang.

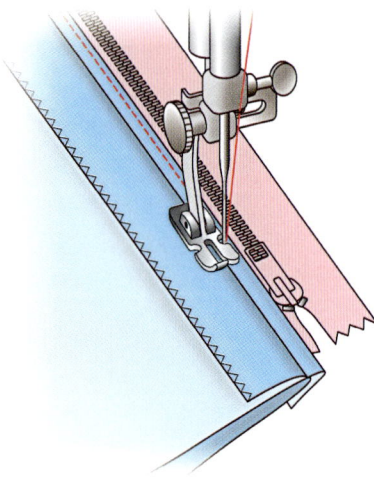

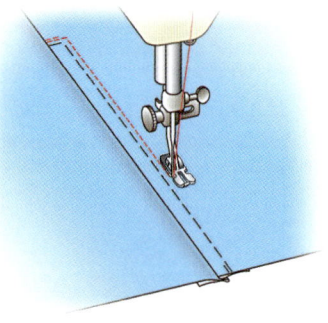

3. Legen Sie das Kleidungsstück flach vor sich, die linke Seite weist nach oben. Stecken und heften Sie das lose Band des Reißverschlusses durch alle Lagen fest.

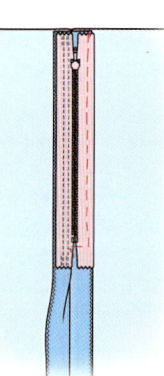

4. Stellen Sie die normale Stichlänge ein und arbeiten Sie von der rechten Stoffseite her. Nähen Sie den Reißverschluss ein. Dafür schieben Sie den Reißverschlussfuß links neben die Nadel und beginnen knapp oberhalb des unteren Stopps. Machen Sie am Beginn der Öffnung einige Querstiche. Drehen Sie die Arbeit (siehe Seite 42) und nähen Sie bis an die Oberkante. Nähen Sie parallel zur Nahtlinie und machen Sie Rückstiche an Anfang und Ende der Naht.

TIPPS

■ Wenn Sie keinen Reißverschluss in der passenden Farbe finden, wählen Sie einen, der einen Farbton dunkler ist als Ihr Stoff.

■ Eine Pinzette ist zum Entfernen hartnäckiger Fadenenden sehr nützlich, besonders wenn Sie die vorübergehenden Heftstiche auf der Mittelnaht über dem Reißverschluss herauszupfen.

Dekorationen

In den Kurzwarengeschäften gibt es ein riesiges Angebot an Borten und Bordüren, Spitzen und Bändern, Zackenlitzen, Goldtressen, Fransen und Quasten. Sie machen aus einem schlichten Projekt etwas ganz Besonderes. Sie können manche dieser Verzierungen sogar selbst herstellen. Die Kantenverzierung sollte nicht zu schwer für den Stoff sein, den Sie verwenden und sie kann in Farbe oder Textur kontrastieren oder harmonisch dazu passen. Wenn Sie die Verzierung um eine Ecke oder an einer Kurve entlang nähen möchten, muss die Bordüre oder die Borte weich sein.

Eine gekaufte Kantenborte, ob sie nun mit Perlen, Fransen oder Quasten verziert ist, hat immer eine dekorative Kante und ein festes Band an der anderen Seite, an dem die Borte festgenäht werden kann. Das Band kann dann in eine Naht gefasst oder unter eine Kante geschoben werden. Diese Sorte eignet sich sehr gut für Vorhänge, Zierkissen und Vorhanghalter.

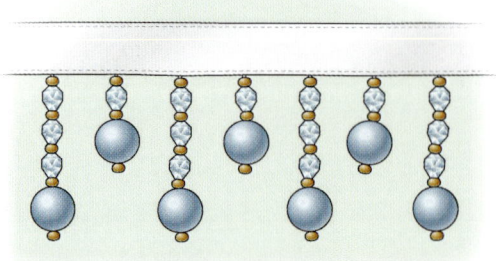

Borten und Bänder

Flache Verzierungen, wie z. B. ein Band, können auf den Stoff gesteppt werden. Dabei sind saubere diagonale Ecken Pflicht!

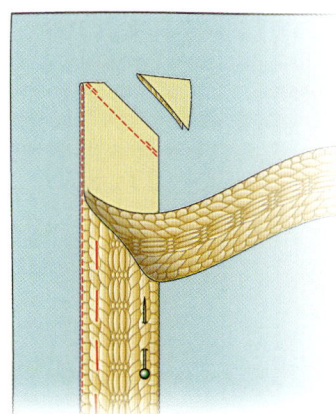

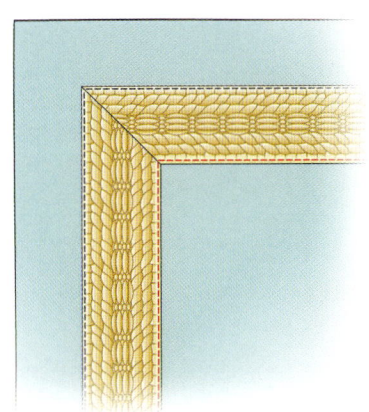

1. Stecken und heften Sie das Band mit der rechten Seite nach oben an der ersten Kante entlang bis an die erste Ecke. Nähen Sie dicht an der Außenkante bis an die Ecke. Falten Sie dort das Band über die bereits genähte Strecke zurück. Arbeiten Sie ab dem Eckpunkt und nähen Sie diagonal über die Borte nach innen. Machen Sie Rückstiche am Ende der Naht. Schneiden Sie die innen überstehende Ecke ab (siehe Seite 43).

2. Falten Sie die Borte jetzt entlang der anschließenden Kante und wiederholen Sie Schritt 1. Arbeiten Sie so an allen Seiten und überlappen Sie die Enden auf der letzten Ecke. Nähen Sie nun die Innenkanten des Bandes fest.

TIPP

Schneiden Sie Streifen entlang der Webkante des Stoffes ab und zupfen Sie an der Schnittkante die Webfäden heraus. Dies ergibt eine Fransenborte mit fester Kante, die Sie nun in eine Naht fassen können, z. B. um einen Kragen oder quer über die Passe einer Bluse.

Ausfransen

Natürlich gibt es auch jede Menge von fertigen Fransenborten zu kaufen, doch ist es viel kreativer und lustiger, einen Stoff selbst auszufransen. Sie fransen entweder die Kettfäden oder die Schussfäden aus (siehe Seite 26). Nicht alle Stoffe eignen sich: Wolle und Leinen in Leinenbindung (siehe Seite 26) gehen am Besten. Mit dieser Methode erschaffen Sie ganz schnell einen feinen Wollschal oder schöne Leinenservietten.

1. Vergewissern Sie sich, dass die Schnittkante des Stoffes absolut fadengerade verläuft. Legen Sie die Breite der Fransenkante fest und arbeiten Sie eine Reihe von Maschinenstichen entlang dieser Linie, damit die Fransen nicht länger und länger werden.

2. Schieben Sie mit Hilfe einer Stecknadel die Fäden aus der Kante, die parallel zur Stichlinie liegen. Beginnen Sie an einer Ecke und arbeiten Sie nach innen bis an die Stichlinie. Es geht leichter, wenn Sie nur an einem oder an zwei Fäden gleichzeitig ziehen.

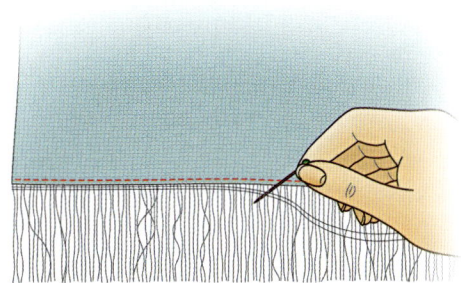

Keder

Für einen Keder legen Sie eine Kordel in einen Schrägstreifen ein oder Sie kaufen einen speziellen fertigen Kederstreifen, der in die Kantennaht mit eingefasst wird. Beides finden Sie im Kurzwarenhandel, doch gibt es oft nur eine geringe Farbauswahl und sie sind nicht gerade billig. Machen Sie Ihren eigenen Keder. Die eingelegte Kordel ist in der Regel weiß und wird in verschiedenen Stärken angeboten, dabei ist 00 die dünnste und 6 die dickste. Wählen Sie die Stärke, die zu Ihrem Projekt passt.

TIPP

Wenn Ihr fertiges Projekt waschbar sein soll, muss auch die Paspelkordel vorgewaschen werden.

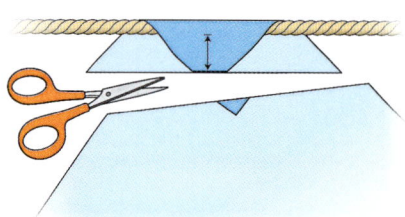

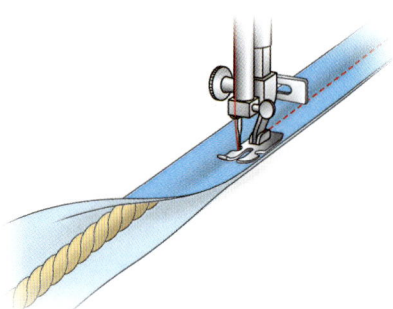

1. Um die Breite des Stoffstreifens zu berechnen, messen Sie den Umfang der Kordel und geben Sie 3 cm für die Nahtzugaben dazu. Alternativ dazu können Sie eine Ecke ihres Stoffes eng über ein Stück Kordel legen, feststecken, dann 1,5 cm dazugeben und abschneiden. Falten Sie den Stoff auf. Dies ist die benötigte Breite.

2. Schneiden Sie Schrägstreifen in der benötigten Breite nach den Schritten 1-3 „Schrägstreifen herstellen" (siehe Seite 54). Legen Sie die Kordel der Länge nach mittig auf die linke Stoffseite des Streifens. Falten Sie die Längskanten aufeinander und nähen Sie dicht an der Kordel entlang. Setzen Sie dafür den Reißverschlussfuß in die Nähmaschine ein.

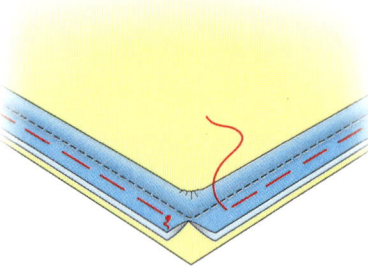

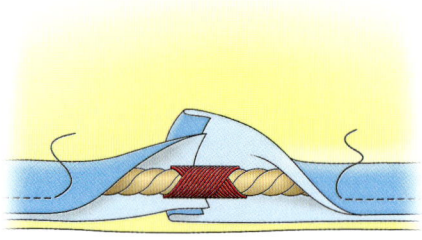

3. Heften Sie den Kederstreifen auf die rechte Stoffseite, die offenen Kanten liegen aufeinander und die Kordel weist nach innen. Wenn der Keder um eine Ecke führt, knipsen Sie die Nahtzugabe des Kederstreifens in regelmäßigen Abständen ein, damit er sich leicht um die Kurve legen lässt (siehe Seite 43).

4. Wo die Enden des Keders zusammentreffen, trennen Sie an jedem Ende die Naht ca. 5 cm weit auf. Falten Sie den Schrägstreifen zurück und schneiden Sie die Kordel bündig ab. Binden Sie die beiden Kordelenden mit Garn zusammen. Falten Sie an einem Ende den Schrägstreifen 6 mm weit nach innen und schieben Sie dieses Ende über das gegenüber liegende offene Ende. Heften Sie die Enden sorgfältig fest.

5. Legen Sie das zweite Stoffstück des Projekts rechts auf rechts und kantenbündig über das erste. Stecken, heften und nähen Sie die Teile aufeinander, dicht an der Kordel entlang. Benutzen Sie auch hierfür den Reißverschlussfuß. Entfernen Sie die Heftfäden.

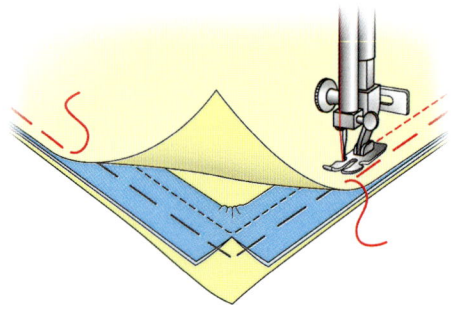

Applikation

Die Applikationstechnik ist eine sehr vielseitige Methode, kleine dekorative Stoffteile auf einen Untergrundstoff zu nähen. Auf der ganzen Welt wird in verschiedenen Stilrichtungen und Techniken appliziert. Hier zeigen wir Ihnen eine ganz einfache Maschinennähtechnik: Die Applikation mit Satinstichen über aufgeklebte Stoffmotive. Das verwendete Klebevlies wird auf die Rückseite des Applikationsstoffes gebügelt und das Trägerpapier abgezogen. Die Klebeschicht schmilzt durch die Hitze und klebt die Stoffschichten zusammen.

> **TIPP**
> Sie werden feststellen, dass es einfacher ist, die Applikation aufzunähen noch bevor das Kleidungsstück fertiggestellt ist. Achten Sie darauf, dass die Applikation an der richtigen Stelle sitzt.

1. Schneiden Sie ein Stück Applikationsstoff zu und ein Stück Klebevlies (im Kurzwarenhandel erhältlich), groß genug für die Applikation. Bügeln Sie das Vlies mit der Klebeschicht auf die Rückseite des Stoffes (folgen Sie der Anweisung des Herstellers).

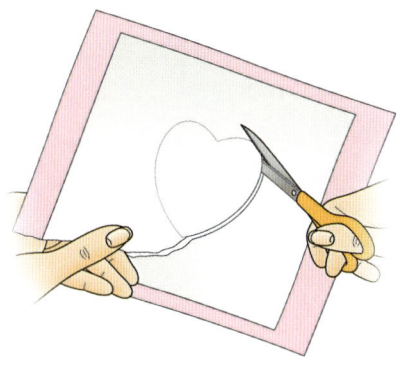

2. Übertragen Sie das Motiv auf die Papierseite des Klebevlieses und schneiden Sie die Form aus. Wenn Sie die Druckmuster eines bunten Stoffes verwenden, müssen Sie nichts aufzeichnen. Sie brauchen nur um die Stoffmotive herum zu schneiden.

3. Ziehen Sie das Trägerpapier des Klebevlieses ab und legen Sie das Motiv an die vorgesehene Stelle auf Ihren Hauptstoff. Bügeln Sie mit einem heißen Bügeleisen darüber und kleben Sie es dadurch dauerhaft fest. Legen Sie zuvor Backpapier darüber, dann verklebt das Bügeleisen nicht.

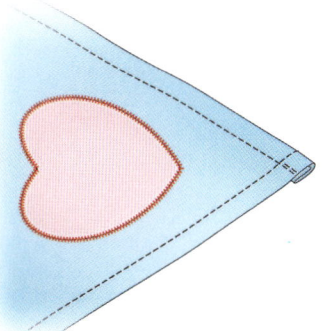

4. Stellen Sie einen dichten, mittelbreiten Zickzackstich ein und nähen Sie um alle Kanten. Dadurch werden die offenen Stoffkanten bedeckt. Sie können entweder eine zur Applikation passende oder eine kontrastierende Fadenfarbe verwenden.

Kissenhülle mit Keder und Reißverschluss

Wenn Sie die Technik für schöne Kantenabschlüsse beherrschen, haben Sie viele Variationsmöglichkeiten. Wir haben den Keder in Kontrastfarbe gewählt, doch liegt die Entscheidung bei Ihnen. Hätten Sie gerne Spitzen fürs Schlafzimmer oder eine Bommelborte fürs Kinderzimmer? Alternativ dazu können Sie Unistoff wählen oder die Kissenvorderseite mit einer aufgenähten Borte verzieren. Lassen Sie Ihre Fantasie spielen. Wenn Sie einen Stoff verwenden möchten, dessen Muster in eine Richtung verläuft, beachten Sie die Hinweise auf Seite 100 für Musterrapporte und wie man damit umgeht.

1. Schneiden Sie ein 43 cm x 43 cm großes Vorderteil aus, die Kanten liegen im geraden Fadenlauf. Schneiden Sie zwei Rückseitenteile von je 43 cm x 23 cm aus, ebenfalls im geraden Fadenlauf

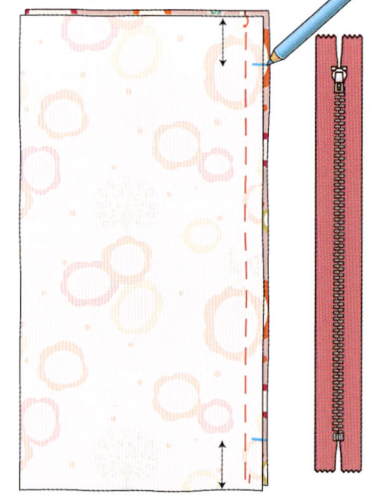

2. Legen Sie die beiden Rückseitenteile rechts auf rechts übereinander, die langen Kanten bündig, und heften Sie sie aufeinander. Markieren Sie die Position des Reißverschlusses mit Kreidestift auf den Nahtzugaben dieser Naht, jeweils 6,5 cm innerhalb der Seitenkante.

Setzen Sie den Reißverschluss ein, wie auf Seite 79 „mittigen Reißverschluss einsetzen", beschrieben. Nähen Sie zwei oder drei Stiche quer über das obere Ende des Reißverschlusses und drehen Sie dafür die Arbeit, wie zuvor am unteren Ende.

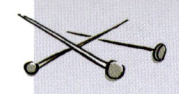

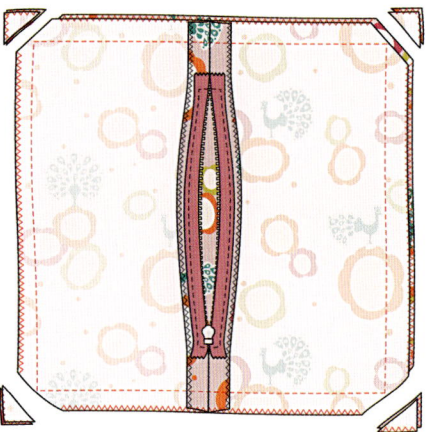

3. Stellen Sie einen Kederstreifen her und stecken Sie ihn auf die linke Seite der Kissenoberseite, siehe Schritte 1-4 auf Seite 82. Öffnen Sie den Reißverschluss und nähen Sie die Rückseite rechts auf rechts auf die Vorderseite, wie in Schritt 5 beschrieben. Versäubern Sie die Nahtzugaben gemeinsam (siehe Seite 44). Entfernen Sie die Heftfäden, schneiden Sie die Ecken ab (siehe Seite 43) und wenden Sie die Kissenhülle durch die Reißverschlussöffnung. Schieben Sie die Kissenfüllung hinein.

Liebe zum Detail

Wenn Sie meinen, dass an einer Kissenhülle die Rückseite ja doch nicht zu sehen sein wird und daher dort nachlässiger arbeiten, ist das verzeihlich. Aber wenn Sie sich mit Sorgfalt auf die Details konzentrieren, erhalten Sie ein professionelles Ergebnis.

Im Foto oben links sehen Sie, wie sorgfältig das Stoffmuster ausgerichtet ist, so dass es rechts und links der Reißverschlussnaht weiter führt. Wenn Sie mit einem vergleichbaren Stoffmuster arbeiten, das in einer Richtung verläuft, lesen Sie auf Seite 100, wie viel Stoff Sie dafür brauchen und wie man Musterrapporte genau aneinandersetzt.

Nun betrachten Sie das Foto rechts. Erkennen Sie, wie gut der Keder zu den Stofffarben passt? Der unifarbene Keder greift eine der Farben des Stoffmusters auf, jedoch nicht die Hintergrundfarbe, und setzt sich so deutlich ab. Nehmen Sie stets Ihren Hauptstoff mit, wenn Sie Stoff für einen Keder kaufen, damit Sie ganz bestimmt die richtige Wahl treffen.

Kissensorten

Es gibt zwar viele Kissen in allen möglichen Formen und Größen, doch gibt es zwei Grundformen: die normalen Kissen und die kastenförmigen Kissen.

Die normalen Kissen sind in der Mitte am dicksten und werden zum Rand hin dünner. Es gibt also keine Seitenfläche. Ein Kastenkissen ist von innen bis außen gleich dick – hier müssen Sie Seitenflächen einrechnen. Ein Polster ist folglich ein Kastenkissen. Beide Arten werden als Sofakissen benutzt, die Kastenkissen können aber auch als Sitzkissen dienen.

Die normalen Kissen sind weich und mit Federn oder Polyesterfasern gefüllt, während Kastenkissen eher mit Schaumstoff und Vlies ausgestopft sind, wenn man darauf sitzen soll. In diesem Buch bearbeiten wir die normale Kissenform und die Nackenrolle.

Schnittmuster für ein Kissen

Wenn Sie ein Kissen neu beziehen möchten oder eine Hülle in einer anderen Größe als der hier beschriebenen brauchen, sollten Sie einen Papierschnitt herstellen. So können Sie den Stoffverbrauch gut ermitteln. Messen Sie Ihr Kissen aus.

TIPP

Wenn Sie den Stoffverbrauch abschätzen und das Zuschneiden planen, achten Sie darauf, dass die Kanten, an die der Reißverschluss genäht werden soll, im geraden Fadenlauf liegen, parallel zu den Webkanten. (Siehe Seite 27)

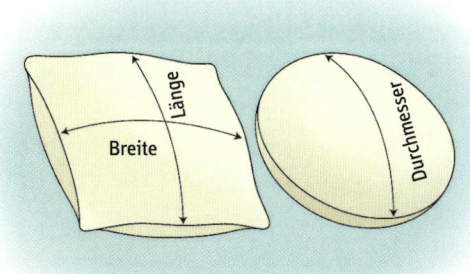

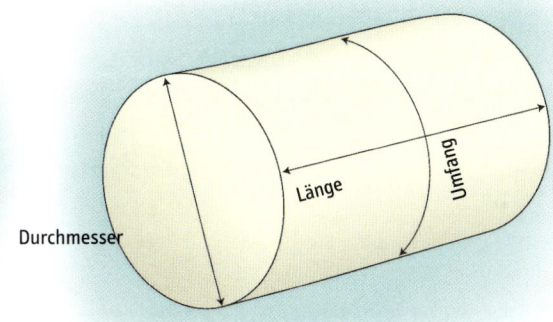

Normales Kissen

Messen Sie an einem quadratischen oder rechteckigen Kissen die Länge und Breite, bei einem runden Kissen den Durchmesser. Zeichnen Sie einen Schnitt für die Kissenvorderseite in dieser Größe auf Papier und geben Sie 1,5 cm Nahtzugabe rundum dazu. Für die Rückseitenteile falten Sie den Schnitt der Vorderseite zur Hälfte und übertragen Sie den Umriss auf ein weiteres Stück Papier und geben Sie an der gefalteten Kante 1,5 cm Nahtzugabe hinzu. Dies wird die Mittelnaht. Der Reißverschluss dafür soll ca. 12 cm kürzer sein als die Mittelnaht.

Nackenrolle

Messen Sie den Durchmesser der Seitenflächen, die Länge der Rolle und ihren Umfang. Zeichnen Sie einen Schnittteil mit dem Maß der Länge und des Umfangs. Dann zeichnen Sie einen runden Schnittteil nach dem Durchmesser des Seitenteils. Geben Sie an allen Kanten 1,5 cm Nahtzugabe dazu. Der Reißverschluss sollte ca. 12 cm kürzer sein als das Längenmaß.

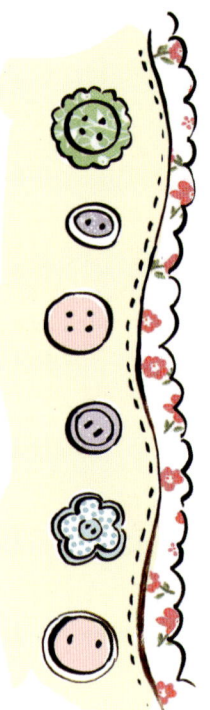

Nähte und Säume für Fortgeschrittene

Workshop 1 lehrte Sie die einfachen Nähte und Säume. Nun haben Sie schon mehr Erfahrung und wir können uns an die schwierigeren Techniken wagen.

Durchsichtige Stoffe, durchbrochener Voile oder feinster Batist verlangen besondere Sorgfalt und Behandlung. Sie müssen Nähte und Säume sauber und unauffällig nähen, denn meist sind sie auf der Oberfläche sichtbar. Hier sind Kappnähte perfekt geeignet, denn Sie sehen auf der Innenseite fast so schön aus wie auf der Außenseite. Wenn Sie diesen Workshop durchgearbeitet haben, können Sie mit Projekt Nr. 6 Ihre Fenster mit lieblich romantischen Vorhängen bekleiden und die Kanten von Übergardinen mit unsichtbaren Säumen und edlen diagonalen Ecken einfassen.

Kappnähte

Eine Kappnaht umschließt die Nahtzugaben von allen Seiten, weshalb Sie sie nicht zu versäubern brauchen. Diese Nähte sind sehr haltbar.

Es gibt vier verschiedene Arten von Kappnähten – die Französische Naht, die falsche Französische Naht, die Kappnaht und die eingefasste Naht. Für ein glattes und professionelles Ergebnis sind sauberes und genaues Nähen, Zurückschneiden der Nahtzugaben und sorgfältiges Bügeln unerlässlich. Die folgenden Anleitungen sind für 1,5 cm Nahtzugabe berechnet. Wenn Ihre Nahtzugabe breiter ist, sollten Sie sie sorgfältig auf 1,5 cm zurückschneiden, es sei denn, Ihre Schnittmustervorlage verlangt ein anderes Maß.

Französische Naht

Die Französische Naht eignet sich nur für dünne Stoffe und gerade Kanten. Sie wird zweimal genäht, einmal auf der rechten Seite, einmal auf der linken Seite des Stoffes. Meist wird sie bei durchsichtigen und halbdurchsichtigen Vorhängen, Bett- und Kissenbezügen, sowie durchscheinender oder ungefütterter Kleidung angewendet, vorausgesetzt, die Nähte sind gerade.

1. Legen Sie die Stoffe links auf links. Stecken und heften Sie die Kanten aufeinander. Nähen Sie mit 6 mm Nahtzugabe und machen Sie Rückstiche an Anfang und Ende der Naht.

2. Bügeln Sie die Nahtzugaben auseinander und wenden Sie den Stoff, so dass er nun rechts auf rechts und die Nählinie genau auf der gefalteten Kante liegt. Bügeln Sie die gefaltete Kante flach. Dann stecken und heften Sie an der Kante entlang. Nähen Sie diese nun noch einmal im Abstand von 1 cm und umschließen Sie somit die offenen Stoffkanten. Machen Sie Rückstiche an Anfang und Ende der Naht. Bügeln Sie die Naht nach einer Seite hin.

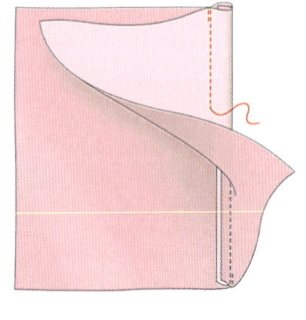

Kappnaht

Dies ist eine attraktive, doppelt gesteppte Naht, die auf der rechten Stoffseite gearbeitet wird. Seien sie also vorsichtig und nähen und bügeln Sie sorgfältig. Kappnähte eignen sich für Jeans, Wendekleidung, Sportkleidung und Herrenbekleidung und überall, wo haltbare Nähte gebraucht werden. Verwenden Sie sie nicht bei sehr dicken Stoffen, denn da werden die Nähte zu dick und klobig.

1. Legen Sie die Stoffe rechts auf rechts und nähen Sie eine einfache Naht mit 1,5 cm Nahtzugabe (siehe Seite 40). Bügeln Sie die Nahtzugaben nicht auseinander, sondern schneiden Sie die oben liegende Nahtzugabe bis auf 3 mm zurück. Falten Sie die Kante der unten liegenden Nahtzugabe 3 mm weit nach innen und bügeln Sie sie.

2. Falten Sie die gebügelte Kante so weit um, bis sie auf der Naht liegt, dort die Stiche verbirgt und die offen liegende obere Nahtzugabe umschließt. Stecken, heften und bügeln Sie darüber. Nähen Sie durch alle Lagen mit der Nähmaschine knappkantig an der eingeschlagenen Kante entlang. Machen Sie Rückstiche an Anfang und Ende der Naht. Bügeln Sie die Naht nach einer Seite.

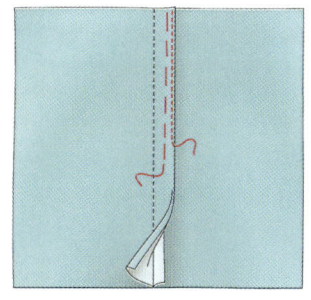

TIPP

Wenn Sie an Hosenbeinen oder Schulternähten mit Kappnähten arbeiten, müssen Sie darauf achten, dass sie in die gleiche Richtung weisen.

Falsche Kappnaht

Auch wenn diese Naht etwas kniffelig ist, so eignet sie sich doch gut für eine saubere, flache Naht an einer sichtbaren Stelle des Kleidungsstücks. Wenden Sie sie bei dünnen Stoffen an, die leicht ausfransen.

1. Legen Sie die Stoffe rechts auf rechts und arbeiten Sie eine 1,5 cm breite, einfache Naht (siehe Seite 40). Bügeln Sie die Nahtzugaben nicht auseinander. Schneiden Sie die oben liegende Nahtzugabe sorgfältig bis auf 3 mm zurück. Falten Sie die Kante der unteren Nahtzugabe 3 mm weit zur rechten Stoffseite und bügeln Sie sie.

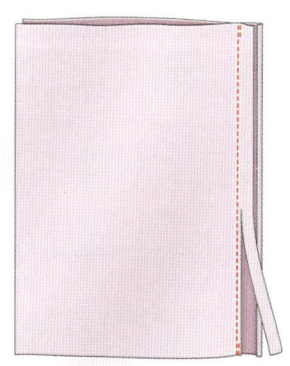

2. Falten Sie die gebügelte Kante über die Nahtlinie, so dass sie genau die Stiche bedeckt und die zurückgeschnittene andere Kante umschließt. Stecken, heften und bügeln Sie. Steppen Sie knapp neben der gebügelten Kante und durch alle Stofflagen. Machen Sie Rückstiche an Anfang und Ende der Naht. Bügeln Sie die Naht nach einer Seite hin.

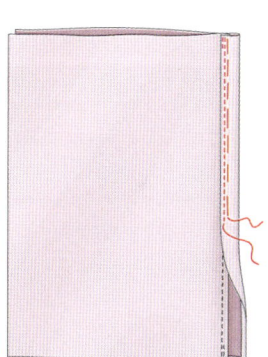

Falsche französische Naht

Diese Naht kann anstelle der Französischen Naht gearbeitet werden und eignet sich auch für Kurvennähte.

Legen Sie die Stoffe rechts auf rechts und arbeiten Sie eine einfache Naht mit 1,5 cm Nahtzugabe (siehe Seite 40). Schneiden Sie beide Nahtzugaben bis auf 12 mm zurück. Falten Sie beide Nahtzugaben 6 mm weit nach innen. Bügeln Sie darüber. Nähen Sie an den aufeinanderliegenden Kanten entlang und bügeln Sie die Naht nach einer Seite hin.

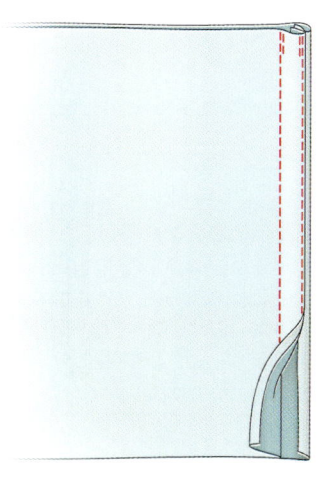

Unauffällige Säume

Steppnähte sehen zwar an manchen Projekten großartig aus, doch sind für andere eher unauffällige Säume gewünscht. Es gibt viele Saumtechniken, doch ein Blindstich mit der Maschine oder von Hand oder ein mit Saumband geklebter Saum sind die Techniken, bei denen die Stiche auf der rechten Stoffseite kaum sichtbar sind.

Blindstichsaum mit der Nähmaschine

Dafür benötigen Sie einen speziellen Blindstichfuß (siehe Seite 21). Damit befestigen Sie einen Saum haltbar, schnell und fast unsichtbar. Die geraden Stiche liegen auf der Nahtzugabe, und ein spezieller Zickzackstich macht nach etwa 5-6 Stichen jeweils einen winzigen Stich in den Hauptstoff. Allerdings ist diese Technik etwas kniffelig und muss zuerst auf einem Stoffrest geübt werden, bevor ein „richtiger" Saum genäht wird.

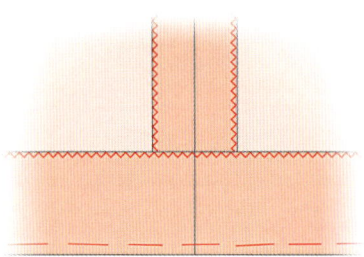

1. Versäubern Sie die Kanten des Saums (siehe Seite 44) und bügeln Sie die Nahtzugabe nach innen, ohne sie zu dehnen. Stecken und heften Sie sie dicht an der unteren Saumkante fest. Setzen Sie den Blindstichfuß ein und stellen Sie die Maschine auf „Blindstiche" ein (studieren Sie das Handbuch Ihrer Maschine).

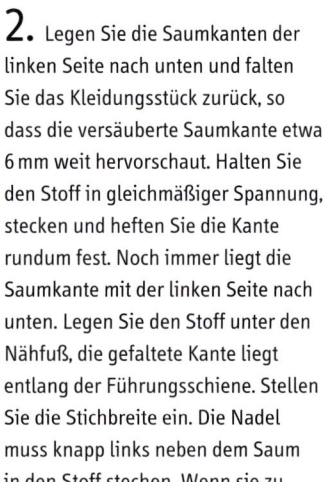

2. Legen Sie die Saumkanten der linken Seite nach unten und falten Sie das Kleidungsstück zurück, so dass die versäuberte Saumkante etwa 6 mm weit hervorschaut. Halten Sie den Stoff in gleichmäßiger Spannung, stecken und heften Sie die Kante rundum fest. Noch immer liegt die Saumkante mit der linken Seite nach unten. Legen Sie den Stoff unter den Nähfuß, die gefaltete Kante liegt entlang der Führungsschiene. Stellen Sie die Stichbreite ein. Die Nadel muss knapp links neben dem Saum in den Stoff stechen. Wenn sie zu weit nach links sticht, sind die Stiche auf der rechten Stoffseite sichtbar. Nähen Sie dann den Saum fest und halten Sie die Führungsschiene immer entlang der Saumkante. Entfernen Sie alle Heftfäden und streichen Sie den Saum nach unten.

Blindstichsaum von Hand

Diese Stiche werden im Inneren des Saumes gemacht – genauer gesagt zwischen der Saumkante und dem Kleiderstoff. Im fertigen Saum sind keine Stiche sichtbar. Der Blindstich ist ein schneller und einfacher Stich, der an jedem flachen, versäuberten Saum angewendet werden kann. Ziehen Sie die Stiche nicht zu fest an.

Versäubern Sie die äußere Kante (siehe Seite 44) und bügeln Sie die Nahtzugabe nach innen, ohne sie zu dehnen. Stecken und heften Sie den Saum fest, dicht an der gefalteten unteren Saumkante entlang. Beginnen Sie nun zu nähen, die Nadelspitze weist nach rechts (bei Linkshänderinnen nach links). Falten Sie die Oberkante der Nahtzugabe nach unten und befestigen Sie den Fadenanfang hier. Machen Sie ca. 6 mm weiter links davon einen winzigen Stich in den Kleiderstoff (fassen Sie nicht mehr als 2-3 Gewebefäden) und machen Sie den nächsten Stich 6 mm weiter links davon in die umgeschlagene Kante. Fahren Sie so fort und machen sie gleichmäßige Stiche, bis der ganze Saum festgenäht ist. Entfernen Sie die Heftfäden.

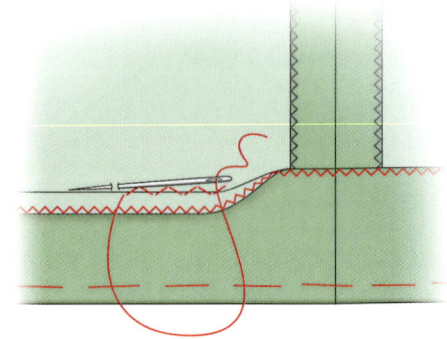

Schräger Blindstichsaum von Hand

Mit diesem Stich werden in der Regel Vorhangsäume genäht. Der schräge Blindstich ist auf der rechten Vorhangseite fast unsichtbar.

Bügeln Sie die Nahtzugaben zur linken Stoffseite. Stecken und heften Sie sie fest. Arbeiten Sie von rechts nach links (umgekehrt, wenn Sie Linkshänderin sind). Sichern Sie den Fadenanfang im Inneren des Saumes und bringen Sie dann die Nadel durch die umgeschlagene Kante nach oben. Stechen Sie direkt daneben in den Hauptstoff und machen Sie dort einen winzigen Stich über nicht mehr als zwei oder drei Gewebefäden. Schieben Sie die Nadel wieder zurück in die Kante und innerhalb davon ca. 1 cm weit nach vorn. Fahren Sie so fort und stechen Sie immer abwechselnd in Stoff und Kante. Ziehen Sie die Stiche nicht zu fest an, damit der Stoff keine Beulen bekommt.

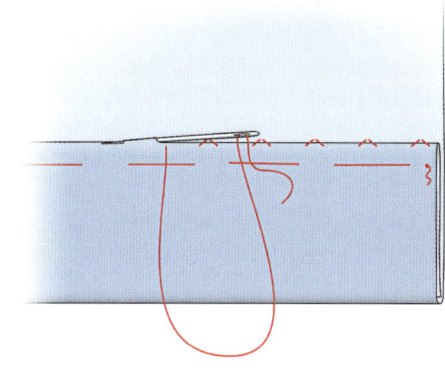

Klebendes Saumband

Aufbügelbares Saumband ist ein Streifen eines non-woven und netzähnlichen Materials, der zwischen eine versäuberte Nahtzugabe und den Stoff gelegt wird. Wenn das Dampfbügeleisen darüber streicht, schmilzt die Klebesubstanz und die beiden Stoffschichten haften aufeinander. Dies ist die schnellste und einfachste Art, einen Saum sauber und zufriedenstellend zu befestigen. Saumband kann bei allen Stoffarten angewendet werden, die mit Dampf gebügelt werden dürfen. Die Bügelzeiten variieren je nach Dicke des Stoffes und Materials. Saumband gibt es von 2 bis 3 cm Breite, doch können Sie es auch für breitere Nähte benutzen.

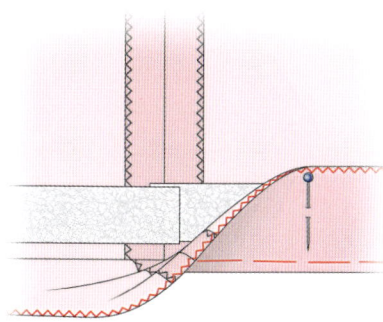

1. Versäubern Sie die Stoffkanten (siehe Seite 44) und bügeln Sie die Nahtzugabe zur linken Stoffseite hin. Heften Sie den Saum nahe der unteren Saumkante fest. Beginnen Sie an einer Seitennaht. Schieben Sie das Saumklebeband zwischen Nahtzugabe und Kleiderstoff, die obere Kante des Saumbandes liegt knapp innerhalb der versäuberten Kante. Stecken Sie es rundum fest und überlappen Sie die Enden um ca. 1 cm.

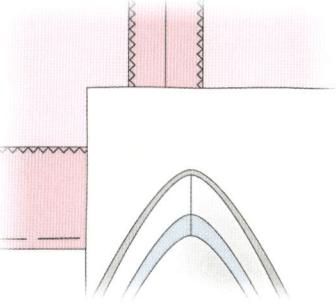

2. Stellen Sie das Bügeleisen auf die erforderliche Temperatur ein und bügeln Sie den Saum, indem Sie die Spitze des Bügeleisens auf die Stellen zwischen den Stecknadeln drücken. Entfernen Sie dann die Stecknadeln. Legen Sie nun ein feuchtes Bügeltuch auf den Saum und bügeln Sie immer einen einzelnen Bereich. Halten Sie das Bügeleisen so lange auf das Tuch, bis dieses trocken ist. Fahren Sie so fort, bis der ganze Saum festgebügelt ist. Lassen Sie den Stoff immer zwischendurch trocknen. Entfernen Sie die Heftfäden.

Denken Sie daran

■ Dehnen Sie das Saumband nicht, während Sie es einbügeln. Berühren Sie es nicht mit dem Bügeleisen, sonst verklebt es schnell.

■ Ist das Saumband einmal eingebügelt, kann man es kaum wieder entfernen. Machen Sie also keine Fehler und prüfen Sie den Saum ganz genau, ob er gerade ist, bevor Sie das Saumband einbügeln.

■ Machen Sie zuerst einen Bügeltest auf einem Stoffrest, um zu sehen, ob das Saumband gut haftet und ob der Saum auf der rechten Seite schön aussieht.

■ Verwenden Sie bei schweren Stoffen das breiteste Saumband, das Sie finden können, damit der Stoff von einer breiteren Fläche gehalten wird. Pressen Sie das Bügeleisen etwas länger darauf, besonders an den Nähten.

Ecke an Säumen versäubern

Wir haben zwar besprochen, wie man Säume festnäht, aber was, wenn ein Saum an einer Ecke endet, wie z. B. an der Vorderkante einer Jacke oder an der Seite eines Vorhangs? Hier finden Sie drei Techniken, wie man Ecken versäubert: Einen besetzten Saum umschlagen, diagonale Ecken formen und Ecken ansäumen.

Ecke mit Besatz säumen

Sie begegnen solchen Ecken an Blusen, Jacken und Mänteln. Die hier gezeigte Methode eignet sich für jede Art von Stoff, doch werden Sie feststellen, dass sie für schwere Stoffe besonders gut geeignet ist, denn die Nahtzugabe wird in der Ecke zurückgeschnitten, um Beulen zu vermeiden.

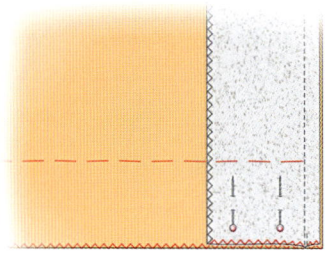 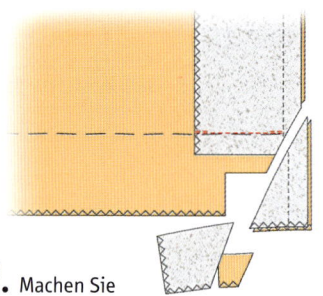 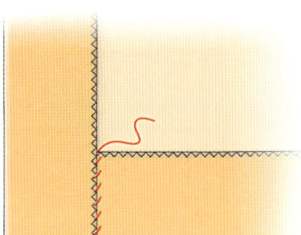

1. Versäubern Sie die Kante des Saums (siehe Seite 44) und markieren Sie die Saumlinie mit einer Reihe von ungleichen Heftstichen (siehe Seite 39). Falten Sie den Beleg auf die rechte Stoffseite, so dass die Kanten gerade liegen. Stecken und heften Sie ihn fest.

2. Machen Sie Rückstiche am Anfang der Naht. Nähen Sie den Beleg entlang der Heftlinie am Kleidungsstück fest. Arbeiten Sie von der inneren Ecke des Besatzes zum Saum oder der Falte des Kleidungsstückes hin. Schneiden Sie die Nahtzugaben einseitig zurück und die Ecken ab, wie abgebildet, um Beulen zu vermeiden.

3. Wenden Sie die Ecke auf rechts, so dass der Beleg auf der Innenseite des Kleidungsstücks liegt und bügeln Sie die Nahtzugabe entlang der Heftlinie auf der linken Seite. Nähen Sie den Saum mit Ihrer bevorzugten Technik nach oben und säumen Sie auch die innere Kante des Besatzes mit Blindstichen (siehe Seite 49) an der Nahtzugabe fest.

Mit Blindstichen verschlossene Ecken

Sobald Sie durchsichtige Vorhangstoffe verwenden, sind die oben beschriebenen Techniken nicht geeignet, denn man sieht die Nahtzugaben durch den Stoff. In diesem Fall brauchen Sie einen extra breiten Saum, der auf seiner ganzen Fläche doppelt liegt.

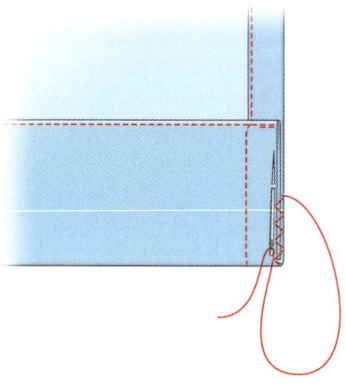

Arbeiten Sie einen schmalen Saum (siehe Seite 45) an den Seiten Ihres Projekts. Falten Sie die Unterkante in der gewünschten Saumbreite (meist 5 cm) auf die linke Seite nach oben. Stecken Sie ihn auf der gesamten Länge fest, inklusive der seitlichen Öffnungen. Bügeln Sie die gefaltete Kante und entfernen Sie die Stecknadeln. Schlagen Sie den Saum noch einmal nach oben, so dass die offene Kante umschlossen ist und in der neuen Saumkante liegt. Stecken und heften Sie den Saum fest. Bügeln Sie die Saumlinie und nähen Sie den Saum dann mit der Maschine oder von Hand fest (siehe Seite 91). Die offenen Ecken schließen Sie von Hand mit Blindstichen (siehe Seite 49).

Briefecken

Diese schönen Gehrungsecken werden meist an Vorhängen gearbeitet, doch sehen sie auch an Kleidungsstücken gut aus, besonders bei dicken Stoffen. „Gehre" bedeutet, dass eine Linie im Winkel von 45° auf eine rechtwinkelige Ecke zu läuft. Die Stoffkanten sollten immer versäubert sein, bevor Sie mit der Arbeit beginnen. Die diagonale Naht kann entweder von Hand oder mit der Maschine zugenäht werden.

Handgenähte Briefecke Die schönsten Briefecken sind die von Hand gearbeiteten. Sie geben einem Kleidungsstück das richtige maßgeschneiderte Aussehen.

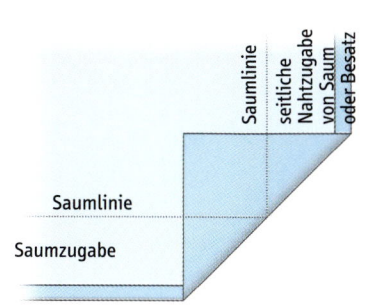

Saumlinie

seitliche Nahtzugabe von Saum oder Besatz

Saumlinie

Saumzugabe

1. Stecken und bügeln Sie die gewünschte untere Saumlinie zur linken Stoffseite hin. Stecken und bügeln Sie die gewünschte seitliche Saumlinie (eines Vorhangs) oder den versäuberten Besatz (eines Kleidungsstücks) zur linken Stoffseite hin. Falten Sie beide Säume (oder Saum und Besatz) wieder auf. Orientieren Sie sich am Eckpunkt und den eingebügelten Linien und falten Sie die Ecke nach innen. Bügeln Sie über die diagonale Kante.

2 Schneiden Sie die umgefaltete Ecke bis auf 6 mm Nahtzugabe an den Eckpunkt zurück.

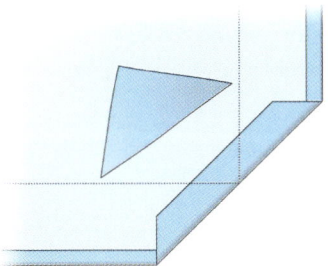

3. Falten Sie den Saum wieder nach oben (oder Saum und Besatz), formen Sie eine Briefecke und nähen Sie die gebügelte diagonale Kante mit Blindstichen zusammen (siehe Seite 49). Sie können nun den restlichen Saum entweder von Hand oder mit der Maschine befestigen (siehe Seite 90).

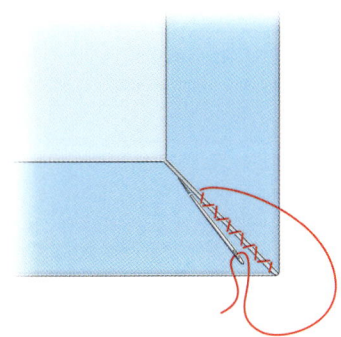

Maschinengenähte Briefecke Bei dieser Methode werden die gebügelten Kanten zuerst mit der Maschine abgenäht und dann zur Briefecke zurechtgeschnitten.

1. Folgen Sie Schritt 1 der handgenähten Ecke (siehe oben). Öffnen Sie die gebügelte Ecke. Falten Sie die Stoffkanten rechts auf rechts in entgegengesetzter Richtung diago-

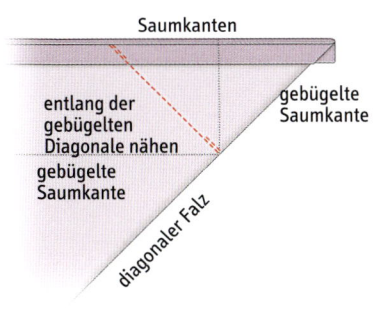

Saumkanten

entlang der gebügelten Diagonale nähen

gebügelte Saumkante

gebügelte Saumkante

diagonaler Falz

nal, so dass die Stoffkanten und die Bügellinien genau aufeinanderliegen. Bügeln Sie nicht, sondern stecken Sie die Lagen aufeinander. Nähen Sie entlang der ersten eingebügelten Linie über die Ecke und machen Sie Rückstiche am Ende der Naht.

2. Schneiden Sie den überstehenden Stoff der Spitze bis auf 6 mm Nahtzugabe ab und die Nahtzugabe der Ecke zurück, um Beulen zu vermeiden (siehe Seite 43). Bügeln Sie die Nahtzugaben auseinander und

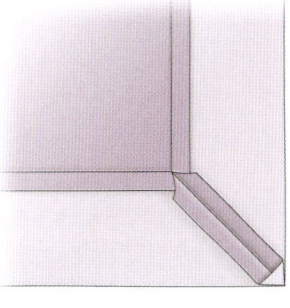

wenden Sie die Ecke auf rechts. Drücken Sie die Ecke mit Hilfe einer kleinen Scherenspitze sauber heraus. Bügeln Sie die Ecke flach und befestigen Sie den Saum entweder von Hand oder mit der Maschine (siehe Seite 90).

Zarte Vorhänge

Sie benötigen

■ zarten Vorhangstoff, wie z. B. Käseleinen oder Voile (Stoff- menge berechnen siehe Seite 98)

■ Gardinenraffband, zweimal so lang wie die Vorhangschiene oder Stange, plus 25 cm (siehe Seite 97)

■ kontrastfarbene Litze, zweimal so lang wie die Vorhang- schiene oder Stange, plus 25 cm

■ farblich passendes Nähgarn

■ Vorhanghaken

Hinweis

■ In den Maßen sind 1,5 cm Nahtzugabe enthalten, falls nicht anders angegeben.

■ Nähen Sie die Stoffe rechts auf rechts, wenn nicht anders angegeben.

Leicht geraffte Voile-Vorhänge, mit einer Zackenlitze kontrastreich abgesetzt, verleihen einem Zimmer eine heimelige Atmosphäre. Das zart gebrochene Tageslicht und die langen Vorhangkanten auf dem Fußboden wirken sehr romantisch. Bevor Sie mit diesem Projekt beginnen, muss die Vorhangschiene oder die Stange bereits oberhalb des Fensters befestigt sein.

1. Schneiden Sie die benötigte Anzahl von Stoffbahnen in der berechneten Länge zu und geben Sie 12 cm für die obere Kopfkante, 10 cm für den unteren Saum dazu, sowie 20 cm für die Bereich des Vorhangs, der auf dem Boden aufliegt. Wenn Ihr Vorhang in Bodenhöhe oder kürzer enden soll, z. B. unterhalb eines Fenstersimses, brauchen Sie diese letzte Stoffmenge nicht.

2. Wenn die Anzahl der Stoffbahnen nicht gerade aufgeht, schneiden Sie eine Bahn der Länge nach ausei- nander und setzen Sie jede der Hälften mit einer Kappnaht an die Außenkante einer anderen Stoffbahn (siehe Seite 88). Fügen Sie immer eine komplette Stoffbahn an die Innenkanten eines Vorhangs, also an die Seiten, die Sie über das Fenster ziehen. Bei zwei Vorhangteilen ist das die Mittellinie. Versäubern Sie die langen Seiten jeder Vorhangbahn mit einem schmalen, doppelt gelegten Saum (siehe Seite 45) und voll- enden Sie den unteren Saum, wie bei „Saum mit geschlossener Ecke" Seite 92 beschrieben.

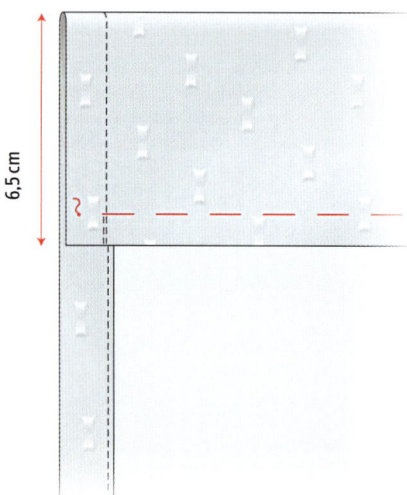

6,5 cm

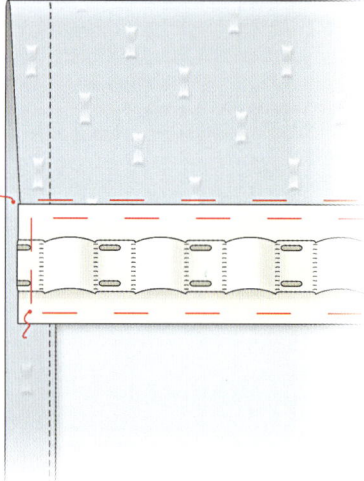

3. Bearbeiten Sie jede Vorhangbahn einzeln. Breiten Sie den Stoff mit der linken Seite nach oben flach aus (der Fußboden ist oft dafür geeignet, es sei denn, Sie haben einen extra großen Tisch). Falten Sie die Hälfte des Kopfsaums entlang der Vorhangoberkante (6,5 cm) nach links und stecken und heften Sie sie 1 cm unterhalb der Stoffkante fest.

4. Falten Sie das Ende des Raffbandes 1,5 cm weit nach innen und stecken Sie es von der rechten Seite her fest. Ziehen Sie die Schnüre zur Rückseite des Raffbandes und verknoten Sie sie. Legen Sie das Raffband mit der rechten Seite nach oben weisend, mit der Oberkante entlang der gehefteten Linie, so dass die offene Stoffkante des Vorhangs verborgen ist. Stecken Sie das Raffband fest. Am anderen Ende des Vorhangs schneiden Sie das überstehende Raffband bis auf 1,5 cm ab, das Sie wieder nach innen schlagen und feststecken. Lassen Sie die Enden der Schnüre frei nach außen weg hängen. Heften Sie das Raffband an der ganzen oberen Vorhangkante entlang fest.

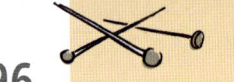
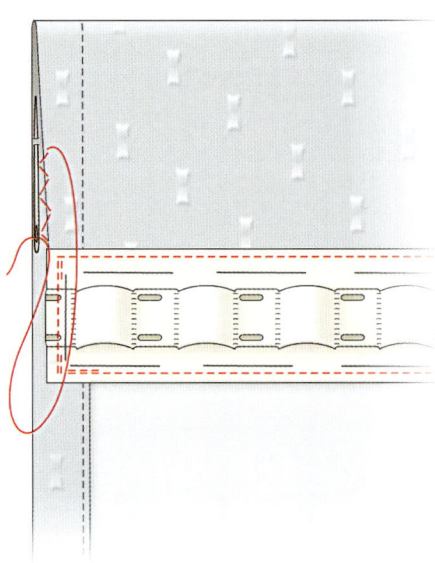

5. Nähen Sie das Raffband an den kurzen Enden und den langen Kanten fest. Das Band liegt dabei zuoberst auf dem Stoff. Nähen Sie jeweils in die gleiche Richtung, damit sich die Nähte nicht verziehen. Arbeiten Sie Rückstiche an Anfang und Ende der Naht. Entfernen Sie die Heftfäden und schließen Sie die offenen Ecken des Vorhangkopfs mit Blindstichen (siehe Seite 49).

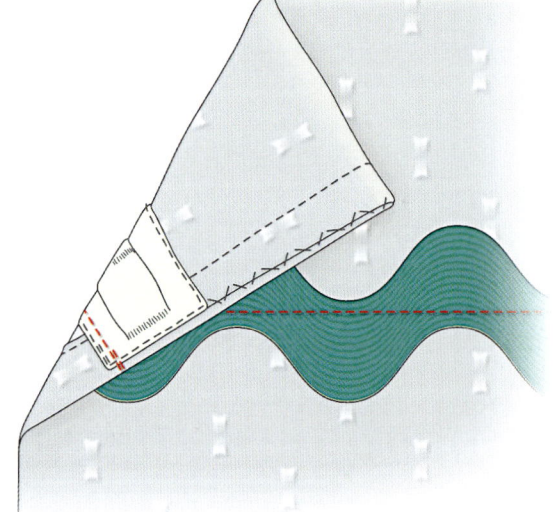

6. Breiten Sie den Vorhang wieder flach aus, die rechte Stoffseite weist nach oben. Falten Sie 1,2 cm der Zackenlitze nach unten und legen Sie sie auf die untere Nählinie des Raffbandes. Beginnen Sie an der Innenkante des Vorhangs. Stecken Sie es entlang der ganzen Kante fest und schneiden Sie die Litze am anderen Ende bis auf 1,2 cm ab, die Sie dort unterschlagen. Heften Sie und nähen Sie mit der Nähmaschine mittig auf der Zackenlitze entlang.

TIPP

Verwahren Sie die langen Enden der Schnüre Ihres Raffbandes. Wickeln Sie sie um Ihre Finger und befestigen Sie sie mit einem Gummiband oder mit dem Drahtclip von einer Tüte dicht an der Oberkante des Vorhangs.

7 Ziehen Sie vorsichtig an den Zugschnüren, um den Vorhang bis zur benötigten Breite zu raffen. Binden Sie die Enden der Schnüre mit einer doppelten Schleife auf der Vorhangrückseite zusammen. Schieben Sie die erforderliche Anzahl von Gardinenröllchen in die Schlaufen für die Gardinenschiene oder die Ringe. Jetzt können Sie den Vorhang aufhängen.

Aufhängung

Ein Vorhang mit Vorhangkopf, das ist die dekorative Oberkante eines Vorhangs, wird an einer Schiene oder einer Stange befestigt. So ein Vorhangkopf wird heutzutage mit Hilfe eines vorgefertigten Raffbandes genäht, das es in verschiedenen Sorten und Breiten gibt. Aber es gibt auch einfachere moderne Aufhängungen für die kein Raffband nötig ist.

Raffbänder

Dies sind Stoffstreifen, die es meterweise zu kaufen gibt. Auf den Streifen sind kleine Schlaufen eingewebt, in welche die Gardinenröllchen eingehängt werden, mit denen dann der Vorhang an der Schiene befestigt wird. Eingearbeitete Schnüre dienen zum dekorativen Raffen des Stoffes. Die gebräuchlichsten Raffbänder sind:

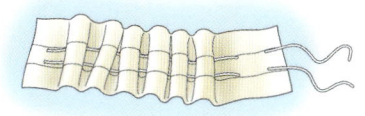

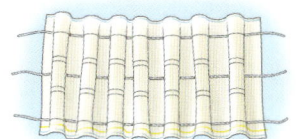

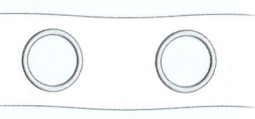

Einfaches Raffband

Es ist etwa 2,5 cm breit und ergibt einen schmalen mitteldicht gerafften Vorhangkopf. Es eignet sich für einfache, ungefütterte Vorhänge. Es enthält eine Reihe von Schlaufen für die Gardinenröllchen und wird meist ca. 4 cm unterhalb der Vorhangoberkante festgenäht, wo es die Gardinenröllchen oder die Ringe an der Vorhangstange verdeckt. Die Stoffweite sollte 1,5 bis 2 mal breiter sein als die Schiene oder die Stange.

Raffband für Bleistiftfalten

Dieses Band ist etwa 7,5 cm breit und ergibt schmale Längsfalten. Hier sind zwei oder drei Schlaufen für die Gardinenröllchen eingewebt, damit Sie diese je nach gewünschter Höhe in eine der Schlaufenreihen einhängen können. Sie verdecken z. B. die Vorhangringe, die Stange ist sichtbar. Das Raffband wird knapp unterhalb der Vorhangoberkante festgenäht. Die Stoffweite sollte 2,5 bis 3 mal breiter sein als die Schiene oder Stange.

Ösenband

Diese Variante ist die einfachste Art, einen attraktiven Vorhangkopf zu nähen, ohne die üblichen Gardinenröllchen oder Ringe. Das Band wird nicht gerafft. Die Vorhangstange wird direkt durch die Ösen geschoben. Das Ösenband wird knapp unterhalb der Vorhangoberkante angenäht. Die Stoffweite sollte 1,5 mal breiter sein als die Schiene oder Stange. Es gibt zwei verschiedene Ösendurchmesser zur Auswahl.

Vorhangkopf ohne Raffband

Andere unkomplizierte Vorhang-Aufhängungen können auch ohne Raffband genäht werden, doch müssen Sie in diesem Fall die Vorhangoberkante mit einem Besatz versehen (siehe Seite 92). In der Regel benötigen Sie eine Stoffweite von 1,5 bis 2 mal breiter als Schiene oder Stange.

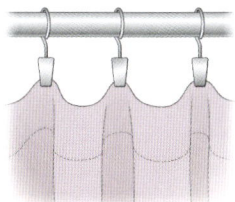

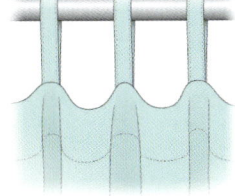

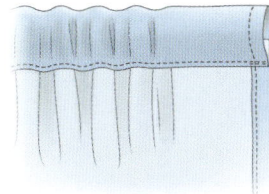

Vorhangklips

Dies sind kleine, dekorative Krokodilklemmen mit Ringen, durch die die Vorhangstange geschoben oder die Gardinenröllchen eingehängt werden. Nähen Sie einen 4 cm breiten Besatzstreifen an die Vorhangoberkante und zwicken Sie die Klemmen dort fest.

Schleifen und Schlaufen

Auch dies ist eine sehr einfache Art, einen Vorhang dekorativ aufzuhängen. Nähen Sie einen 5 cm breiten Besatzstreifen an die Oberkante des Vorhangs und fassen Sie dabei die Schleifenbänder oder die Schlaufen zwischen die Stofflagen. Schieben Sie die Vorhangstange durch oder binden Sie die Schleifen um große Vorhangringe. Es ist wichtig, dass die Abstände dazwischen ganz gleichmäßig sind.

Tunnel

Ein Tunnel wird gerne bei sehr dünnen Stoffen genäht. Das ist ein Saum, durch den ein Stab oder ein Draht gezogen wird, wodurch sich der Stoff in leichte Falten legt. Diese Aufhängung ist für Vorhänge geeignet, die nicht auf- und zugezogen werden. Siehe „Tunnels" in Workshop 9, Seite 124.

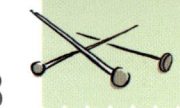

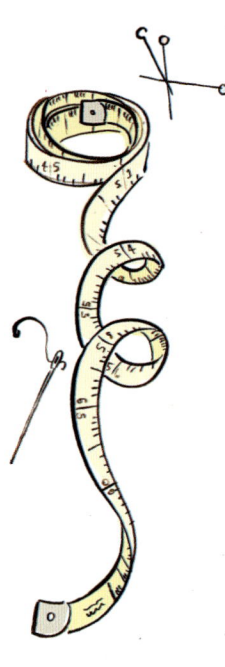

Fenster ausmessen und Stoffmenge berechnen

Jetzt lernen Sie, wie Sie ein Fenster ausmessen und wie Sie die Stoffmenge für Fensterkleider berechnen. Es ist ein sehr zufriedenstellendes Gefühl, eigene Vorhänge und Rollos zu nähen. Allerdings kann der Weg von der Idee zum fertigen Produkt etwas einschüchternd sein. Hier beweisen wir, dass das Ausmessen nicht so schwierig ist, wie es scheint und wir wollen Sie vor kostspieligen Fehlern bewahren. Wenn Sie den Bogen raus haben, können Sie für jedes Zimmer wunderschöne Vorhänge nähen, auch das dekorative Raffrollo von Seite 106.

Vorhänge

Ungefütterte Vorhänge sind schnell und einfach genäht und eignen sich gut als erstes Projekt. Sie passen gut zu kleinen Fenstern oder wenn etwas Unauffälliges gewünscht ist. Doch können Sie natürlich auch für größere Fenster genäht werden, z. B. als feiner Store mit Blende, wie im Workshop Nr. 6 gezeigt.

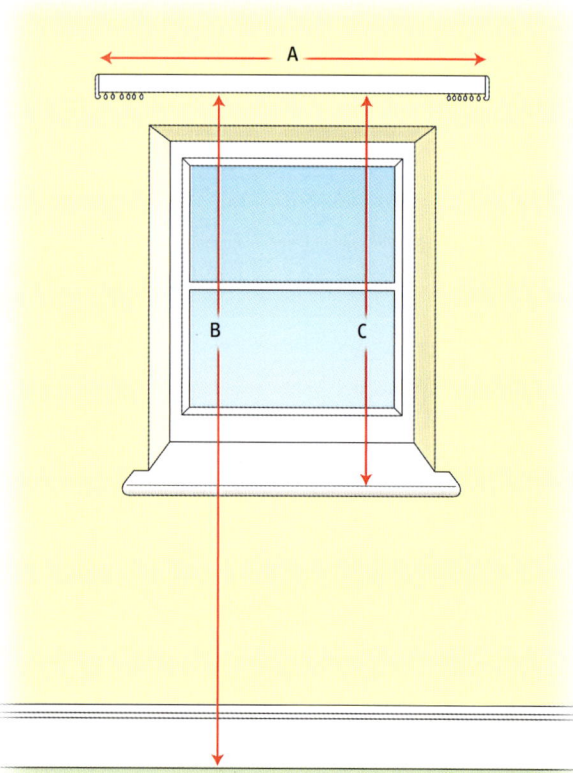

Vorhang ausmessen

Gehen Sie nach diesen Schritten vor und Sie haben garantiert die richtigen Maße. Wir haben sogar eine Tabelle abgedruckt, in welche Sie Ihre Zahlen während des Abmessens eintragen können. Achten Sie darauf, dass alle Gardinenstangen und ähnliches festgemacht sind, bevor Sie zu messen beginnen. Bei Vorhängen, die bis auf den Boden reichen, müssen auch die Teppiche schon liegen.

Zur Stoffberechnung brauchen Sie zwei Maße:

- die Länge der Vorhangschiene oder Stange (Maß A) plus mittige Überlappung – falls die Schiene eine hat
- die Länge des Vorhangs von der Schiene oder Stange hinab bis zum Boden (Maß B) oder bis zum Fenstersims (Maß C)

Vorhanglänge berechnen

1. Überlegen Sie, wie hoch der Kopf an der Oberkante werden soll, dort wo Schiene oder Stange entlanglaufen. Hängen Sie ein Stück des Raffbandes an die Schiene oder die Stange. Bei Bleistiftfalten (siehe Seite 97) messen Sie ab der Oberkante des Raffbandes. Bei einfachem Raffband beginnen Sie 4 cm oberhalb der Oberkante des Bandes zu messen. Wenn Sie ein Ösenband benutzen, fädeln Sie es auf die Stange und messen Sie ab der Oberkante des Bandes.

2. Dann legen Sie fest, bis wohin der Vorhang reichen soll. Bei einem langen Vorhang, der fast bis auf den Boden reichen soll, ziehen Sie 1 cm von Maß B ab, damit der Stoff nicht auf dem Boden streift. Wenn der Vorhang auf dem Boden aufliegen soll, rechnen Sie 10 bis 20 cm zu Maß B dazu. An Fenstern, vor denen ein Heizkörper steht, machen Sie den Vorhang so lang, dass er bis 10 cm unter den Fenstersims reicht. Bei fensterlangen Vorhängen, bei denen der Sims etwas unten hervorschauen soll, ziehen Sie 6 mm von Maß C ab.

3. Für das Zuschneidemaß rechnen Sie an Ober- und Unterkante je eine Nahtzugabe zu dem Maß dazu, das Sie soeben errechnet haben.

> **Beispiel**
> Für einen Vorhang der 150 cm lang sein soll, rechnen Sie 15 cm für den unteren Saum (doppelt gelegt misst er am Schluss 7,5 cm) und 2,5 cm für den Saum am Vorhangkopf. Dies ergibt eine Schneidelänge von 167,5 cm.
>
> Hinweis: Bei Verwendung eines einfachen Raffbandes rechnen Sie noch 5 cm hinzu, damit der Vorhang oberhalb der Stange oder der Schiene endet.

Vorhangbreite berechnen

1. Die Art des Vorhangkopfs bestimmt die Breite des Vorhangs (siehe Seite 97). Multiplizieren Sie die Länge der Stange mit der idealen Stoffweite zum Kopf.

2. Um auszurechnen, wie viele Stoffbahnen Sie aneinandernähen müssen, dividieren Sie die totale Vorhangbreite durch die Breite der Stoffbahn (meist 122 oder 137 cm). Wenn der Vorhang eine ungerade Anzahl von Stoffbahnen verlangt, teilen Sie eine Stoffbahn der Länge nach durch die Mitte und nähen Sie sie an die Außenkante der Vorhangbahnen. Platzieren Sie die kompletten Stoffbahnen an der Innenkante des Vorhangs.

> **Beispiel**
> Ein Bleistiftfalten-Raffband erfordert eine Stofffülle von 2,5 bis 3 mal die Länge der Vorhangschiene oder -stange (siehe Seite 97). Also benötigen Sie für eine 120 cm lange Schiene eine Vorhangbreite von 300 cm oder 360 cm, je nach gewünschter Fülle.

> **Beispiel**
> Die errechnete Vorhangbreite beträgt 300 cm. Teilen Sie diese Zahl durch die Breite der Stoffbahn (122 cm), das ergibt 2 ½ Stoffbahnen. Für ein Paar Vorhänge benötigen Sie also 1 ¼ Breiten für jede Hälfte.
>
> Hinweis: Natürlich können Sie keine halbe Stoffbahn kaufen, also müssen Sie auf die nächste volle Zahl aufrunden – in diesem Fall drei Stoffbahnen. Dann schneiden Sie die letzte Bahn auf die benötigte Breite zu. Nähen Sie aus dem übrig gebliebenen Stoff ein passendes Kissen.

Stoffmenge berechnen

1. Für einfache Vorhänge mit kleinem Druckmuster multiplizieren Sie die errechnete Vorhanglänge mit der Anzahl der Stoffbreiten, die Sie soeben ermittelt haben.

2. Bei groß gemusterten Stoffen müssen Sie den Musterrapport beachten und mehr berechnen (siehe Seite 100).

> **Beispiel**
> Für einen Vorhang in errechneter Schneidelänge von 167,5 cm x 3 Stoffbreiten müssen Sie 5,1 m eines 122 cm breiten Stoffes kaufen.

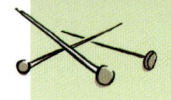

Zugabe für den Musterrapport

Wenn Sie groß gemusterte Stoffe verwenden, müssen Sie extra Stoff einrechnen, damit die Muster an den Nähten des Vorhangs genau aufeinandertreffen können.

Haben Sie die Schneidelänge Ihres Vorhangs ausgerechnet, messen Sie die Höhe einer kompletten Musterwiederholung (oft auf dem Stoffetikett angegeben). Teilen Sie die Schneidelänge durch das Rapportmaß und runden Sie es auf das nächste Rapportmaß auf. Dies ist die Zugabe für jede Stoffbahn.

Beispiel
Bei einer Rapporthöhe von 25,5 cm teilen Sie die Länge des Vorhangs (z. B. 167,5 cm) durch 25,5 = 6,6 Rapporte. Runden Sie auf die nächste ganze Zahl auf = 7. Sie müssen also für jede Vorhangbahn 178,5 cm rechnen, damit Sie die Muster ausrichten können.

Muster aneinander anpassen

Bei gemusterten Stoffen müssen Sie die Muster zuerst genau aneinandertreffen lassen, bevor Sie mit dem Zusammennähen der Bahnen beginnen.

Falten Sie dafür 2,5 cm einer langen Stoffkante nach links und bügeln Sie die Kante. Legen Sie diese Kante der Länge nach auf die angrenzende Kante – beide Stoffe liegen mit der rechten Seite nach oben. Passen Sie die Musterreihen genau an den Kanten aneinander. Stecken und heften Sie die oben liegende Kante mit schrägen Blindstichen fest (siehe Seite 39). Falten Sie die gebügelte Kante auf, so dass die Stoffe rechts auf rechts liegen und nähen Sie mit der Maschine in der Bügellinie entlang.

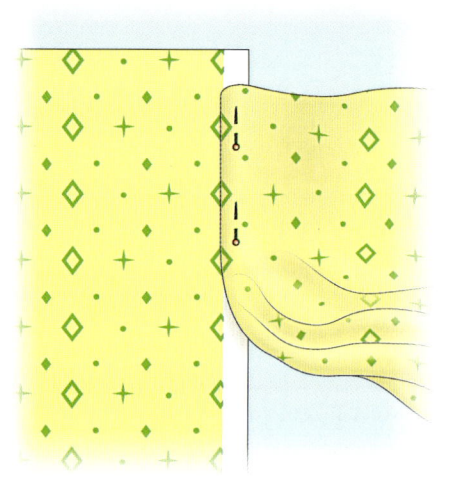

Wahl von Vorhangschiene und Stangen

Wir haben schon erwähnt, dass Vorhangschiene und Gardinenstange bereits befestigt sein müssen, bevor Sie für das Fenster die Vorhänge ausmessen können. Doch wie treffen Sie aus dem großen Angebot die richtige Wahl? Hier einige Punkte, die bei der Entscheidung helfen.

Vorhangstangen

- Vorhangstangen sind grundsätzlich oberhalb des Vorhangs sichtbar. Es gibt sehr dekorative Modelle.
- Sie können für Wintergärten und Erker sogar Stangen kaufen, die um die Ecke führen.
- Die einfachsten Stangen ruhen in gekehlten Haltern, die in die Wand geschraubt werden.
- Der Vorhang wird mit großen Ringen auf die Stange gefädelt oder direkt durch eine angenähte Ösenkante.
- Positionieren Sie die Stangenhalter ca. 3 cm innerhalb der Stangenenden, damit außerhalb noch Platz für einen Vorhangring ist.

Vorhangschienen

- Schienen gibt es in vielerlei Längen und für leichte, mittlere und schwere Vorhänge.
- Metallschienen sind teuer, aber kräftig und halten viel länger als solche aus Plastik.
- Metallschienen können um Kurven herum gelegt werden.
- Bei manchen Vorhangschienen werden Zugkordeln mitgeliefert. Die sind bei langen oder sehr hellen Vorhängen praktisch, damit die Innenkante nicht abgegriffen und schmuddelig wird.
- Idealerweise sollte die Schiene einen überlappenden Bereich haben, damit der Vorhang in der Mitte blickdicht schließt.

Stoffmengen für ungefütterte Vorhänge

Um Ihren gesamten Stoffbedarf zu berechnen, tragen Sie die Fenstermaße in diese Tabelle ein und addieren oder subtrahieren Sie die Nahtzugaben und Abstände.

	1. Zimmer	2. Zimmer	3. Zimmer	4. Zimmer
1. Länge ab der Schiene oder Stange bis an die Vorhangunterkante				
plus 2,5 cm Nahtzugabe an Oberkante *				
plus 15 cm unterer Saum				
minus 1 cm bei langen Vorhängen				
plus 10 cm-20 cm für am Boden aufliegende Vorhänge				
minus 6 mm bei Vorhängen bis an den Fenstersims				
plus 5 cm-10 cm bei Vorhängen über Heizkörpern				
alle Maße zusammen ergeben die Schneidelänge A **				
2. Breite der Schiene oder der Stange				
1 ½ bis 2 x für normales Raffband				
2 ½ bis 3 x für Bleistiftfalten				
1 ½ x für Ösenkante				
alle Maße zusammen ergeben die Vorhangbreite B				
3. Stoffmenge berechnen				
Breite C				
B geteilt durch C (auf volle Stoffbahnbreite aufrunden) ergibt die Zahl der benötigten Stoffbahnen (D).				
Gesamtverbrauch A x D				

TIPP
Wenn die Vorhänge für einen Ort vorgesehen sind, an dem sie schnell schmutzig werden, vermeiden Sie Stoffe, die man nur chemisch reinigen kann. Kaufen Sie waschbare Stoffe. Baumwolle ist die beste Wahl.

* plus 5 cm bei einfachem Raffband
** bei gemusterten Stoffen dividieren Sie A durch die Höhe des Rapports, um die benötigte Länge zu berechnen (siehe Seite 100).

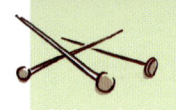
Rollos

Herabgelassene, schlichte flache Rollos bedecken das Fenster mit einem schönen Rechteck aus Stoff und haben zudem den Vorteil, dass Sie, zu einem relativ unauffälligen Streifen weggefaltet, viel Licht hereinlassen. Aus diesem Grund sind Rollos in modernen Wohnungen gerne die erste Wahl. Auch hier müssen Sie sorgfältig arbeiten, besonders beim Ausmessen, damit das Rollo gerade und im rechten Winkel hängt.

Rollos können entweder am Fensterrahmen festgemacht oder, dann etwas größer, vor der Fensternische an einer Holzleiste befestigt werden.

TIPP

Beim Ausmessen für Rollos sollte die Rolloaufhängung bereits befestigt sein. Messen Sie mit einem Rollmaß aus Metall und lassen Sie sich Zeit. Messen Sie lieber zweimal, um sicher zu sein.

Befestigungen für Rollo

Die Halterung eines Rahmen-Rollos wird an die Innenseite des Fensterrahmens geschraubt. Bei einem Wandrollo schraubt man die Halterung an die Wand vor der Fensternische. Die Halterung liegt in der Regel 12 cm oberhalb des Fenstersturzes und ragt um die gleiche Strecke rechts und links darüber hinaus.

Rollo ausmessen

Je nachdem, wo das Rollo sitzen soll, müssen Sie unterschiedlich ausmessen. Die Abbildung unten zeigt, wo Sie messen müssen, um die Stoffmenge für die verschiedenen Variationen berechnen zu können.

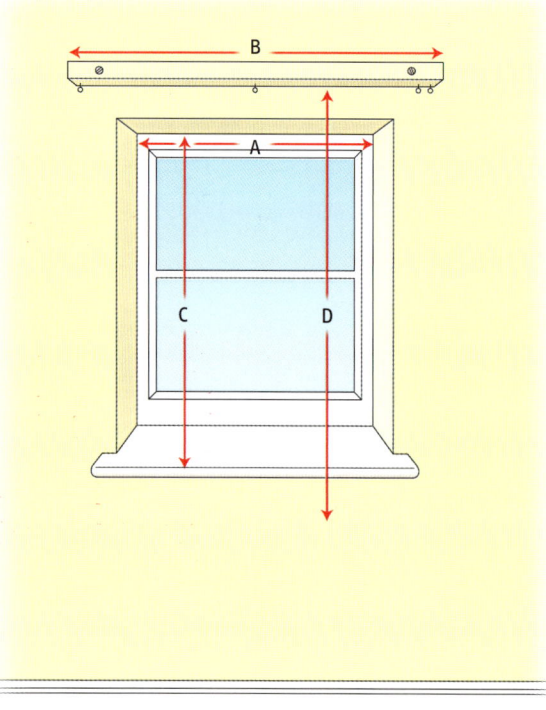

Rahmenrollo ausmessen

1. Um die fertige Größe des Rollos errechnen zu können, messen Sie ab der Oberkante der Halterung und ziehen Sie 1 cm ab, damit das Rollo kurz oberhalb des Fenstersimses endet: Maß C.

2. Für die Breite messen Sie die Breite des Fensterrahmens (Maß A) und ziehen Sie 2 cm ab, so dass das Rollo nicht an den Seitenkanten der Fensternische streift.

Wandrollo ausmessen

1. Um die fertige Größe eines Wandrollos zu ermitteln, messen Sie ab der Oberkante der Halterung bis 5 cm unterhalb dem Fenstersims (Maß D).

2. Für die Breite messen Sie die Länge der Halterung (Maß B) und rechnen Sie 12 mm dazu.

Wie viel Stoff brauche ich?

Nun, da Sie die Maße haben, müssen Sie die korrekten Naht- und Saumzugaben dazu rechnen.

1. Für die Schneidebreite des Rollos nehmen Sie die soeben ermittelte Breite und addieren Sie 10 cm für die beiden Seitensäume dazu.

Beispiel
Bei einem Rollo von 100 cm Breite rechnen Sie 10 cm dazu und erhalten 110 cm Schneidebreite.

2. Für die Schneidelänge des Rollos addieren Sie 2,5 cm zu Maß C oder D für den oberen Saum. Rechnen Sie 6 cm zu Maß C oder D für den unteren Saum. Das ergibt einen 4 cm breiten, fertigen, doppelt gelegten Saum.

Beispiel
Bei einem Rollo von 140 cm Länge addieren Sie insgesamt 8,5 cm für die Saumzugaben und erhalten 148,5 cm Schneidelänge.

3. Der gesamte Stoffverbrauch errechnet sich wie folgt: Schneidebreite des Rollos dividiert durch die Stoffbreite. Meist brauchen Sie nur eine Stoffbreite. Wenn zwei Breiten benötigt werden, teilen Sie die zweite Bahn der Länge nach und setzen Sie sie an die Außenkanten des Rollos, so dass Sie eine vollständige Stoffbreite in der Mitte des Rollos haben.

4. Am Schluss multiplizieren Sie die Schneidelänge des Rollos mit der Anzahl der Stoffbreiten. Bei einem groß gemusterten Stoff müssen Sie noch den Rapport berücksichtigen (siehe Seite 100).

Halterung für ein Rollo anbringen

Wenn Sie ein Rollo aufhängen möchten, benötigen Sie eine Holzleiste. Streichen Sie das Holz in der passenden Farbe.

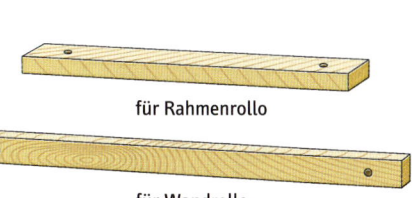

für Rahmenrollo

für Wandrollo

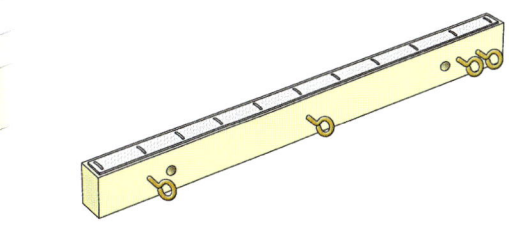

1. Für beide Arten von Rollos sägen Sie ein Vierkantholz von 2,5 cm x 5 cm Grundriss auf die Länge der Rollobreite zu (siehe links). Für ein Rahmenrollo bohren Sie je ein Loch in die breite Unterseite der Leiste, 8 cm von den Enden entfernt. Bei einem Wandrollo bohren Sie je ein Loch in die breite Vorderseite, ebenfalls jeweils 8 cm von den Enden entfernt. Streichen Sie die Leiste mehrmals in passender Farbe und lassen Sie alle Farbschichten trocknen.

2. Befestigen Sie die Häkchenseite eines Klettbandes (siehe Seite 73) mit Hilfe eines Tackers auf dem Holz. Bei einem Wandrollo tackern Sie es auf die schmale obere Seite, bei einem Rahmenrollo auf die schmale vordere Seite der Leiste.

3. Wenn Sie ein einfaches Rollo nähen, das man mit Bändern hochbindet, schrauben Sie die Holzleiste jetzt fest. Für ein Raffrollo, das mit Schnüren hochgezogen wird, müssen Sie einige Schraub-Ösen eindrehen. Mit Hilfe einer Ahle markieren Sie die Position der Ösen auf der Unterseite des Holzes. Setzen Sie eine Öse in die Mitte und je eine an jedes Ende. Für die Zugschnüre schrauben Sie eine vierte Öse an die entsprechende Seite. Schrauben Sie die Holzleiste fest.

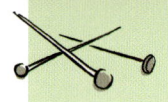
Stoffmengen für Rollos berechnen

Um Ihren Stoffbedarf zu errechnen, tragen Sie die Fenstermaße in diese Tabelle ein und addieren oder subtrahieren Sie die Nahtzugaben und Abstände.

	1. Zimmer	2. Zimmer	3. Zimmer	4. Zimmer
1. Länge ab Halterung bis Unterkante des Rollos				
plus 2,5 cm Nahtzugabe an Oberkante				
plus 6 cm unterer Saum				
minus 1 cm beim Rahmenrollo				
alle Maße zusammen ergeben die Schneidelänge A				
2. Breite der Halterung				
plus 10 cm für die Seitenkanten				
minus 2 cm Abstand beim Rahmenrollo				
plus 12 mm beim Wandrollo				
alle Maße zusammen ergeben die Vorhangbreite B				
3. Stoffmenge berechnen				
Breite C				
B geteilt durch C (auf Stoffbahnbreite aufrunden) ergibt Zahl der Stoffbahnen (D).				
Gesamtstoffverbrauch A x D				

Denken Sie daran

- Nur wenige Fenster sind absolut gerade oder im rechten Winkel. Sind Ihre Wände ernsthaft schief, wird ein Rahmenrollo nicht gut hängen. Entscheiden Sie sich stattdessen für ein Wandrollo oder für Vorhänge.
- Wählen Sie keine karierten Stoffe, besonders wenn Ihre Fenster nicht ganz gerade sind, sie machen alles noch schlimmer.
- Für ein besonders breites Fenster nähen Sie besser mehrere einzelne Rollos anstelle eines ganz breiten. Es hat sich gezeigt, dass ein sehr breites Rollo schwer hochzuziehen ist.
- Zeichnen Sie die Abstände für die Bänder eines Raffrollos (gegenüber) zuerst auf Papier, sodass Sie leicht überprüfen können, ob sie genau in die fertige Länge des Rollos passen.

Wie heißt das Ding da?

Sind Sie jetzt durch die ganzen technischen Begriffe verwirrt? Dann studieren Sie unsere Übersicht:

Ahle: ein spitzes Werkzeug, mit dem Sie in eine Holzleiste Löcher für Schraub-Ösen vorbohren können.

Schnurhaken: Ein zweiseitiger Haken um welchen die Zugschnur des Rollos gewickelt und so befestigt wird.

Vorhangschnur-Griffe: Aus leichtem Holz oder Metall mit einem Gummipuffer um den Griff, zur Schonung Ihrer Wand.

Latte: Eine flache, dünne Holzlatte, die in einen Tunnel auf der Unterkante des Rollos geschoben wird, damit der Stoff glatt hängt.

Ringe: Aus Plastik oder Metall, die sich auf der Rückseite des Rollos befinden. Die Zugschnüre werden durch die Ringe gefädelt.

Rollo Zugschnur: Eine feine Schnur, mit der ein Rollo auf- und abgezogen wird.

Raffrollo-Band: Diese Bänder werden quer auf die Rückseite des Raffrollos genäht und dann die Rollo-Stäbe eingeschoben.

Schraub-Ösen: Ösen mit einem Schrauben-Ende. Sie werden in das Holz der Rollohalterung geschraubt und dienen dazu, dass die Zugschnüre über die Oberkante der Halterung zur Bedienungsseite hin geführt werden.

Halterung: Z. B. eine Holzleiste, an der das Rollo befestigt werden kann. Die Halterung kann am Fensterrahmen oder vor der Fensternische angebracht werden.

Raffrollo-Bänder anbringen

Ein Raffrollo wird über Zugbänder bewegt, die den Stoff in schöne Falten legen. Damit es sich leicht hochziehen lässt und zur Verstärkung des Stoffes werden Dübelstäbe in Tunnelbänder eingeschoben, die quer über die Rückseite des Rollos genäht werden. Diese Bänder müssen in ganz gleichmäßigen Abständen aufgenäht sein.

1. Legen Sie fest, wie viele Falten Sie haben möchten – für ein Standard-Rollo sind dies meist vier, doch brauchen Sie vielleicht weniger für ein kurzes Rollo oder mehr für ein längeres.

2. Rechnen Sie von der Länge des Rollos 10 cm für den Abstand zur Oberkante ab. Das verhindert, dass die Bänder und Ringe in den Schraub-Ösen hängen bleiben, die Falten werden gleichmäßiger liegen.

3. Teilen Sie die restliche Länge durch die doppelte Anzahl der Falten (!) plus 1 (für den Abstand zwischen der Rollo-Unterkante und dem Tunnel für den ersten Stab). Meist heißt dies: 2 x 4 = 8 + 1.

> **Beispiel** Für ein 122 cm langes Rollo ziehen Sie 10 cm für die Oberkante ab (= 112 cm). Teilen Sie die verbleibende Länge durch die doppelte Anzahl der gewünschten Falten plus 1 (bei vier Falten ergibt dies 9). Die Faltentiefe (f) beträgt also 12,4 cm (112 : 9).

4. Markieren Sie mit Hilfe eines Maßbandes die Abstände und Positionen der vier Tunnelbänder (um die vier Falten zu formen) mit Stecknadeln an den beiden Seitenkanten. Ziehen Sie mit Schneiderkreide und einem Lineal Querlinien über den Stoff. Jetzt können Sie die Bänder annähen.

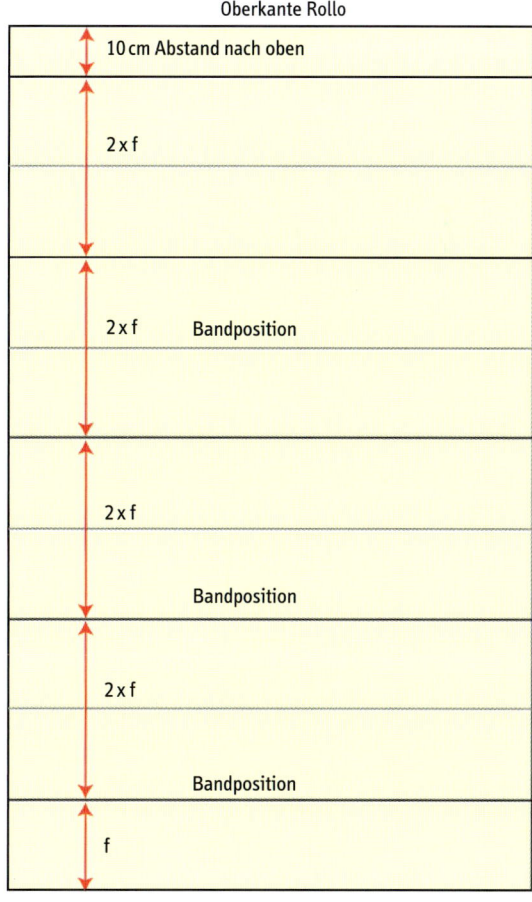

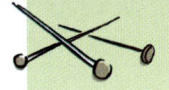
Ungefüttertes Raffrollo

Dieses Rollo ist so schön und unglaublich einfach herzustellen. Gehen Sie nur schnell an die Nähmaschine! Hier steht alles, was Sie wissen müssen.

Sie benötigen

für das Rollo

- Baumwolle oder Leinen, uni oder gemustert (Berechnung der Stoffmenge siehe Seite 100)

- farblich passendes Nähgarn

- Endlos-Klettband mit Klebeseite, in der Breite der Halterung

- 6 mm starke Dübelstäbe in der Breite des fertigen Rollos minus 11 cm (ein Stab pro Falte, siehe Seite 105)

- Tunnelband, Mengenberechnung: Breite des fertigen Rollos x Anzahl der Falten (siehe Seite 105)

- feine Zugschnur, Mengenberechnung: Länge des Rollos x 7

- 15 kleine Plastikringe

- eine dünne Holzlatte, 2,5 cm breit, so lang wie die Breite des Rollos minus 1,5 cm

- Zugschnur

für Halterung und Befestigung (siehe Seite 103)

- eine 1 x 2,5 cm starke Holzleiste, so breit wie das fertige Rollo

- mittelgroße Schraub-Ösen aus Messing

- Schurhaken

- Schrauben

- Tackerpistole

1. Messen Sie Ihr Fenster aus, berechnen Sie die Zuschneidemaße und schneiden Sie den Stoff zu. Falls Sie Stoffbahnen aneinandersetzen und dabei auf einen Musterrapport Rücksicht nehmen müssen, arbeiten Sie Kappnähte oder falsche französische Nähte (siehe Seite 100). Bügeln Sie einen doppelten, 2,5 cm tiefen Saum (siehe Seite 45) an jede Seite des Rollos. Stecken, heften und nähen Sie die Seitenkanten.

2. Bügeln Sie 2 cm der Unterkante zur linken Stoffseite und noch einmal 4 cm für einen doppelt gefalteten Saum. Stecken, heften und nähen Sie ihn fest.

3. Bügeln Sie an der Oberkante 2,5 cm zur linken Stoffseite. Schneiden Sie die Nahtzugabe auf 1,5 cm zurück und heften Sie sie fest. Befestigen Sie die weiche Seite des Klettbandes auf der linken Seite der Oberkante und verdecken Sie damit die offene Kante, wie auf Seite 73 gezeigt.

4. Für die Berechnung der Abstände für die Tunnelbänder siehe Seite 105. Schneiden Sie das Tunnelband in Stücke, so breit wie das Rollo. Legen Sie die Bänder auf die linke Stoffseite, entlang der mit Kreide vorgezeichneten Linien. Stecken, heften und nähen Sie die Bänder nur an ihrer Oberkante fest. Beginnen und enden Sie 2 cm vor dem Rand und sichern Sie die Naht mit Rückstichen.

5. Schieben Sie die hölzerne Latte durch den unteren Saum und nähen Sie die Enden mit Blindstichen zu. Dann schieben Sie die Dübelstangen durch die Tunnelbänder. Falten Sie die offenen Enden des Bandes doppelt nach innen und nähen Sie die offenen Enden mit feinen Blindstichen zu (siehe Seite 49).

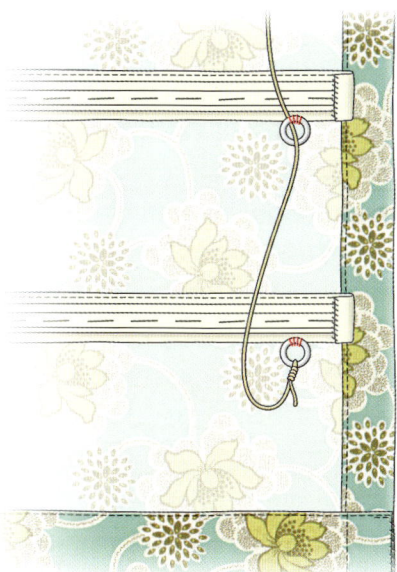

6. Legen Sie das Rollo mit der linken Seite nach oben flach auf eine Arbeitsfläche. Nähen Sie je einen Plastikring an die losen Unterkanten der Tunnelbänder, jeweils 5 cm innerhalb der Seitenkante. Befestigen Sie jeweils einen weiteren Ring in der Mitte des Tunnelbandes. Binden Sie je eine Zugschnur an die untersten Ringe und fädeln Sie die Schnüre durch die anderen Ringe, senkrecht nach oben.

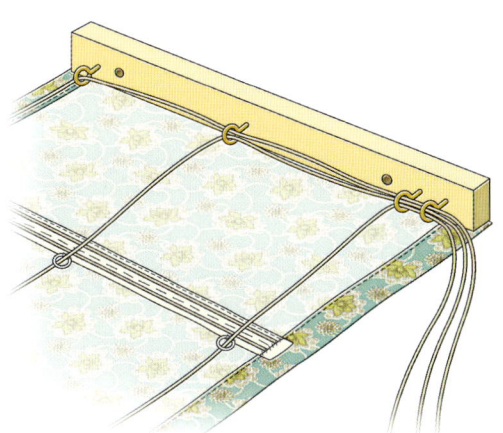

7. Befestigen Sie das Rollo mit Hilfe des Klettbandes an der Halterung. Fädeln Sie alle Schnüre durch die Schraub-Ösen und zu der Seite hin, an welcher die Zugschnüre bedient werden sollen. Alle Schnüre müssen durch die vierte Öse gezogen sein.

8. Befestigen Sie den Schnurgriff an den losen Enden der Zugschnüre und schrauben Sie den Schnurhaken an die Seite des Fensters. Um das Rollo zu öffnen, ziehen Sie am Schnurgriff und winden Sie dann die Schnüre in Form einer Acht um den Schnurhaken.

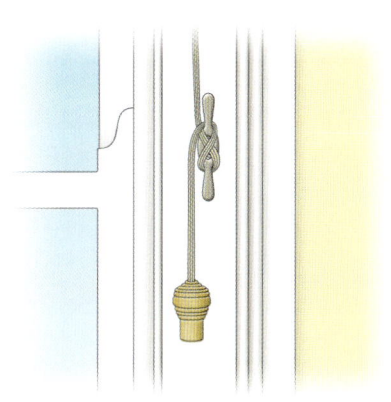

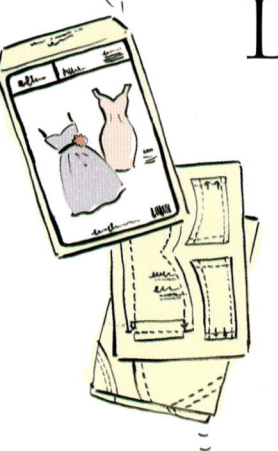

Das Geheimnis der Schnittmuster

Nachdem Sie sich durch die bisherigen Projekte gearbeitet haben, haben Sie genug Selbstvertrauen, ein einfaches Kleidungsstück zu nähen. In diesem Workshop zeigen wir Ihnen, wie Sie Körpermaße abnehmen, die richtige Schnittmustergröße wählen, die Vorlage benutzen und kleine Änderungen vornehmen. Dann, mit den ganzen Informationen in der Tasche, können Sie ein entzückendes Hängerkleidchen nähen (siehe Seite 118), mit lustigen Blumen besetzt. Das ist das perfekte Kleid für ein kleines Mädchen von 2 bis 5 Jahren. Es wird das Lieblingsstück im Kleiderschrank.

Körpermaße abnehmen

Ob Sie nun Kleidung für sich selbst oder für Ihre Kinder nähen, Sie müssen wissen, in welcher Größe Sie ein Schnittmuster kaufen sollen. Benutzen Sie nicht Ihre Kleidergröße als Maß, denn Konfektionsgrößen variieren je nach Marke und Sie können sich nicht darauf verlassen. Da müssen Sie schon selbst genau messen.

Sich selbst ausmessen

Sich selbst auszumessen kann etwas kompliziert sein und es wäre gut, Sie bitten eine Freundin um Hilfe. Messen Sie nicht über Ihre Kleidung hinweg, sondern tragen Sie Ihre gewohnte Unterwäsche und ziehen Sie die Schuhe aus.

Binden Sie eine Schnur um Ihre Taille als Hilfe für die senkrechten Maße. Notieren Sie die Maße in der nebenstehenden Tabelle. Sie werden sie brauchen, wenn Sie ein Schnittmuster auswählen und für den Fall, dass Sie Änderungen vornehmen müssen.

Die wichtigsten Maße

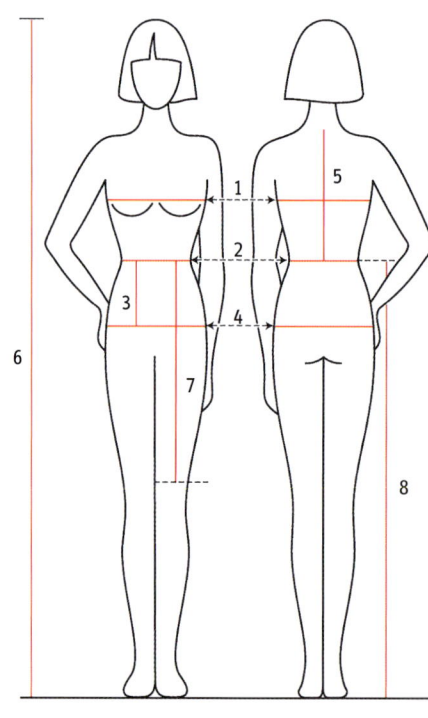

1. **Oberweite**
Messen Sie an der breitesten Stelle der Brust, das Maßband darf am Rücken nicht nach unten rutschen.

2. **Taillenweite**
Nicht einatmen! Legen Sie das Maßband eng, aber bequem, um die Taille.

3. **Taillenhöhe bis Hüfte**
Der Abstand von der Taille bis zur breitesten Stelle Ihrer Hüfte beträgt ungefähr 18 cm bis 21 cm.

4. **Hüftumfang**
Legen Sie das Maßband um die breiteste Stelle Ihrer Hüfte.

5. **Hals – Taillenhöhe**
Messen Sie ab dem Nackenwirbel mittig nach unten bis zur Schnur um Ihre Taille.

6. **Körpergröße**
Ziehen Sie die Schuhe aus und stellen Sie sich mit dem Rücken gegen eine Wand. Legen Sie ein Lineal auf Ihren Scheitel und markieren Sie das Maß mit einem Bleistift an der Wand. Messen Sie von der Markierung bis zum Boden.

7. **Rocklänge**
Ziehen Sie Ihre Schuhe an und messen Sie ab der Schnur um Ihre Taille bis zur gewünschten Rocklänge.

8. **Beinlänge (Hosen)**
Ziehen Sie Schuhe an und messen Sie an der Körperseite ab der Taille bis zum Boden.

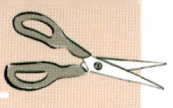
Kinder abmessen

Ein Kind abzumessen kann schwierig sein, denn es steht nicht lange still. Wenn Sie Probleme haben, nehmen Sie die Maße von einem gut sitzenden Kleidungsstück ab und vergleichen Sie sie mit den auf der Schnittmusterpackung angegebenen Maßen. Auf den Packungen für Kinder– und Babykleidung finden Sie auch eine Altersangabe. Da aber die körperliche Entwicklung von Kindern innerhalb einer Altersgruppe äußerst unterschiedlich ablaufen kann, ist es besser, die Körpermaße zu vergleichen. Wenn möglich...

Für Kleinkinder (Babys, die noch nicht laufen können) brauchen Sie nur Körpergröße und Gewicht. Messen Sie die Länge des Kindes, sein Fuß muss im rechten Winkel zum Bein ausgerichtet sein, als ob das Baby steht.

Persönliche Maßtabelle

Schreiben Sie die wichtigsten Körpermaße mit Bleistift in die untenstehende Tabelle. Messen Sie sich etwa alle sechs Monate um sicher zu sein, dass sich keine Maße verändert haben. Notieren Sie in der ersten Spalte Ihre Körpermaße, in der zweiten die Maße auf der Schnittmusterpackung, und die Unterschiede zwischen beiden in der dritten Spalte. Ist der Unterschied größer als 0,5 cm in der Länge und 1 cm in der Breite, sollten Sie das Schnittmuster etwas anpassen (siehe Seite 115).

	Ihre Maße	Schnittmaße	Unterschiede
OBERWEITE			
TAILLENWEITE			
TAILLENHÖHE - HÜFTE			
HÜFTUMFANG			
HALS – TAILLENHÖHE			
KÖRPERGRÖSSE			
SCHNITTMUSTERGRÖSSE			

Was sagt Ihnen das Schnittmuster?

Zusätzlich zu den kommerziellen Schnittmustern gibt es auch frei zugängliche Quellen wie Nähzeitschriften und Bücher. Alle Schnittmuster sind sich ähnlich, doch gibt es Unterschiede in der Darstellung.

Kostenlose Schnitte

Schnittmuster in Handarbeitsheften oder in Büchern wie diesem eignen sich gut als Einstieg in die Schneiderkunst, denn Sie brauchen kein Vermögen für Schnitte auszugeben. Die Tatsache, dass sie nichts kosten heißt nicht, dass sie nichts taugen; manche passen sogar besser als die kommerziellen Schnittmuster.
Sie finden jeweils Folgendes:

TIPP

Wenn keine Stoffbreite angegeben ist, fragen Sie die Verkäuferin um Hilfe. Sie weiß, wie viel Stoff Sie brauchen – doch bedenken Sie, dass Sie in dem Fall nicht auf einen Zuschneideplan zurückgreifen können (siehe Seite 116).

- **Fotos** des fertigen Kleidungsstücks und seine Variationen, zugleich mit den Nähanleitungen Schritt für Schritt, im entsprechenden Buch oder der Zeitschrift.
- **Schnittmuster** auf einem separaten Bogen, meist herausnehmbar, entweder in der Mitte oder am Ende des Buches/der Zeitschrift. Sie müssen die Schnittteile durchpausen, denn meist sind auf beiden Seiten des Papiers viele verschiedene Schnittmuster übereinander gedruckt (siehe Seite 114).
- **Tabelle für Körpermaße und Stoffverbrauch** meist beim Schnittmusterbogen, sie kann aber auch bei den Schritt-für-Schritt Anleitungen zu finden sein. Vergleichen Sie Ihre persönlichen Körpermaße mit denen der Tabelle, um zu wissen, welchen Schnitt Sie durchpausen und wie viel Stoff Sie kaufen müssen.
- Die empfohlenen **Stoffe, Zubehör und Schneidepläne** sind ebenfalls abgedruckt, entweder bei der Anleitung oder auf dem Schnittmusterbogen.

Kommerzielle Schnitte

Solche Schnittpackungen beinhalten drei Teile: den Umschlag, die Anleitung und den Schnitt auf Seidenpapier.

Der Umschlag enthält wichtige Informationen. Auf dem Deckblatt stehen die Modellnummer, die Größe und die Abbildung des Modells mit Variationen - die „Ansichten", die ebenfalls in der Packung zu finden sind. Auf der Rückseite finden Sie die Informationen, die Sie für die Vorbereitungen brauchen und die als Einkaufshilfe dienen. Lesen Sie alles sorgfältig durch.

Auf dem Umschlag
- Eine **Abbildung des fertigen Kleidungsstücks**, sowie die verschiedenen Abwandlungen „Ansichten" davon. Hier finden Sie auch die Angabe über die Schwierigkeitsstufe. Wählen Sie für den Anfang immer ein einfaches Modell.
- Zubehör. Damit sind **Verzierungen, Verschlüsse und Ähnliches** gemeint, die Sie für die Fertigstellung des Kleidungsstücks benötigen.
- **Stoffempfehlung** für die Stoffart, in der das Kleidungsstück am besten wirkt. Dies ist eine Empfehlung des Designers. Damit Sie den richtigen Stoff aussuchen, achten Sie auch auf die Hinweise bezüglich Diagonallinien, Streifen, Karos und Florstoffe.
- Die **Stofftabelle** gibt an, wie viel Stoff Sie für jede Größe und Variation genau einkaufen müssen, bezogen auf verschiedene Stoffbreiten. Die benötigten Mengen von Futterstoff und Belegstoffen (siehe Seite 134) sind ebenfalls angegeben. Ein „Stern"-Hinweis auf den Schnitten gibt an, ob die Stoffangaben für Stoffe mit Musterrichtung gelten, z. B. Stoffe mit oder ohne „Strich" oder beides.
- **Maße des fertigen Modells.** Meist sind die Länge und die Breite der Saumlinie angegeben, doch manchmal auch mehr. Dies ist die Richtlinie für mögliche Anpassungen.

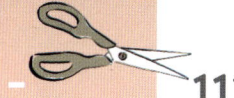
In der Schnittmusterpackung finden Sie auch ein Anleitungsblatt mit folgenden Informationen

- Umrisszeichnungen aller Modelle
- Schnittübersicht
- Zuschneideplan
- Nähanleitung Schritt-für-Schritt, mit zusätzlichen wichtigen Angaben zur Benutzung des Schnitts.

Selbstverständlich ist hier auch der Schnitt auf Seidenpapier. Jedes Schnittteil ist einzeln abgedruckt, wodurch nichts abgepaust werden muss.

Der größte Unterschied zwischen einem kommerziellen und einem kostenlosen Schnitt ist, dass es kommerzielle Schnitte nicht nur für verschiedene Körpermaße, sondern auch für unterschiedliche Figurtypen gibt. Weibliche Figuren unterscheiden sich sehr voneinander und es liegt im Interesse der Schnitthersteller, so viele passende Modelle wie möglich anzubieten.

Körperformen

Nachdem Sie Ihre Körpermaße festgestellt haben, müssen Sie Ihre Körperform zuordnen. Die Figurtypen finden Sie meist auf der Rückseite des Schnittmusterbuches. Bei allen ist die Körpergröße der Gradmesser, aber wichtiger sind jedoch die Maße Hals-Taille und Taille-Hüfte. Körperformen sind zwar nicht vom Alter abhängig, doch ein ungefährer Hinweis auf die Altersgruppe kann durchaus hilfreich sein. Bleiben Sie wenn möglich beim zutreffenden Figurtyp, damit Ihre Kleidungsstücke gut sitzen.

Damen, Damen Petite und Damen Plus

„Damen" (M) gilt für die durchschnittliche Frauenfigur – 165 bis 167 cm Körpergröße ohne Schuhe, bei voll entwickelter Figur mittlerer Größe. Die Hüften liegen ca. 20 cm unterhalb der Taille und die Hals-Taillen-Höhe ist länger als die der anderen Körperformen. „Damen Petite" (K) ist für eine Figur, die überall ca. 2,5 cm kleiner ist als „Damen", die Hüfte liegt ca. 18 cm unterhalb der Taille, bei gleichen Proportionen. „Damen Plus" (G) ist für eine große, voll entwickelte weibliche Figur.

Junior, Mädchen, Mädchen Plus

Diese Bezeichnung gilt für heranwachsende Mädchen mit noch unentwickelter Figur, 157 bis 165 cm groß (ohne Schuhe gemessen) mit kleiner Brust, bei Taille zu Hüfte im Vergleich weniger Unterschied, Taille-Hüft-Abstand 18 cm.

Damen Übergröße

Für die große, eher füllige weibliche Figur, durchschnittlich 165 bis 167 cm groß, Hüfte 20 cm unterhalb der Taille.

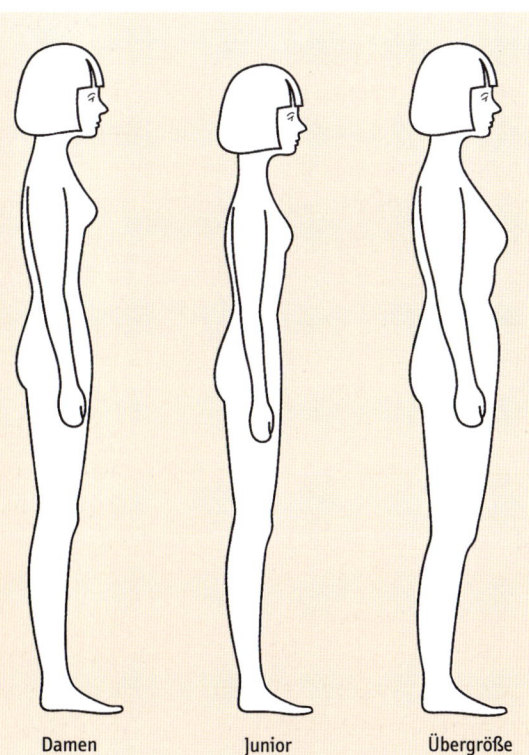

Damen   Junior   Übergröße

Schnittmuster in richtiger Größe

Vergleichen Sie Ihre Körpermaße mit denen der Schnittmustertabelle und ordnen Sie Ihre Körperform zu (nur bei kommerziellen Vorlagen). Ihre Schnittmustergröße wird vorgegeben vom Körperumfang. Suchen Sie also in der Reihe von Brust-, Taillen- und Hüftumfang nach den Maßen, die am ehesten Ihren Maßen entsprechen. Nur wenige von uns haben eine Standardfigur und so gibt es oft Unterschiede zwischen den eigenen Maßen und denen auf der Schnitttabelle. Wählen Sie eine Größe, die an der wichtigsten Stelle des Körpers gut sitzt.

- Für Kleid, Bluse oder Jacke kaufen Sie einen Schnitt, der Ihrer Oberweite angemessen ist. Ändern Sie die anderen Maße, wenn nötig.
- Bei Röcken und Hosen kaufen Sie einen Schnitt, der Ihrem Hüftumfang entspricht und passen Sie die Taillenweite an.
- Wenn Sie einen Mehrfach-Schnitt haben, der für verschiedene Kleidungsstücke gilt, z. B. Bluse, Rock und Hose, wählen Sie den Schnitt, der Ihrer Oberweite entspricht und passen Sie die anderen Maße an. Bei vielen Modellen liegen mehrere Größen in einem Umschlag und das kann eine große Hilfe sein, wenn die Oberweite der einen Konfektionsgröße entspricht und der Hüftumfang einer anderen. Wenn ein großer Unterschied besteht, können Sie zwei Schnitte in verschiedenen Größen kaufen und von jedem die passende Vorlage entnehmen.
- Lassen Sie sich von der Beschreibung des Modells auf der Packung leiten. Eine Bluse könnte mit „körpernah", „normale Passform" oder „weite Passform" beschrieben sein. Wenn Sie also keine weite Bluse nähen möchten, wählen Sie eine kleinere Größe oder ein anderes Modell.

Die richtigen Schnittteile

Der Schnittübersicht auf der Packung lässt Sie die Schnittteile, die Sie benötigen, sehr leicht finden. Manchmal hat die Packung keine Schnittübersicht, sondern eine Liste mit allen Schnittteilen. Als letzten Ausweg schauen Sie den Zuschneideplan an (siehe Seite 116), um die Teile identifizieren zu können.

Es sind sieben Teile angegeben
Diese Abbildung ist ein Beispiel. Hier sind alle Teile abgebildet. Es ist angegeben, wie oft welches Teil zugeschnitten werden muss und wo es verlängert wird. Die Teile sind der Reihe nach mit der Bezeichnung, einer Nummer und der Ansicht abgebildet. Oft gibt es auch einen Hinweis, welches Teil wie aufgelegt wird.

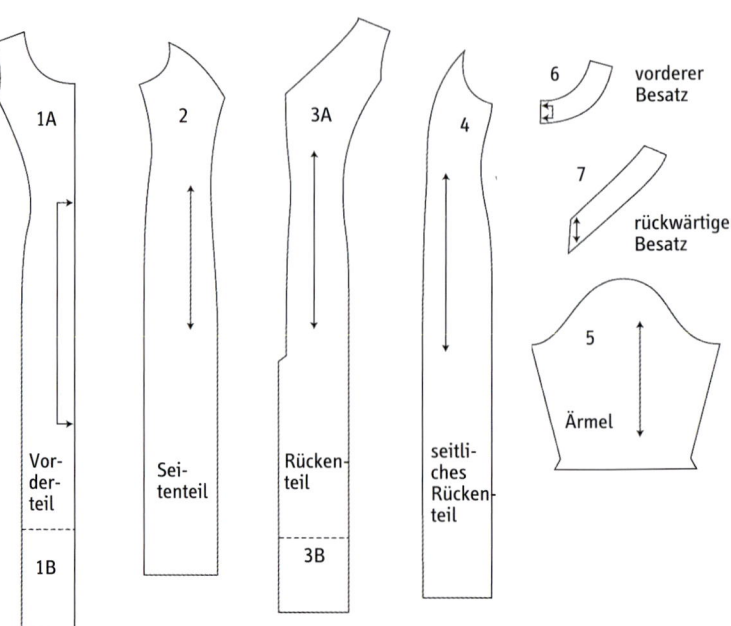

Geheimnisvolle Zeichen

Auf allen Schnittmustern sind Markierungen oder Symbole zu finden, die für jeden Arbeitsschritt sehr wichtig sind. Diese Markierungen sind auf allen Mustern ziemlich gleich und Sie sollten ihre Bedeutung kennen. Es gibt zweierlei Zeichen: die Markierungen für die Vorbereitung und das Zuschneiden, und die Konstruktionsmarkierungen. Dies sind die wichtigsten:

Markierungen für das Zuschneiden

Sie sind hilfreich beim Zuschneiden, beim Ändern der Maße für einen besseren Sitz des Kleidungsstücks (siehe Seite 115) und beim ordnungsgemäßen und sparsamen Auslegen der Teile auf Ihrem Stoff.

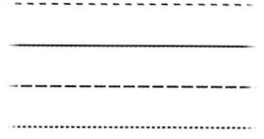

Schneidelinien

Mehrgrößenschnitte haben unterschiedliche Umrisslinien für jede Größe. Beachten Sie den Schlüssel und finden Sie die richtige Linie für Ihre Größe. Folgen Sie an jedem Teil sorgfältig der entsprechenden Linie.

Änderungslinien

Zwei Parallellinien zeigen, wo ein Schnittteil verlängert oder verkürzt werden muss.

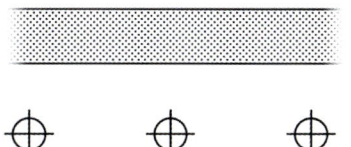

Ansatzmarkierungen

Diese brauchen Sie dann, wenn zwei Teile aneinander geklebt werden müssen, um ein komplettes Teil zu erhalten. Die Symbole können je nach Anbieter unterschiedlich aussehen, vielleicht sind es eine schattierte Linie (oben) oder durchkreuzte Kreise (unten) an den Kanten, an welche eine andere angesetzt wird. Überlappen Sie die entsprechenden Teile und stellen Sie das vollständige Teil her.

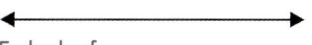

Fadenlauf

Legen Sie diese Linie entlang des geraden Fadenlaufs an, in gleichmäßigem Abstand zur Webkante.

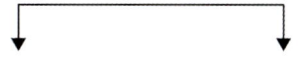

Stoffbruch/Falz

Hier müssen Sie das Schnittteil so anlegen, dass diese Markierung genau auf der gefalteten Kante des Stoffes liegt. Legen Sie den Schnitt hier sehr sorgfältig an, denn es passiert sehr leicht, dass sich die Größe des Stoffteils verändert.

Markierungen für das Nähen

Andere Zeichen zeigen Ihnen, wo die Stoffteile zusammengesetzt werden, wo ein Reißverschluss eingesetzt wird und wo Knöpfe, Taschen und anderes angenäht werden.

Markierungen in Form von Kerben

Sie sind als Dreiecke oder Rauten abgebildet und zeigen die Stellen, an welchen zwei Teile zusammengenäht werden müssen. Manchmal sind die Markierungen in Gruppen von einer oder mehr angeordnet, es gibt aber immer das passende Gegenstück dazu. Auch kleine Kreise oder Vierecke sind extra Passhilfen z. B. für das Einsetzen eines Ärmels in ein Ärmelloch.

Punkte

Die Position z. B. von Taschen, Knöpfen, Reißverschlüssen und Ösen wird mit Punkten gekennzeichnet. Hier wird etwas angenäht oder bis hier abgeschnitten.

Knopf und Knopfloch

Die Linie zeigt die Lage und Länge des Knopflochs, die Position des Knopfes wird durch eine Unterbrechung der Linie oder durch einen Punkt markiert.

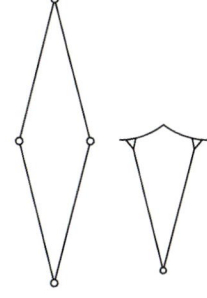

Abnäher

Bei einem Abnäher müssen die Punkte aufeinandergebracht werden (siehe Seite 132). Die durchgezogenen oder unterbrochenen Linien sind die Nählinien, die am Punkt aufeinandertreffen.

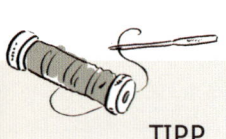
Kostenlose Schnitte durchpausen

Viele Schnittmuster, wie die hier im Buch, sind mehrfach übereinander gelagerte Größen und Modelle auf Vorder- und Rückseite des Bogens. Sie müssen also Ihre benötigten Teile abpausen. Gehen Sie wie folgt vor:

1. Notieren Sie sich, welche Teile Sie benötigen und schauen Sie im Schlüssel nach, welche Linie für Ihre Größe zutrifft.

2. Pausen Sie die richtige Umrisslinie sorgfältig durch (siehe Tipp, links) und schneiden Sie jedes Teil einzeln aus.

3. Legen Sie die ausgeschnittenen Teile zurück auf den Schnittmusterbogen um zu prüfen, ob

Sie wirklich die richtigen durchgepaust haben. Dann übertragen Sie alle Informationen, auch die Namen und Markierungen, auf jedes Teil.

4. Vergewissern Sie sich, dass Sie die Teile, wo nötig, verlängert haben. Kleben Sie in diesem Fall die entsprechenden Schnittteile aneinander und legen Sie die Teile an den Falz des Papiers, wenn angegeben.

Schnitte aus Seidenpapier

Arbeiten Sie ohne Eile, denn Seidenpapier reißt leicht. Bereiten Sie die Teile sorgfältig vor, damit Sie Zeit sparen und Ihre Nerven schonen. Hier einige Tipps:

1. Falten Sie den Schnittmusterbogen auf und finden Sie mit Hilfe der Schnittübersicht alle Teile, die Sie für Ihr Modell und Ihre Größe benötigen. Legen Sie die nicht benötigten Teile in den Umschlag zurück, damit Sie nichts durcheinander bringen.

2 Streichen Sie die Teile glatt und bügeln Sie eventuelle Knitter mit dem warmen, trockenen Bügeleisen weg. Dann schneiden Sie die Teile großzügig außerhalb der Konturen aus. Dies ist hilfreich, falls Sie Änderungen machen müssen.

3. Sollten Ihre Maße nicht mit denen der Maßtabelle des Schnitts übereinstimmen, können Sie jetzt die Passform und/oder die Länge ändern. Nehmen Sie diese Änderungen vor, bevor Sie die Teile endgültig zuschneiden (siehe Seite 112 und gegenüber).

4. Erst wenn Sie mit der Passform und der Länge zufrieden sind, schneiden Sie die Teile an den neu gezeichneten Umrisslinien genau aus.

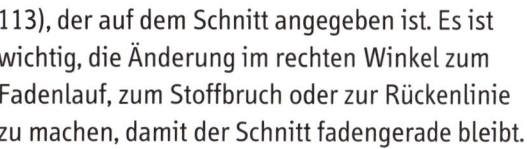

Schnittmuster anpassen

Nachdem Sie ihre Körpermaße notiert (siehe Seite 109) und mit denen der Maßtabelle des aus-
gesuchten Schnittmusters verglichen haben, können Sie entscheiden, ob Sie kleine Änderungen
vornehmen möchten. Meist wird eine Länge verändert. Machen Sie dies als Erstes und sehen Sie
dann erst nach den Taillenmaßen.

Verlängern und verkürzen

Bei vielen Schnitten ist bereits angegeben, wo
diese Änderung vorgenommen werden kann.
Wenn nicht, zeichnen Sie eine gerade Linie
im rechten Winkel zum Fadenlauf (siehe Seite

113), der auf dem Schnitt angegeben ist. Es ist
wichtig, die Änderung im rechten Winkel zum
Fadenlauf, zum Stoffbruch oder zur Rückenlinie
zu machen, damit der Schnitt fadengerade bleibt.

TIPP

Um die Länge von engen
oder ausgestellten Hosen
oder Röcken deutlich
zu verkürzen oder zu
verlängern, zeichnen Sie
eine Verbindungslinie im
rechten Winkel zum Fa-
denlauf. Durchschneiden
Sie das Papier und sprei-
zen Sie das Schnittteil
oder legen Sie eine waa-
gerechte Falte, wie beim
Oberteil links gezeigt.

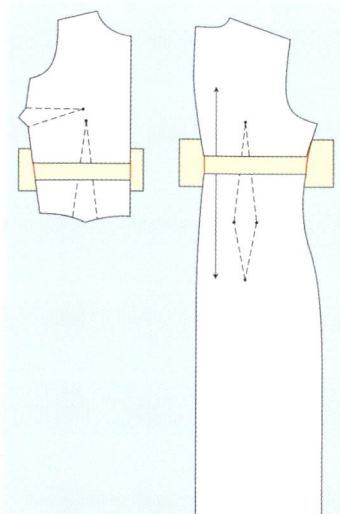

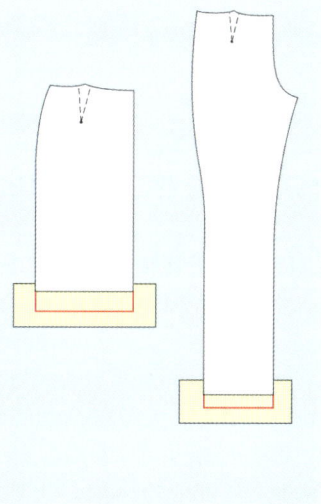

Oberteil verlängern

Schneiden Sie entlang der Änderungslinie und legen Sie ein extra Stück Papier
unter den Schnitt. Schieben Sie die Teile
bis zum gewünschten Maß auseinander,
messen Sie die Lücke und achten Sie darauf, dass der Abstand gleichmäßig bleibt.
Kleben Sie das eingesetzte Papier mit
Klebestreifen fest. Vergessen Sie nicht,
auch alle angrenzenden und dazugehörigen Teile zu ändern. Ziehen Sie die
Seitenlinien nach und bleiben Sie so nah
wie möglich an der Originalform

Oberteil verkürzen

Legen Sie das Papier entlang der
Änderungslinie zu einer gleichmäßig
breiten, waagerechten Falte, halb so hoch
wie die gewünschte Verkürzung. Kleben
Sie die Falte mit einem Klebestreifen fest.
Damit die ursprüngliche Form erhalten
bleibt, zeichnen Sie die Seitennaht neu
und führen Sie die Linie leicht schräg
und glatt auf die Originallinie hinzu.
Ändern Sie auch alle angrenzenden und
dazugehörigen Teile.

Hosen und enge Röcke verlängern

Kleben Sie ein Stück Papier an die untere
Saumlinie und geben Sie das gewünschte
Maß gleichmäßig hinzu. Ändern Sie
auch angrenzende Teile. Zum Verkürzen
schneiden Sie die entsprechende Höhe
an der Saumlinie ab.

Taillenweite verändern

Die Taillenweite von Röcken oder Hosen können Sie ganz leicht an den Seitennähten verengen oder erweitern. Beim Verkleinern mit dieser Methode sollten es aber nicht mehr als 2,5 cm sein, denn sonst verändern Sie das ganze Modell.

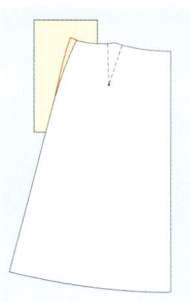

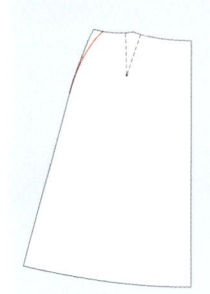

Taille weiter machen

Geben Sie an jeder Seitennaht von Vorder- und Rückenteil jeweils ein Viertel der gewünschten Verbreiterung dazu. Zeichnen Sie die neue Seitennaht spitz zulaufend neu ein.

Taille enger machen

Ziehen Sie von jeder Seitennaht an Vorder- und Rückenteil jeweils ein Viertel der gewünschten Verkleinerung ab. Zeichnen Sie die neue Seitennaht bis zur Hüftlinie spitz zulaufend ein.

Bund entsprechend anpassen

Addieren oder subtrahieren Sie das gleiche Maß wie bei den Seitennähten. Entweder spreizen Sie das Schnittteil um das entsprechende Maß und setzen einen Papierstreifen ein, oder Sie falten die entsprechende Strecke des Papiers weg. Kleben Sie die Falte fest.

Zuschneideplan benutzen

Nun sind die Schnittteile bereit und Sie können den Zuschneideplan studieren. Wir haben das Beispiel von Seite 32 gewählt, an dem Sie sehen, wie der Stoff vorbereitet wird, wo er gefaltet wird und wie die Schere benutzt wird. Ein Zuschneideplan zeigt, wie Sie den Stoff auslegen müssen und wo die einzelnen Schnittteile liegen sollen, um mit der angegebenen Stoffmenge auszukommen. Lesen Sie immer zuerst die Anweisungen für den Zuschneideplan, denn er enthält wertvolle Hinweise zum erfolgreichen Zuschneiden.

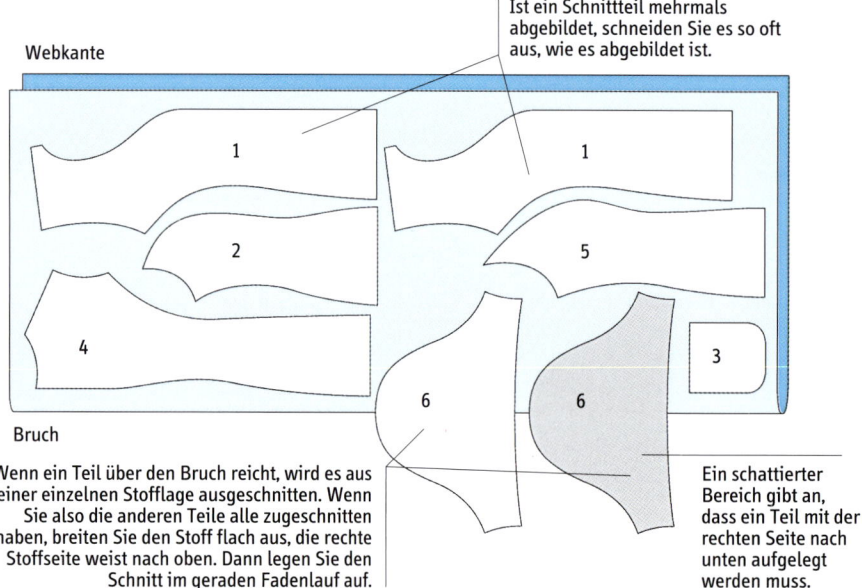

Webkante

Ist ein Schnittteil mehrmals abgebildet, schneiden Sie es so oft aus, wie es abgebildet ist.

Bruch

Wenn ein Teil über den Bruch reicht, wird es aus einer einzelnen Stofflage ausgeschnitten. Wenn Sie also die anderen Teile alle zugeschnitten haben, breiten Sie den Stoff flach aus, die rechte Stoffseite weist nach oben. Dann legen Sie den Schnitt im geraden Fadenlauf auf.

Ein schattierter Bereich gibt an, dass ein Teil mit der rechten Seite nach unten aufgelegt werden muss.

Zuschneideplan lesen

Jeder Plan gibt die Anzahl der Schnittteile an, die für dieses Modell benötigt werden. So können Sie nachprüfen, ob Sie auch keines vergessen haben. Der Plan zeigt, ob Teile verlängert oder verkürzt werden und ob sie auch aus Futterstoff oder Belegstoff (siehe Seite 134) zugeschnitten werden müssen. Finden Sie den Plan für Ihr spezielles Modell, Ihre Größe und die Stoffbreite. Legen Sie die Teile auf Ihrem Stoff aus, wie im Plan gezeigt und denken Sie daran, dass Sie bei kleinen Größen die Teile dichter zusammenschieben dürfen.

Stoffteile zuschneiden

Haben Sie alle Schnittteile ausgebreitet, dürfen Sie ans Zuschneiden gehen. Genauigkeit ist sehr wichtig: Nicht nur, dass das Kleidungsstück dann besser sitzt. Wenn Sie zu weit innerhalb oder außerhalb der Umrisse schneiden, verändern Sie die Größe. Unsere Tipps helfen Ihnen, Fehler zu vermeiden. Hier die Checkliste:

- Ist der Schnitt aus Seidenpapier, stecken Sie die Teile auf dem Stoff fest. Stecken Sie die Stecknadeln in Abständen von ca. 20 cm durch beide Stofflagen, oder beschweren Sie die Teile mit Gewichten.
- Wenn Sie einen Schnitt auf festeres Papier durchgepaust haben, beschweren Sie die Schnittteile mit Gewichten und zeichnen Sie sorgfältig mit Schneiderkreide um alle Umrisse (siehe Seite 22). Nehmen Sie die Gewichte und die Schnittteile weg und stecken Sie knapp innerhalb der gezeichneten Linie die beiden Stofflagen aufeinander.
- Achten Sie darauf, dass der eingezeichnete Fadenlauf absolut parallel zu den Webkanten

liegt. Messen Sie an jeder Pfeilspitze der Fadenlaufmarkierung den Abstand zur Webkante und verschieben Sie das Schnittteil so lange, bis der Abstand stimmt.
- Prüfen Sie, ob die eingezeichneten Bruchlinien wirklich genau auf dem Stoffbruch liegen.
- Bevor Sie zuschneiden, vergleichen Sie noch einmal mit dem Stoffplan, ob alle Teile richtig liegen.
- Wenn Sie die Schnittteile auf dem Stoff festgesteckt haben, schneiden Sie sorgfältig an allen Kanten entlang. Schneiden Sie nichts vom Papier ab und geraten Sie nicht zu weit nach außen. Wenn Sie die Umrisse mit Kreide aufgezeichnet haben, schneiden Sie an den Linien entlang.
- Schneiden Sie Bruchkanten nicht auf!

TIPP
Verlängern Sie die Lebensdauer Ihres Lieblingsschnittes, indem Sie ihn rechtzeitig mit allen Markierungen auf Tapetenpapier übertragen, bevor er unbenutzbar wird.

Markierungen übertragen

Nachdem Sie zugeschnitten haben, übertragen Sie alle Markierungen vom Schnittmuster auf den Stoff. Entfernen Sie erst danach die Stecknadeln oder, wenn Sie das Muster abgepaust haben, legen Sie die Schnittteile wieder genau auf die zugeschnittenen Stoffteile und übertragen Sie die Markierungen.

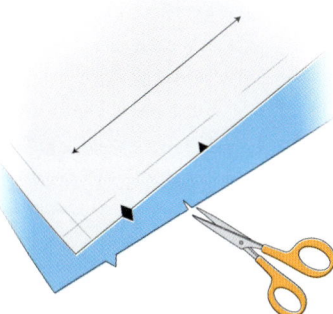

Kleine Kerben schneiden
Sie können an den rautenförmigen Markierungen um die überstehende Ecke herum schneiden, oder Sie können einen kleinen Einschnitt machen. Schneiden Sie an den dreieckigen Markierungen nur 2-3 mm tief in die Nahtzugabe.

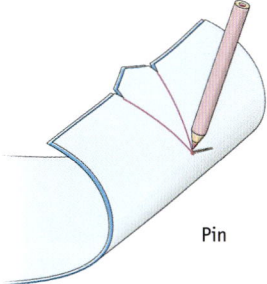

Pin

Punke, Kreise und Abnäher übertragen
Bohren Sie ein kleines Loch in den Papierschnitt und markieren Sie die Stelle mit einem Kreidestift auf der obersten Stofflage. Am Punkt stechen Sie eine Stecknadel senkrecht durch beide Stofflagen und markieren dann auf dem unteren Stoff die Stelle, an der die Stecknadel austritt, wieder mit einem Punkt. Sie können die Linien eines Abnähers auch mit Kreidestift und Lineal aufzeichnen und dann an der Linie entlang nähen (siehe Seite 132).

Hängerkleid für Mädchen

Dieses Kleidchen hat die wahre Flower-Power. Ein lustiger Druckstoff dient als Futter und liefert auch die applizieren Blumen für die Vorderseite. Vervollständigt wird das Kleid mit kleinen Taillenschleifen und passenden Knöpfen an den Schultern.

Alter	2-3	4-5
Größe	92 cm-98 cm	104 cm-110 cm
Brustumfang	53 cm-55 cm	57 cm-59 cm
Taillenumfang	52 cm-53 cm	54 cm-55 cm
fertige Länge (Hals bis Saum)	53 cm	60 cm

Stoffmengen

bei 112 cm Stoffbreite		
Stoff Futter	0,90 m 0,50 m	0,90 m 0,50 m
bei 150 cm Stoffbreite		
Stoff Futter	0,60 m 0,50 m	0,60 m 0,50 m
Aufbügelbares Klebevlies		
	0,20 m	0,20 m

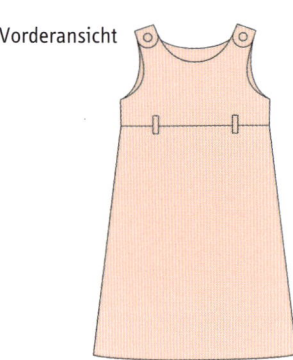

Vorderansicht

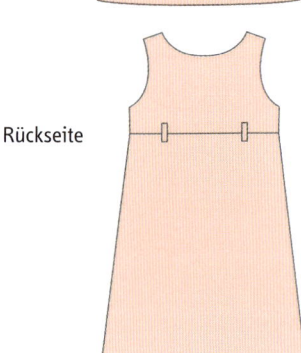

Rückseite

Kleid (alle Größen) bei 112 cm Stoffbreite

Futter (alle Größen) bei 112 cm-150 cm Stoffbreite

45 in. (112 cm)

Farbschlüssel

- linke Stoffseite
- rechte Stoffseite
- Schnitt umgedreht

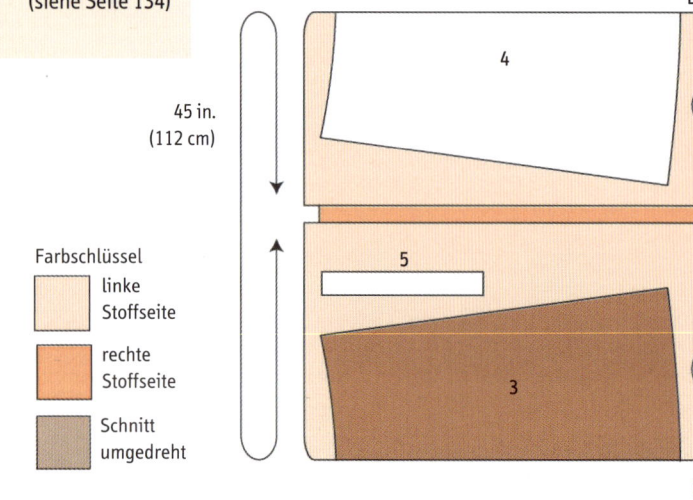

112 cm-150 cm

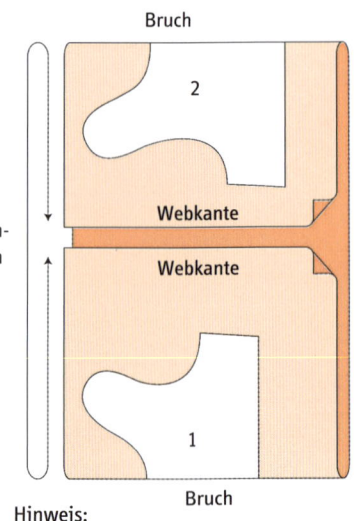

Hinweis:
Bewahren Sie die Stoffreste für die Applikationsblumen auf

Stoff zuschneiden
(Schnittteile 1, 2, 3, 4, 5, 6 und 7)

Hinweis:
Die Stoffmengen und der Zuschneideplan gelten
für Stoffe mit Musterrichtung/Strich. Wenn
Sie andere Stoffe verwenden, können Sie die
Schnittteile dichter legen. Denken Sie aber daran,
alle Teile im geraden Fadenlauf parallel zur
Webkante aufzulegen.

Kleid (alle Größen)
bei 150 cm Stoffbreite

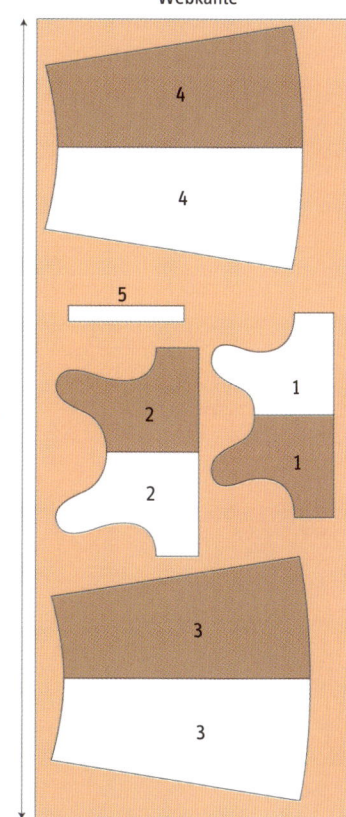

Aufbügelbare Einlage
(90 cm breit)

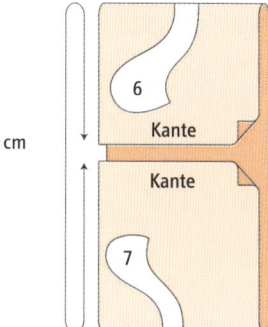

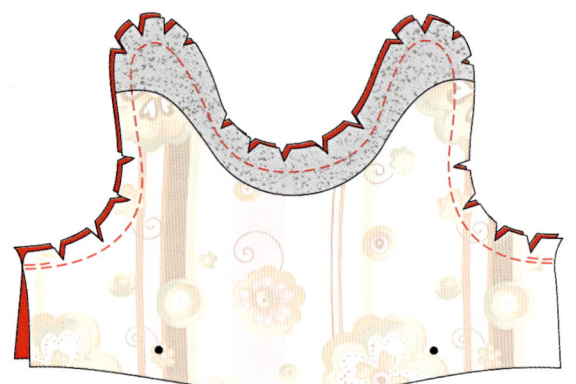

Hinweis
- In den Maßen sind 1,5 cm Nahtzugabe enthalten, falls nicht anders angegeben.
- Nähen Sie die Stoffe rechts auf rechts aufeinander, die Markierungen passend.

1. Folgen Sie dem zutreffenden Zuschneideplan und schneiden Sie alle Stoffteile aus. Bügeln Sie die Einlage auf die Innenseite des Futters für das Oberteil, als Verstärkung für Halsausschnitt und Armausschnitt. Stecken und heften Sie das Vorderteil rechts auf rechts auf das gleiche Teil aus Futterstoff. Beginnen Sie an einer Seitennaht und nähen Sie um Armlöcher und Halsausschnitt, und enden Sie an der anderen Seitennaht. Schneiden Sie die Nahtzugaben einseitig zurück und knipsen Sie sie an den Kurven ein (siehe Seite 43).

2. Wenden Sie das Oberteil auf rechts. Schieben Sie die Nähte ganz an die Kanten und bügeln Sie darüber. Wiederholen Sie die Schritte 1 und 2 mit dem Rückenteil und dem Futter des Rückenteils.

3. Legen Sie Vorderteil und Rückenteil links auf links, die Seitennähte, die Armausschnitte und die offenen Kanten liegen genau aufeinander. Nähen Sie die Seitennähte von Kleid und Futter in jeweils einem Arbeitsgang zusammen. Bügeln Sie die Nahtzugaben auseinander.

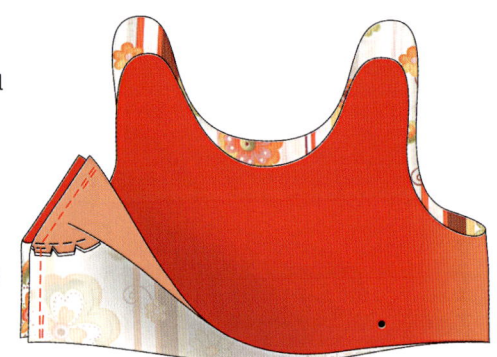

4. Stecken und heften Sie Oberteil und Futter an der Taillenlinie aufeinander. Steppen Sie um Hals- und Ärmelausschnitte.

5. Arbeiten Sie auf jedes der etwas längeren, rückwärtigen Schulterteile ein Knopfloch, wie auf den Schnittteilen eingezeichnet (siehe Seite 68).

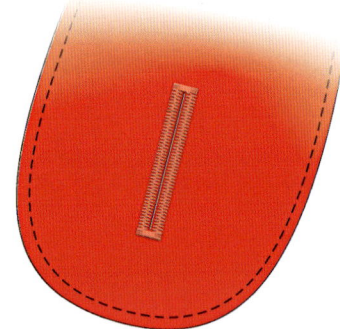

6. Schneiden Sie aus dem restlichen Futterstoff einige Blütenmotive aus und applizieren Sie sie (siehe Foto Seite 119) auf Vorderteil und Rückenteil des Rocks (siehe Seite 83).

7. Stecken und heften Sie Vorderteil und Rückenteil des Rockes rechts auf rechts. Schließen Sie die Seitennähte. Versäubern Sie die Nahtzugaben. Stecken und heften Sie das Oberteil an der Taillennaht an den Rock. Nähen Sie die Taillennaht mit der Maschine. Versäubern Sie die Nahtzugaben und bügeln Sie sie in Richtung Oberteil. Steppen Sie von der rechten Seite her um die Taille, 2 mm oberhalb der Nählinie (siehe Seite 50).

8. Versäubern Sie eine lange Kante der Gürtelschlaufe. Falten Sie die offene Kante 1 cm weit zur linken Stoffseite und bügeln Sie. Bügeln Sie

die versäuberte Kante über die offene Kante, die nun bedeckt ist. Die Schlaufe ist 1 cm breit. Steppen Sie 2 mm neben jeder gebügelten Kante entlang (siehe Seite 50). Schneiden Sie den Schlaufenstreifen in vier gleich lange Stücke.

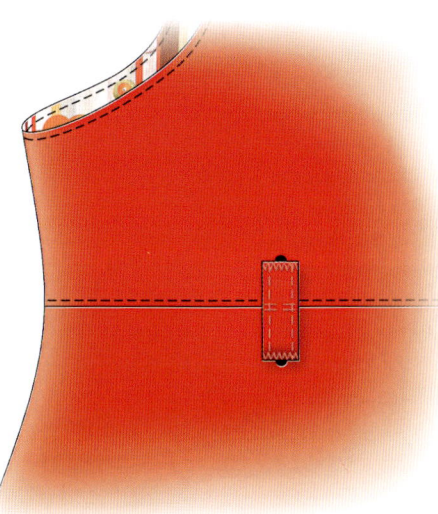

9. Bügeln Sie die kurzen Enden der Gürtelschlaufen nach innen, so dass jede nun 3,5 cm lang ist. Stecken und heften Sie die Schlaufen an das Kleid, die umgeschlagenen Kanten treffen genau auf die Markierungspunkte auf Oberteil und Rock. Stellen Sie einen dichten Zickzackstich ein und nähen Sie die Schlaufen fest. Danach steppen Sie einmal quer über die Mitte jeder Schlaufe und machen Sie Rückstiche an Anfang und Ende der Naht. Dies werden die Tunnel für die beiden Gürtelbänder.

10. Versäubern Sie die Saumkante. Stecken, heften und bügeln Sie den Saum 2 cm weit nach oben. Steppen Sie eine Doppelreihe in 6 mm Abstand am Saum entlang. Nähen Sie auf die vorderen Schulterteile je einen Knopf, wie auf dem Schnittmuster eingezeichnet (siehe Seite 65). Ziehen Sie die Bänder durch die Gürtelschlaufen. Nun ist das Kleidchen fertig.

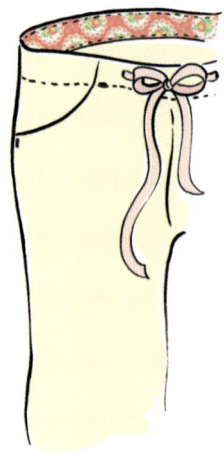

Innentaschen und Tunnel

Nun betrachten wir die Innentaschen – also die Taschen, die in Seitennähte eingearbeitet sind oder die schicken Hüfttaschen von Jeans. Wir sprechen auch über Tunnel und meinen damit jene auf der linken Stoffseite, durch die man Gummizüge, ein Band oder eine Vorhangschnur zieht und den Stoff damit rafft. Wenn Sie diese Techniken beherrschen, können Sie die lockere Hose von Seite 128 nähen. Die Hüfttaschen und ein Taillenzug sorgen für Bequemlichkeit und Schick.

Innentaschen

Innentaschen sind funktionelle Taschen, bei denen die Taschenteile innerhalb des Kleidungsstückes liegen. Sie können als Seitentaschen in eine Naht eingearbeitet sein oder als Hüfttaschen von der Taillen- zur Seitennaht reichen. Anders als aufgesetzte Taschen, die überall angenäht werden und der Trägerin schmeicheln können, sind Innentaschen rein praktisch und müssen leicht zugänglich sein.

Seitentaschen

Seitentaschen werden in Seitennähte eingearbeitet. Sie können auf zwei verschiedene Arten genäht werden: entweder „angewachsen" als Ausbuchtung des Schnittteils ohne Ansatznaht, oder als angenähte separate Tasche, die an eine dafür vorgesehene Stelle des Kleidungsstückes angesetzt wird. Diese Ansatzstelle ragt ein wenig in die Taschenöffnung hinein, so dass die Ansatznaht nicht sichtbar ist. Für die zweite Methode brauchen Sie etwas weniger Stoff.

Angeschnittene Tasche Hier ist die Tasche Teil des Kleidungsstücks und wird direkt als Ausbuchtung des Schnittteils zugeschnitten. Sie wird zusammen mit der Seitennaht genäht.

1. Stecken und heften Sie die beiden zusammengehörigen Schnittteile rechts auf rechts kantenbündig aufeinander. Nähen Sie die gesamte Naht in einem fortlaufenden Arbeitsgang und drehen Sie den Stoff unter der Nadel. sobald Sie auf die Tasche stoßen (siehe Seite 42). Achten Sie darauf, dass alle Punkte oder Kerben aufeinandertreffen und machen Sie Rückstiche an Anfang und Ende der Naht. Verstärken Sie den Taschenbereich, indem Sie eine zweite Reihe über die erste Naht arbeiten. Beginnen und enden Sie diese Naht vor und nach den Ecken.

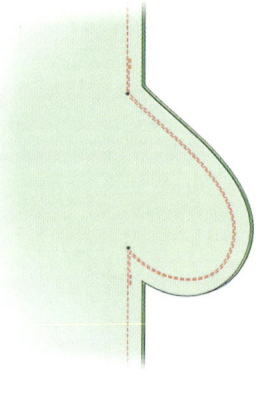

2. Knipsen Sie die Nahtzugaben des Kleiderteiles an den Taschen-Ecken ein. Versäubern Sie die Nahtzugaben des Kleidungsstücks einzeln, versäubern Sie aber die Nähte der Tasche gemeinsam (siehe Seite 46). Bügeln Sie die Nähte des Kleidungsstücks auseinander und die Taschenöffnung zum Vorderteil hin.

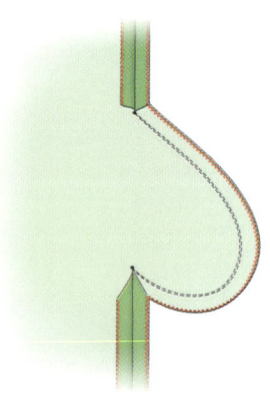

Angesetzte Tasche Bei dieser Methode hat das Kleidungsstück an der entsprechenden Stelle ein vorspringendes Stoffteil, das ein Stück weit in die Tasche hineinragt. Dort werden die Taschenteile angesetzt. Die Taschenteile können aus Futterstoff genäht werden, was die Tasche flacher macht und außerdem weniger Stoff verbraucht.

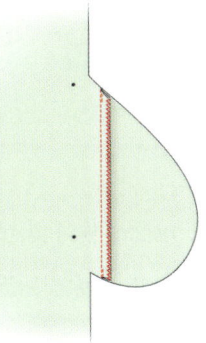

Stecken und heften Sie jedes Taschenteil an das entsprechende hervorstehende Stoffteil des Schnitts. Passen Sie die Markierungen aufeinander und schließen Sie die Naht. Schneiden Sie die Nahtzugaben auf 1 cm zurück, versäubern Sie sie gemeinsam und bügeln Sie sie in Richtung des Taschenteils. Nähen Sie weiter, wie bei der angeschnittenen Tasche (Schritte 1 und 2) beschrieben.

Hüfttaschen

Vordere Hüfttaschen werden hauptsächlich an Hosen und Röcke genäht. Die Form der Öffnung kann eckig oder gebogen sein, gerade oder im Winkel, und wird meist dekorativ abgesteppt. Alle Hüfttaschen bestehen aus dem Taschenhintergrund, der ein Teil des Kleidungsstücks ist, und einem Taschenstoff. Der Hintergrund wird in der Regel aus Kleiderstoff, der Innenteil aus Futterstoff zugeschnitten. Ist Ihr Stoff dünn bis mitteldick, kann die Innentasche auch aus Kleiderstoff gearbeitet werden. Die Taschenöffnung wird meist verstärkt (siehe Seite 134), damit sie nicht ausleiert.

1. Schneiden Sie einen 2,5 cm breiten Streifen aufbügelbare Einlage in der Form der Taschenöffnung zu. Bügeln Sie die Einlage auf die linke Seite des vorderen Taschenfutters (siehe Seite 134). Stecken und heften Sie die Tascheninnenseiten

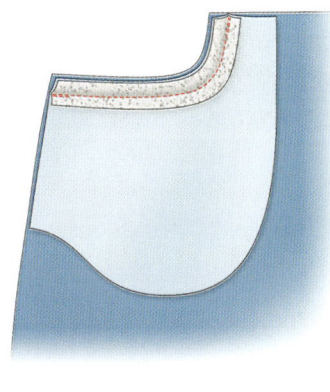

auf das Vorderteil des Kleidungsstücks. Die Taillennaht und die Seitennähte müssen genau kantenbündig liegen. Nähen Sie die Kanten zusammen und machen Sie Rückstiche an Anfang und Ende der Naht.

2. Schneiden Sie die Nahtzugaben einseitig zurück und knipsen Sie in die Nahtzugaben der Kurvennähte (siehe Seite 43). Dann bügeln Sie die Nahtzugaben in Richtung des Futterstoffs. Nähen Sie die Nahtzugaben zum

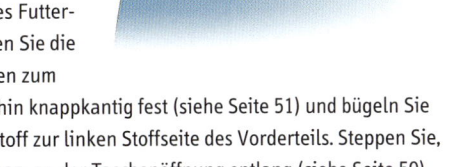

Futterstoff hin knappkantig fest (siehe Seite 51) und bügeln Sie den Futterstoff zur linken Stoffseite des Vorderteils. Steppen Sie, nach Belieben, an der Taschenöffnung entlang (siehe Seite 50).

3. Stecken und heften Sie die Taschenrückseiten rechts auf rechts entlang der langen, gerundeten Kanten auf die dazugehörigen Tascheninnenseiten. Nähen Sie beides aufeinander und machen Sie Rückstiche an Anfang und Ende der Naht. Versäubern Sie die Nahtzugaben gemeinsam.

4. Heften Sie die Taschen vorn an die Taillennaht des Kleidungsstücks und an die Seitennaht. Verstärken Sie das Ende der Taschenöffnung mit einer kurzen Reihe von dichten Zickzackstichen (siehe Seite 44), setzen Sie die Stiche dicht neben und parallel zu den Taillen- und Seitennähten.

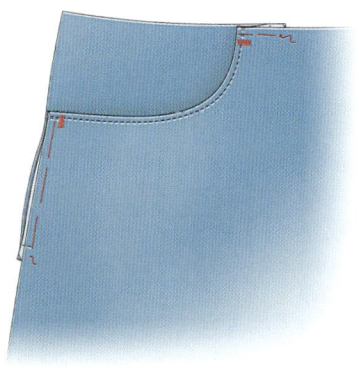

TIPP
Wenn Sie einen Schnitt an der Taillennaht geändert haben, dürfen Sie nicht vergessen, auch die Taschen anzupassen.

Tunnel und Tunnelbund

Tunnel werden oft gar nicht bemerkt, sind aber sehr wichtig und eine geeignete Möglichkeit, einen Stoff mit einem Gummi zu raffen oder einen Vorhang über einen Draht oder eine Stange zu schieben. Ein Tunnel ist eine Röhre aus Stoff. Es gibt zwei Arten davon, einen gefalteten Tunnel und einen aufgenähten. Beide können entweder auf einen flachen Stoff mit offenen Enden gearbeitet sein, z. B. bei Vorhängen, in die man einen Stab einschiebt, oder in umlaufender Runde, wie bei Ärmelbündchen und als Rockbund. Ein Tunnel muss 6 mm breiter sein als das, was durchgezogen/geschoben wird.

Gefalteter Tunnel

Hier wird ein extra breiter Ansatz des Stoffes wie ein Saum nach innen geschlagen und festgenäht. Dies wird bei geraden Kanten gemacht und eignet sich besonders gut für die Taille von Röcken mit Gummizug und für den Kopf an der Oberkante eines Vorhangs. Es kann ein einfacher Tunnel sein oder einer mit Kopf, der über den Tunnel hinausragt und später, wenn die Schnur oder Stange durch den Tunnel geschoben wurde, eine hübsche Rüsche bildet. Dies sieht besonders schön aus bei dünnen Stores und an Röcken und Hosen für kleine Mädchen.

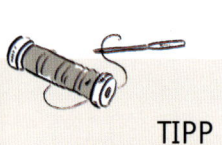

Flacher gefalteter Tunnel Dies ist der gebräuchlichste von allen, denn die Enden werden offen gelassen. Es ist ganz leicht, ein Band, eine Stange oder einen Vorhangdraht durch den Tunnel zu schieben. Meist wird er entlang einer geraden Stoffkante genäht. Die Seitenkanten am Ende des Tunnels müssen vorab versäubert worden sein.

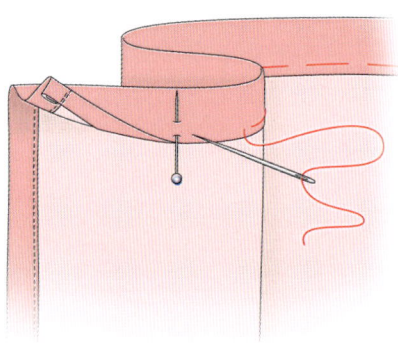

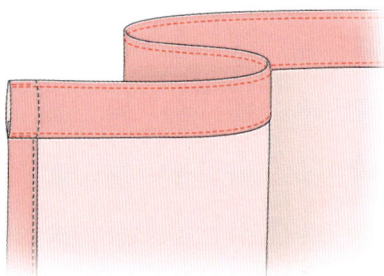

1. Falten und bügeln Sie die Nahtzugabe der oberen Stoffkante 6 mm weit zur linken Stoffseite hin. Falten Sie den Tunnel in gewünschter Breite zur linken Seite hin und stecken und heften Sie ihn fest.

2. Nähen Sie die untere Kante des Tunnels fest und machen Sie Rückstiche an Anfang und Ende der Naht. Nähen Sie auch an der Oberkante des Tunnels knappkantig entlang, mit sichernden Rückstichen an Anfang und Ende der Naht.

Umlaufender Tunnel Bei einem umlaufenden Tunnel benötigen Sie eine Öffnung, durch die ein Gummiband gezogen werden kann. Lassen Sie entweder ein Stück der Naht offen oder arbeiten Sie noch vor dem Annähen des Tunnels ein Knopfloch (siehe Seite 68) zum Durchziehen eines Zugbandes, damit dieses nach außen gezogen werden kann.

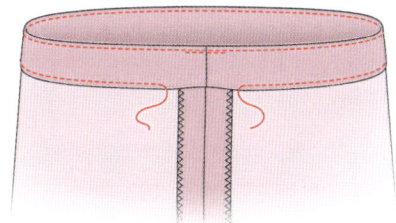

Tunnel für ein Zugband

Arbeiten Sie zwei Knopflöcher an die auf dem Schnittmusterbogen markierten Stellen und folgen Sie Schritt 1 des gefalteten Tunnels. Nähen Sie mit der Maschine die Unterkante fest und überlappen Sie die Stiche am Ende, um sie zu sichern. Nähen Sie eine zweite Naht knapp an der Oberkante des Tunnels entlang, wieder mit überlappenden Naht-Enden. Über das Einziehen eines Bandes lesen Sie auf Seite 127.

Tunnel für ein Gummiband

Folgen Sie Schritt 1 des flachen Tunnels. Nähen Sie an der Unterkante des Tunnels entlang. Lassen Sie ein Stück der Naht offen. Durch diese Öffnung wird später das Gummiband eingezogen. Nähen Sie eine zweite Naht knapp an der Oberkante des Tunnels entlang und überlappen Sie die Naht-Enden. Über das Einziehen eines Gummibandes lesen Sie auf Seite 127.

Tunnel mit Kopf Ein Tunnel mit Kopf wird ziemlich gleich wie der flache und der umlaufende Tunnel genäht, er hat aber eine extra breite Oberkante, die den Kopf bildet. Wenn Sie einen flachen Tunnel mit Kopf planen, rechnen Sie zur Tunnelhöhe die doppelte Kopf-Höhe dazu.

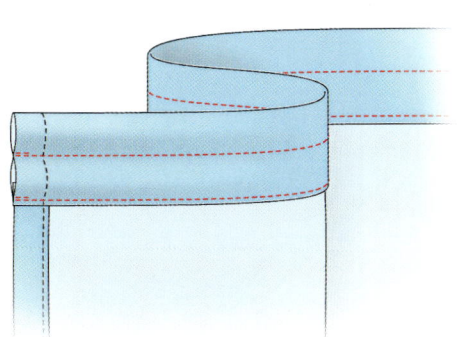

Folgen Sie den Anweisungen für den flachen Tunnel, ohne die knappkantige Naht an der Oberkante zu nähen. Stattdessen messen Sie die Höhe des gewünschten Tunnels ab der Unterkante nach oben und heften Sie auf dieser Linie entlang. Nähen Sie auf der Heftlinie und machen Sie Rückstiche oder überlappen Sie Anfang und Ende der Naht. Entfernen Sie die Heftfäden.

Angesetzter Tunnelbund

Ein gefalteter Tunnel ist nicht immer geeignet, vor allem dann nicht, wenn Sie an einem Kleidungsstück Hüfttaschen haben, die bis an die Taillennaht reichen. Hier ist ein angesetzter Tunnelbund ratsam. Das ist ein extra Streifen Stoff, der im geraden oder schrägen Fadenlauf geschnitten wurde (siehe Seite 132). Er eignet sich sehr gut für geformte Taillenkanten und für Kleider, die in Taillenhöhe gerafft werden sollen.

Wie Sie die Höhe des Bundes berechnen
Ihr Bund sollte mindestens 6 mm höher sein als das, was Sie einfädeln möchten, plus 2 cm für die Nahtzugaben. Die Länge wird durch den Umfang des Kleidungsstückes an dieser Stelle (z. B. Taille) vorgegeben, plus 2 cm für die umgeschlagenen Säume an jedem Ende.

Tunnelbund um eine Taille
Diese Bundbänder werden normalerweise umlaufend angesetzt. Sie brauchen keine Öffnung in der Naht für einen Gummizug oder Ähnliches, denn die Enden treffen auf eine Naht, wo von selbst eine Öffnung bleibt.

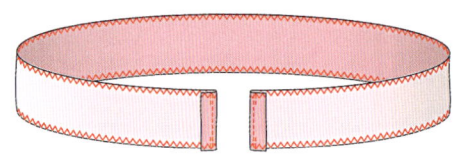

1. Lesen Sie die Berechnung für einen Tunnelbund (links oben) und schneiden Sie einen Stoffstreifen im geraden Fadenlauf zu, oder im schrägen Fadenlauf, wenn der Bund im Bogen führt. Versäubern Sie die langen Kanten des Streifens (siehe Seite 44). Bügeln Sie die kurzen Enden 1 cm weit zur linken Stoffseite und nähen Sie sie fest.

Tunnelbund an einer Taillenkante
Solche Bünde an Taillenkanten werden in der Regel an einen Rock mit Gummizug genäht, gelegentlich auch als flacher Tunnel, wenn ein

TIPP
Benutzen Sie anstelle eines selbst hergestellten, ein vorgefaltetes, fertiges Schrägband für einen schnellen Tunnelbund.

1. Folgen Sie Schritt 1 der oben beschriebenen Version, versäubern Sie aber nur die untere lange Kante des Stoffstreifens und schneiden Sie die obere Nahtzugabe auf 1 cm zurück. Beginnen und enden Sie an einer Seitennaht. Stecken und heften Sie den Streifen rechts auf rechts an der Oberkante des Kleidungsstücks fest. Nähen Sie den Streifen an und überlappen Sie Anfang und Ende der Naht. Schneiden Sie die Nahtzugabe bis auf 6 mm zurück und entfernen Sie die Heftfäden.

Wenn Sie ein Zugband einplanen, müssen Sie auch hier Knopflöcher arbeiten, wie auf dem Schnittmuster eingezeichnet. Ein Tunnelbund kann innen oder außen auf ein Kleidungsstück genäht werden. In diesem Buch zeigen wir einen innen aufgenähten Bund.

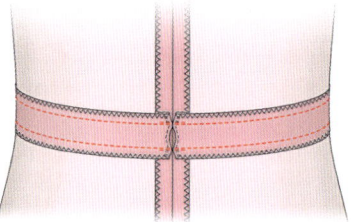

2. Beginnen und enden Sie an einer Seitennaht und legen Sie den Streifen mit der rechten Seite nach oben auf die linke Seite des Kleidungsstücks, wie auf dem Schnittmuster eingezeichnet. Stecken und heften Sie den Tunnel an und nähen Sie im Abstand von 1 cm an den versäuberten langen Kanten entlang. Überlappen Sie die Naht an Anfang und Ende. Über das Einziehen eines Gummibandes oder einer Zugschnur lesen Sie auf Seite 127 gegenüber

Reißverschluss mit dabei ist, doch diese Technik ist etwas aufwändig und wir gehen in diesem Buch nicht darauf ein.

2. Falten Sie den Bundstreifen zur linken Seite des Kleidungsstücks. Stecken und heften Sie die Unterkante fest. Nähen Sie 1 cm innerhalb der unteren versäuberten Kante entlang. Steppen Sie knapp unterhalb der Oberkante noch einmal rundum und überlappen Sie die Naht an Anfang und Ende. Für das Einziehen eines Bandes oder Gummizugs lesen Sie Seite 127 gegenüber.

Etwas in einen Tunnel einziehen

In einen Tunnel werden meist Gummibänder, Zugbänder eingezogen, oder mit Plastik überzogene Drähte und Stangen bei Vorhängen eingeschoben. Das Gummiband muss fest sein, darf sich nicht einrollen und wird etwas kürzer abgeschnitten als die Länge des Tunnels in welchen es eingezogen

wird. Zugbänder können ein Band, ein Lederstreifen oder eine Kordel sein, oder aus Stoff genäht werden. Die Länge hängt davon ab, wie Sie es an der Taille schließen möchten. Es ist ratsam, ein Zugband zuerst einzuziehen und dann erst die Enden abzuschneiden.

Zugbänder

Befestigen Sie eine Sicherheitsnadel an einem Ende des Bandes. Schieben Sie sie durch eines der Knopflöcher und weiter um die gesamte Taille, bis die Sicherheitsnadel am anderen Knopfloch wieder herauskommt.

Vorhangstangen und Spanndrähte

Bringen Sie an jedem Ende des Spanndrahts eine Schraub-Öse an und schieben Sie ein Ende durch den Tunnel, bis es auf der anderen Seite wieder auftaucht. Raffen Sie dabei den Stoff. Alternativ schieben Sie die Vorhangstange durch und raffen Sie den Stoff auf der Stange.

Gummibänder

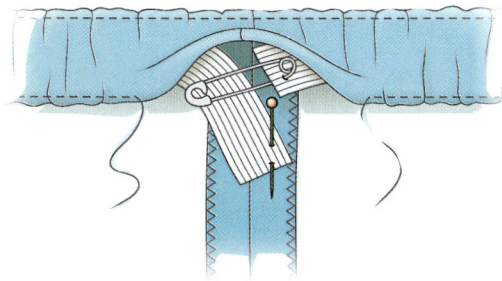

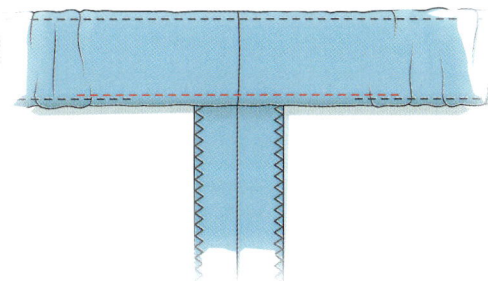

In umlaufende Tunnel einziehen

Befestigen Sie eine Sicherheitsnadel an einem Ende des Gummibandes und stecken Sie das andere Ende am Kleidungsstück fest, damit es nicht versehentlich in den Tunnel gezogen wird. Schieben Sie die Sicherheitsnadel durch den Tunnel, ohne dass das Gummiband sich verdreht. Passen Sie die Länge des Gummibandes an das entsprechende Körpermaß an, überlappen Sie die Enden und nähen Sie sie kastenförmig aufeinander (siehe Seite 63). Schneiden Sie überstehende Enden ab.

Umlaufenden Tunnel mit Maschine schließen

Dehnen Sie das Gummiband leicht, damit Ihre Arbeit flach bleibt und nähen Sie an der Unterkante entlang. Überlappen Sie Anfang und Ende des Gummibandes und nähen Sie darüber ohne das restliche Band zu erfassen.

Tunnel von Hand zunähen

Schießen Sie die Öffnung der Naht mit Blindstichen (siehe Seite 49). Fassen Sie beim Nähen keinesfalls das Gummiband mit.

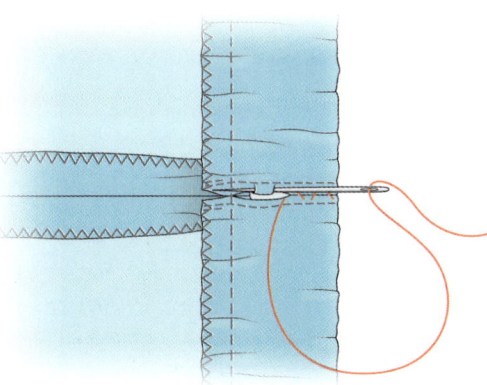

Hose mit Bindeverschluss

Diese Hose ist aus feinem, weichem Leinen genäht, mit schön abgesteppten Hüfttaschen und einem Zugbund. Die Hose ist für den Urlaub oder für ein entspanntes Wochenende genau das Richtige.

Stoffvorschlag

- Hose: weiches Leinen und Baumwolle, Viskose, sandgewaschene Seide. Vermeiden Sie Karos und große Druckmuster.
- Kontrastierender Taillentunnel und Zugband: feine Baumwolle, uni oder gemustert

Sie benötigen außerdem

- Hosenschnitt vom Schnittmusterbogen am Ende dieses Buches abgepaust (siehe Seite 114)
- dünne aufbügelbare Einlage (siehe Seite 134)
- farblich passendes Nähgarn

Größentabelle

Konfektionsgröße	US 6/UK 8/D 36	US 8/UK 10/D 38	US 10/UK 12/D 40	US 12/UK 14/D 42	US 14/UK 16/D 44	US 16/UK 18/D 46
Taillenweite	61 cm	64 cm	67 cm	71 cm	76 cm	81 cm
Hüftweite	85 cm	88 cm	92 cm	97 cm	102 cm	107 cm
Fertige Länge (Taille bis Saum*)	105 cm	105,5 cm	106 cm	106,5 cm	107 cm	107,5 cm

* Die Oberkante dieser Hose liegt 4 cm tiefer als die natürliche Taillenlinie.

Stoffmengen

bei 112 cm Stoffbreite						
Hauptstoff	2,40 m	2,40 m	2,50 m	2,50 m	2,50 m	2,50 m
Kontraststoff	0,70 m	0,80 m	0,80 m	0,90 m	0,90 m	0,90 m
bei 150 cm Stoffbreite						
Hauptstoff	1,60 m	1,60 m	1,60 m	2,10 m	2,20 m	2,20 m
Kontraststoff	0,70 m	0,80 m	0,80 m	0,90 m	0,90 m	0,90 m
Aufbügelbare Einlage, 90 cm breit						
	0,20 m	0,20 m	0,20 m	0,20 m	0,20 m	0,20 m

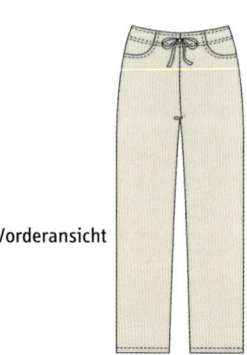

Vorderansicht

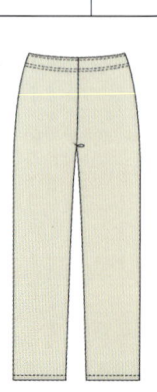

Rückenansicht

Stoffe zuschneiden

Verwenden Sie die Schnittteile 1A und 1B, 2A und 2B, 3, 4, 5A und 5B, 6 und 7.

Hose – alle Größen
bei 112 cm Stoffbreite

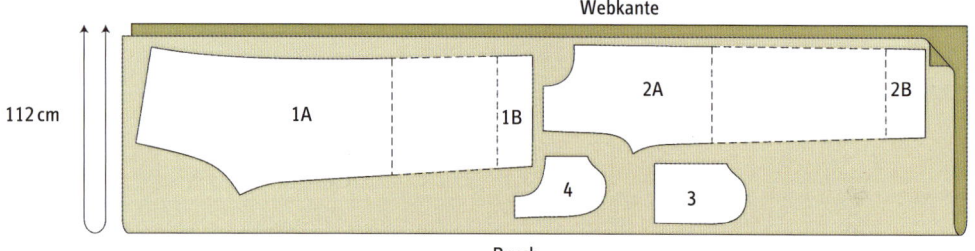

Webkante

112 cm

1A
1B
2A
2B
4
3

Bruch

Farbkennung

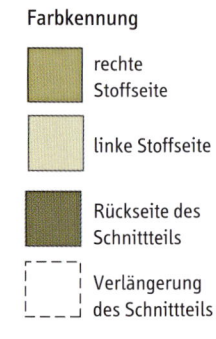

rechte Stoffseite

linke Stoffseite

Rückseite des Schnittteils

Verlängerung des Schnittteils

Hose – bis Größe 40
bei 150 cm Stoffbreite

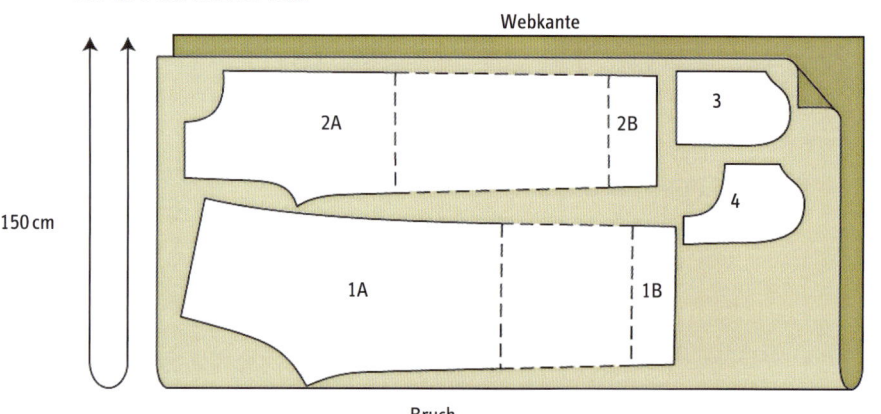

Webkante

150 cm

2A
2B
3
4
1A
1B

Bruch

Einlage – für alle Größen
90 cm breit

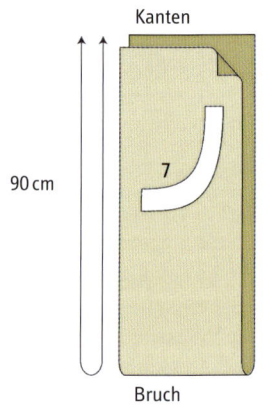

Kanten

90 cm

7

Bruch

Hose – ab Größe 40
bei 150 cm Stoffbreite

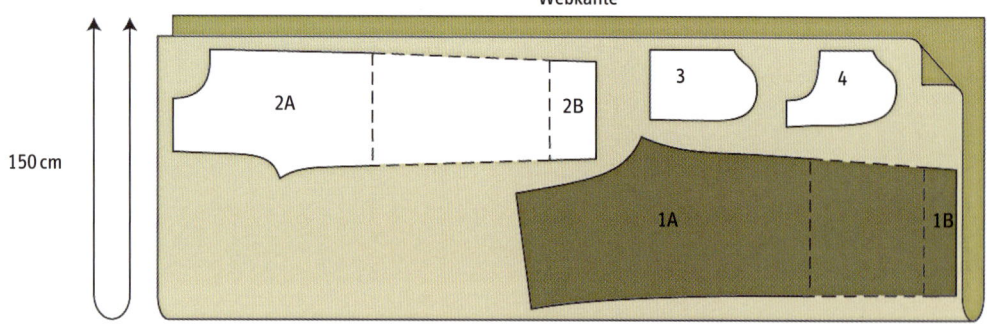

Webkante

150 cm

2A
2B
3
4
1A
1B

Bruch

Hinweis

- Alle Maße sind inklusive 1 cm Nahtzugabe, wenn nicht anders angegeben.
- Die Stoffe rechts auf rechts zusammennähen, wenn nicht anders angegeben, und alle Markierungen übertragen.

Hinweis

Die Stoffmengen und der Zuschneideplan gelten für Stoffe mit Musterrichtung/Strich. Wenn Sie einen Stoff ohne Musterrichtung/Strich verwenden, können Sie die Schnittteile eventuell dichter legen: Doch der Fadenlauf muss in jedem Fall gerade liegen.

Kontraststoff für Tunnelbund und Bindeband – für alle Größen
112 cm-150 cm breiter Stoff

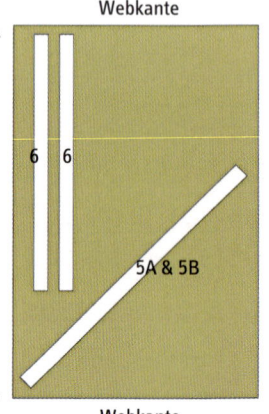

Webkante

112 cm-150 cm

6
6
5A & 5B

Webkante

1. Wählen Sie den richtigen Zuschneideplan und schneiden Sie alle Teile aus Haupt- und Kontraststoff und dem Einlagenmaterial (siehe Seite 117). Schneiden Sie zwei 3 cm x 3 cm große Quadrate aus Einlagenstoff zu. Bügeln Sie sie auf die linke Stoffseite des Vorderteils der Hose, dort wo die Knopflöcher eingezeichnet sind (siehe Seite 134). Nähen Sie die Knopflöcher und schneiden Sie sie auf (Seite 68).

2. Nähen Sie die beiden Hüfttaschen nach den Schritten 1, 2 und 3 der Anleitung auf Seite 123. Steppen Sie die beiden oberen Taschenkanten knappkantig ab (siehe Seite 52). Heften Sie die Taschen an den Taillen- und Seitenkanten an die Hosen-Vorderteile.

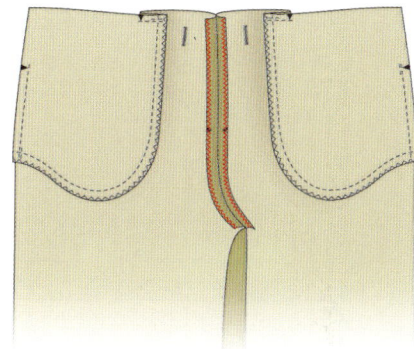

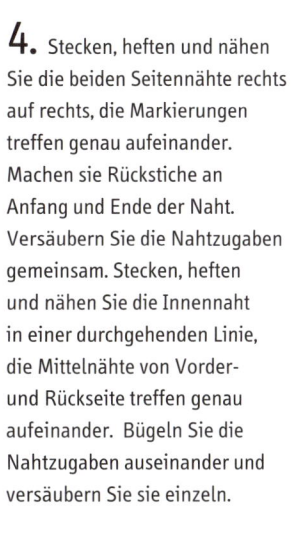

3. Stecken, heften und nähen Sie die vordere Mittelnaht und die hintere Mittelnaht rechts auf rechts, die Markierungen liegen genau aufeinander. Machen Sie Rückstiche an Anfang und Ende der Naht. Bügeln Sie die Nahtzugaben auseinander und versäubern Sie die Kanten einzeln (siehe Seite 44).

4. Stecken, heften und nähen Sie die beiden Seitennähte rechts auf rechts, die Markierungen treffen genau aufeinander. Machen sie Rückstiche an Anfang und Ende der Naht. Versäubern Sie die Nahtzugaben gemeinsam. Stecken, heften und nähen Sie die Innennaht in einer durchgehenden Linie, die Mittelnähte von Vorder- und Rückseite treffen genau aufeinander. Bügeln Sie die Nahtzugaben auseinander und versäubern Sie sie einzeln.

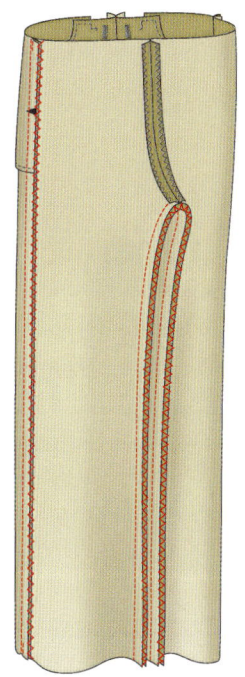

TIPP

Sie können auch, anstatt eine Zugschnur selbst zu nähen, ein 12 mm breites Band oder eine Borte in der Farbe des Tunnelstoffes kaufen.

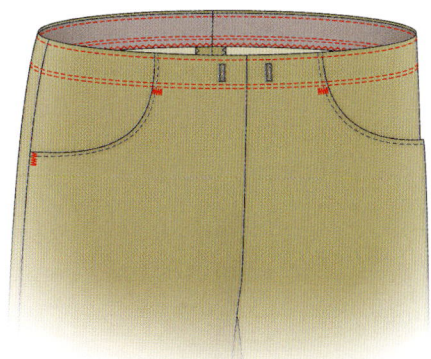

5. Nähen Sie den Tunnelbund an die Taillenkante, wie auf Seite 126 bei „Tunnelbund an eine Taillenkante" beschrieben. Nähen Sie die offenen Kanten des Tunnelbundes mit Blindstichen zu (siehe Seite 49) und arbeiten Sie eine dritte Reihe von Steppstichen an der Unterkante des Tunnelbundes entlang, eine Füßchenbreite oberhalb der unteren Naht. Verstärken Sie die Taschenöffnungen an den Enden mit je einer kurzen Strecke von dichten Zickzackstichen (siehe Seite 18).

6. Nähen Sie die beiden Zugbandteile an einem kurzen Ende zu einem langen Streifen aneinander. Bügeln Sie die Nahtzugaben auseinander. Falten und bügeln Sie die verbleibenden kurzen Enden 1 cm weit nach innen und arbeiten Sie weiter, wie auf Seite 54 „Schrägstreifen nähen" beschrieben. Falten Sie den Streifen der Länge nach mittig links auf links. Steppen Sie die gebügelten Kanten aufeinander und fädeln Sie ihn in den Tunnelbund ein (siehe Seite 127).

7. Versäubern Sie die Saumkanten. Falten Sie die Unterkanten der Hosenbeine 3 cm weit nach innen. Stecken, heften und nähen Sie den Saum dicht entlang der versäuberten Kante fest. Bügeln Sie die Hose. Nun können Sie sie anziehen.

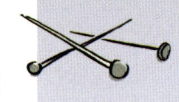

Abnäher und Einlagenstoffe

Wir haben schon bei mehreren Gelegenheiten den Begriff „Einlage" genannt – aber was ist das? In diesem Workshop erklären wir genau was das ist, und auch die Unterschiede zwischen Futter, Beleg, Besatz und Einlage und wann was benötigt wird.

Auch die Abnäher müssen Sie noch lernen. Wir haben sie bereits in Workshop 9 erwähnt. Hier erklären wir Ihnen, wozu Abnäher nötig sind und wie man sie am besten näht. Am Schluss nähen Sie einen schmeichelnden Rock in A-Linie, bei dem Sie Abnäher und Belege brauchen.

Abnäher

Ein Abnäher ist eine genähte Falte in einem Stoff. Er gibt dem Kleidungsstück eine bestimmte Form, so dass es am Körper anliegt. Bei Damenbekleidung werden Abnäher besonders im Bereich der Büste und der Hüfte benötigt, bei aufwändig geschneiderter Garderobe noch zusätzlich an den rückwärtigen Schultern und den Ellbogen.

Es gibt zweierlei Abnäher: die kurzen Abnäher und die Taillenabnäher. Es gibt auch noch französische Abnäher, auf die wir aber in diesem Buch nicht eingehen werden. Wir besprechen nur die beiden Erstgenannten.

Kurze Abnäher

Dies sind spitz zulaufend genähte Falten. Ein kurzer Abnäher ist auf einem Schnittteil als Dreieck mit zwei Nählinien (und manchmal auch mit einer mittleren Faltlinie) angegeben, vielleicht auch mit zwei Kerben an der Kante und einem Punkt an der Spitze (siehe Seite 113).

Einen kurzen Abnäher nähen Die Nählinien müssen genau aufeinandergepasst und dann abgenäht werden. Beachten Sie, dass Abnäher rechts und links an einem Kleidungsstück in Länge und Platzierung spiegelbildlich sein müssen.

1. Übertragen Sie die Markierung für den Abnäher auf die linke Stoffseite, siehe „Markierungen übertragen" auf Seite 117. Arbeiten Sie auf der linken Stoffseite und falten Sie den Abnäher längs durch die Mitte, die Nählinien und anderen Markierungen liegen genau aufeinander. Stecken und heften Sie den Abnäher.

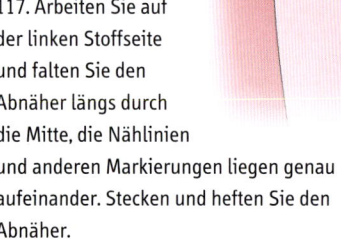

2. Beginnen Sie am breiten Ende des Abnähers und nähen Sie in Richtung der Spitze. Machen Sie am Anfang sichernde Rückstiche. Beenden Sie die Naht an der Spitze, eine Fadenbreite vor dem Endpunkt. Lassen Sie die Fäden mindestens 10 cm lang und verknoten Sie die Enden (siehe Seite 40). Ziehen Sie aber nicht zu fest. Schneiden Sie die Fadenenden bis auf 1 cm zurück.

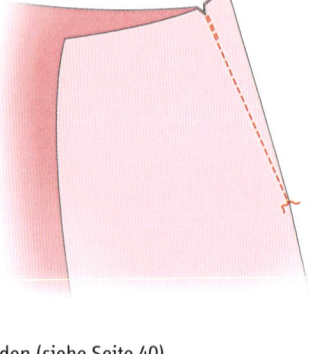

3. Legen Sie den Abnäher zum Bügeln flach auf das Bügelbrett, die Falte des Abnähers weist zur Seite. Bügeln Sie bis zur Spitze, aber nicht weiter, damit Sie nicht den Rest des Kleidungsstücks knittern.

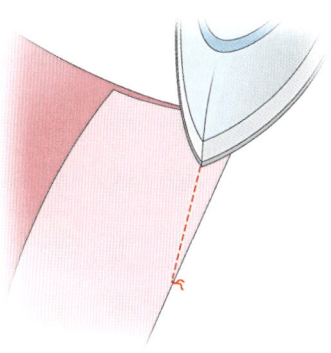

4. Breiten Sie den Stoff aus und bügeln Sie nun den Abnäher in die vorgegebene Richtung. Dies ist meist in Richtung Mitte bei Taillenabnähern und in Richtung Taille bei Brustabnähern.

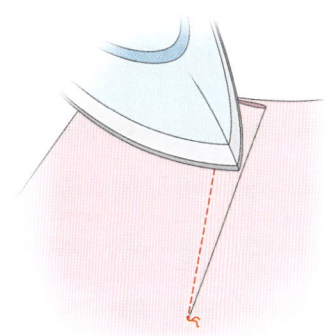

Taillenabnäher

Diese langen Abnäher, die an beiden Enden eine Spitze haben, werden bei figurnahen Kleidern angewendet. Der breiteste Teil des Abnähers liegt in Taillenhöhe und die Spitzen laufen auf Brust und Hüfte zu. bzw. auf den Rücken und die Hüfte zu. Sie sind auf dem Schnittmuster als lange, schlanke Rauten eingezeichnet, mit Nählinie und einigen Passpunkten.

Einen Taillenabnäher nähen

1. Übertragen Sie die Markierungen des Abnähers auf die linke Stoffseite, siehe „Markierungen übertragen" Seite 117. Falten Sie den Stoff rechts auf rechts der Länge nach mittig am Abnäher entlang. Passen Sie alle Punkte aufeinander. Stecken Sie die Nählinie und die Punkte an der Taille

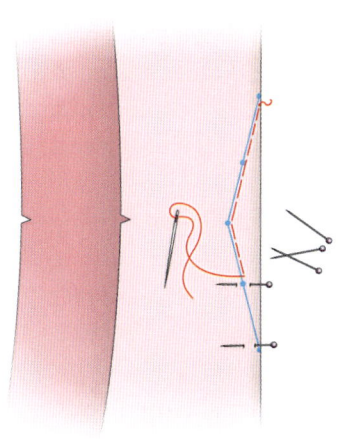

zuerst, dann die an den Spitzen und anschließend die anderen Punkte zusammen. Stecken und heften Sie den Abnäher knapp innerhalb der Nählinien und entfernen Sie die Stecknadeln.

2. Ein Taillenabnäher wird in zwei Arbeitsgängen genäht. Beginnen Sie immer in der Mitte (Taille) und nähen Sie zu den Spitzen hin. Anstelle von Rückstichen überlappen Sie die beiden Naht-Anfänge in der Mitte der Taille. Verknoten Sie die Fadenenden an beiden Spitzen, wie in Schritt 2 „kurzen Abnäher nähen" Seite 132 beschrieben.

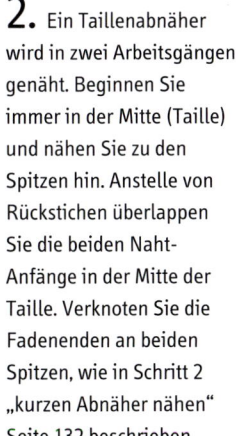

3. Entfernen Sie die Heftfäden und schneiden Sie an der Taillenlinie in den Abnäher, bis auf 3 mm an die Naht heran. So kann sich der Abnäher weich in die Taille schmiegen. Bügeln Sie den Abnäher zur Mitte des Kleides hin.

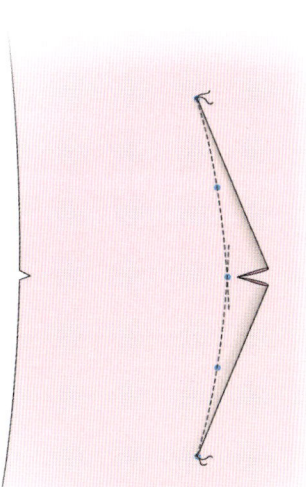

TIPP

Üben Sie die Abnäher zuerst auf einem Probestoff, bevor Sie an das geplante Kleidungsstück gehen. Es ist sehr wichtig, dass die Nähte ganz gerade sind. Abnäherpaare müssen gleich lang sein.

Unterlegte Stoffe

Unterlegte Stoffe sind die verborgenen Stellen, die dem Kleidungsstück seine Form geben und seine Lebensdauer verlängern. Es gibt vier verschiedene Sorten: Beleg (auch Besatz), Innenfutter (auch Zwischenfutter), Futter und Einlage. Jede hat eine bestimmte Funktion, die das Aussehen des Kleidungsstücks beeinflusst. Am bekanntesten und gebräuchlichsten sind Besätze und das Futter. Belege und Einlagen findet man eher bei maßgeschneiderten Kleidungsstücken und wir werden uns nicht sehr genau damit befassen. Doch wenn alle vier benutzt würden, käme zuerst die Einlage, dann das Innenfutter / Zwischenfutter, dann der Beleg / Besatz und zum Schluss das Futter.

Die Tabelle auf der gegenüberliegenden Seite gibt an, welche Sorte wofür benutzt wird und wo sie innerhalb eines Kleidungsstückes zu finden ist. Sie zeigt auch, welche Stoffe dafür geeignet sind und gibt nützliche Einkaufstipps. Allerdings sollte auch auf der Schnittmusterpackung angegeben sein, was Sie kaufen müssen.

TIPPS

■ Testen Sie die aufbügelbare Einlage immer zuerst auf einem Probestoff, um zu sehen, wie viel Hitze und Druck nötig ist, um das Gewebe zu fixieren. Nachdem es vollkommen abgekühlt ist, sollten Sie sie nicht mehr einfach abziehen können.

■ Wenn Sie möchten, können Sie ein Bügeltuch auflegen, um die Lauffläche Ihres Bügeleisens zu schützen.

Einlage

Eine Einlage ist ein spezieller Stoff, der an bestimmten Stellen auf der Innenseite eines Kleidungsstückes für Festigkeit sorgt. Dies sind zum Beispiel Kragen, Besätze und Knopflöcher. Einlagestoffe gibt es in verschiedenen Stärken und Festigkeiten, sie können gewebt oder non-woven sein, einzunähen oder aufbügelbar. Bei einem solch breiten Angebot ist es leicht, die richtige Einlage für jede Stoffart zu finden. Wenn Sie nicht sicher sind, welche für Ihren Stoff geeignet ist, fragen Sie die Verkäuferin um Rat.

Aufbügelbare Einlage Aufbügelbare Einlagestoffe sind am einfachsten in der Anwendung und daher unsere Empfehlung für noch ungeübte Näherinnen. Diese Einlagenstoffe oder -vliese haben eine hitzeempfindliche Klebeschicht auf einer Seite. Der Hersteller liefert in der Regel die Anleitung an der Stirnseite der Rolle, z. B. die Bügeltemperatur. Vielleicht ist die Anleitung auch auf die Kante der Einlage gedruckt.

Legen Sie die zugeschnittene Einlage mit der Klebeseite nach unten auf die linke Seite des Stoffteils. Stellen Sie das Bügeleisen auf eine mittlere Temperatur ein und drücken Sie es mehrere Sekunden lang sanft darauf, Heben Sie das Bügeleisen an und stellen Sie es auf einen anderen Bereich. Schieben Sie es nicht hin und her, denn dadurch könnte die Einlage verrutschen und Falten verursachen. Lassen Sie die Einlage vollständig abkühlen. Prüfen Sie, ob sie auf der ganzen Fläche haftet und pressen Sie lose Stellen noch einmal fest. Nähen Sie dann das Kleidungsstück weiter.

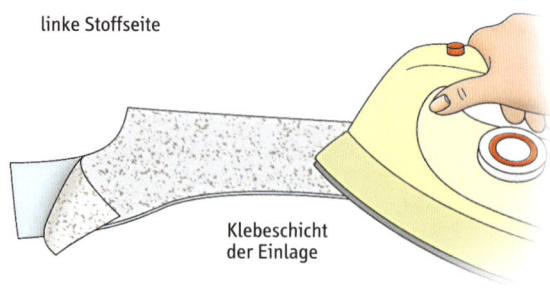

linke Stoffseite

Klebeschicht der Einlage

Unterlegstoffe, Stoffarten, Verwendung und Auswahl

	Zweck	Verwendung	Sorte	Auswahl
Beleg / Besatz	Zur Festigung und Verstärkung von feinen Stoffen, z. B. Spitze Zur Verstärkung von Nähten und anderen Details auf feinen Stoffen Verleiht durchsichtigen Stoffen eine milchglasähnliche Transparenz und verbirgt die Innenkonstruktion Verhindert das Verziehen an gefährdeten Bereichen Wird immer als eine Lage gemeinsam mit dem Hauptstoff verarbeitet	Im ganzen Kleidungsstück oder in Teilen davon	Batist und Habutai-Seide sind für dünne Stoffe die perfekte Wahl Taft, Käseleinen und Organza eignen sich für mitteldicke Stoffe Crêpe de Chine und Satin sind ideal für Spitze Es gibt auch ganz spezielle Besatzstoffe in verschiedenen Stärken und großer Farbauswahl	Der Beleg sollte relativ stabil und doch leicht sein Farbe und Pflegemöglichkeiten sollten mit der des Hauptstoffes zusammenpassen Der Griff – z. B. weich oder raschelnd – soll zum Stil des Kleidungsstückes passen Grundsätzlich darf der Beleg den natürlichen Fall des Kleides nicht behindern
Einlage	Verstärkt und stabilisiert Kanten und andere Details Verhindert das Verziehen und verstärkt	In kompletten Einzelteilen des Kleidungsstücks, z.B. Kragen, Ärmelbündchen, Patten und Gürteln In Teilbereichen von Einzelteilen, z. B. Öffnungen, Knopflöchern, Säumen, Halsausschnitten und Armlöchern	Gewebe oder Non-woven, nähbar oder aufbügelbar. Kann dünn, mittel oder dick sein Gibt es in neutralen Farben wie Weiß, Creme, Grau und Schwarz Es gibt Einlagen aus gewebtem Canvas für die Schneiderei	Die Einlage sollte dünner sein als der Hauptstoff Sie sollte stützend und formend sein, ohne den Hauptstoff zu übertönen Die Pflege muss mit dem Hauptstoff zusammenpassen Für die meisten Fälle ist eine aufbügelbare Non-Woven-Einlage ideal Nähbare Einlage eignet sich für durchsichtige Stoffe, bei denen eine aufbügelbare Einlage durchscheinen würde
Innenfutter / Zwischenfutter	Macht ein Kleidungsstück dicker und wärmer	Für Jackenteile und Mäntel, manchmal auch Ärmel	Dünne, weiche Stoffe wie z. B. gebürstete Baumwolle, Flanell und Filz, die atmungsaktiv sind und die Körperwärme speichern Es gibt auch spezielle isolierende Stoffe, wie Polyestervlies und Baumwollvlies	Muss sehr leicht sein Darf nicht Beulen werfen Soll wärmen Die Pflegemethode sollte zum Rest des Kleidungsstücks passen
Futter	Gibt einem Kleidungsstück das edle Aussehen. Verbirgt die Nähte und andere Konstruktionsteile. Erleichtert das An- und Ausziehen. Stützt locker gewebte Stoffe und verhindert das Ausleiern, z. B.: im Bereich der Sitzfläche von Hosen und Röcken.	In Jacken, Mänteln, Westen, Kleidern, Röcken und Hosen, vollständig oder nur in Teilen davon	Für Alltagskleidung eignet sich Acetatseide, Polyestertaft und Blusenstoff Wählen Sie Seidenfutter für Luxuskleidung und für Kleidung aus Wolle	Die Farbe ist sehr wichtig, besonders wenn das Kleidungsstück geöffnet wird und die Innenseite sichtbar ist. Gewicht und Pflege sollten mit dem Hauptstoff zusammenpassen Sollte weich, blickdicht und beständig sein Wünschenswert ist eine Anti-Static-Behandlung

Einlage einnähen Manchmal ist es nötig, die Einlage festzunähen, besonders wenn Sie einen durchsichtigen oder feinen Stoff wie Voile oder Organza verarbeiten, bei denen die Klebeschicht eines aufbügelbaren Vlieses nach außen dringen könnte.

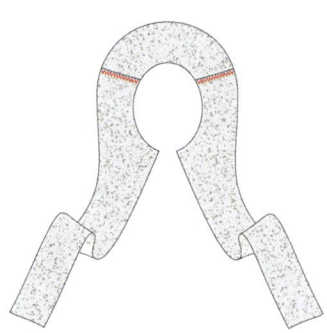

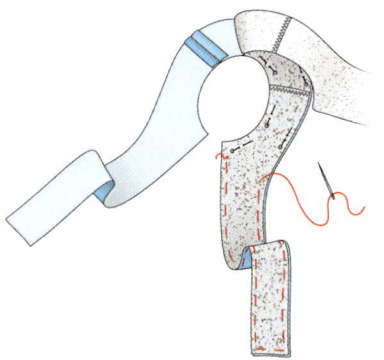

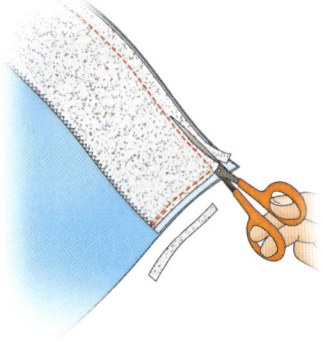

1. Schneiden Sie die erforderlichen Teile aus dem Einlagenmaterial zu, wie auf dem Zuschneideplan angegeben. Bei einem Beleg / Besatz nähen Sie zuerst die Schulternähte mit einer überlappten Naht (siehe Seite 137) aneinander, damit Sie ein komplettes Teil haben. Schließen Sie auch die Schulter- und Seitennähte des Kleidungsstücks mit einfachen Nähten (siehe Seite 40).

2. Legen Sie die Einlagenteile auf die linke Seite der Kleidungsteile. Stecken und heften Sie sie an allen Kanten fest. Versäubern Sie alle Kanten, die nicht in einer Naht verschwinden werden (siehe Seite 44).

3. Nähen Sie die Einlagenteile mit der Nähmaschine auf Ihr Kleidungsstück. Entfernen Sie die Heftfäden und schneiden Sie die Einlage bis ganz nahe an die Naht zurück. Schneiden Sie die Nahtzugaben einseitig zurück (siehe Seite 43).

Einlage an einem Bruch

Gelegentlich trifft eine Einlagenkante auf eine Bruchkante und nicht an eine Naht. Mit aufbügelbarer Einlage ist das einfach, da sie festgebügelt wird. Bei einer eingenähten Einlage sind Sorgfalt und Aufmerksamkeit gefragt.

Einlage direkt an der Bruchkante

Die Kante der Einlage kann direkt an die Faltkante angelegt werden, als wäre es ein angeschnittener Beleg (siehe Seite 92). Stecken und heften Sie die Einlage um alle Kanten und nähen Sie die Kante am Bruch mit Hexenstichen fest (siehe Seite 49). Diese Stiche bleiben im Stoff.

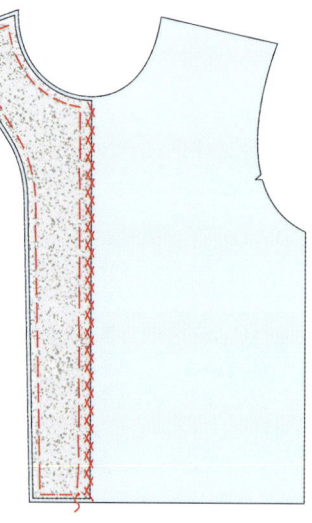

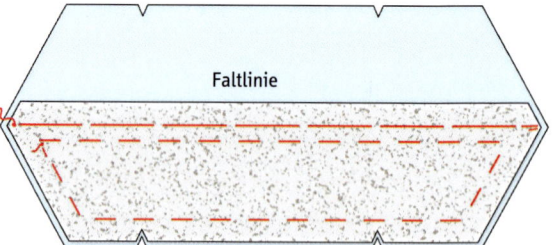

Faltlinie

Einlage über die Bruchkante hinweg

Manchmal ragt die Einlage 1 cm weit über die Bruchkante hinaus, z. B. bei einem Kragen aus einem einzigen Stoffteil. Hier wird die fertige Kante etwas abgerundeter, als wenn die Einlage direkt am Bruch endet. Wieder stecken und heften Sie die Einlage fest. Arbeiten Sie Punktstiche (siehe Seite 48) und befestigen Sie die Einlage entlang der Bruchkante. Auch diese Stiche bleiben im Stoff.

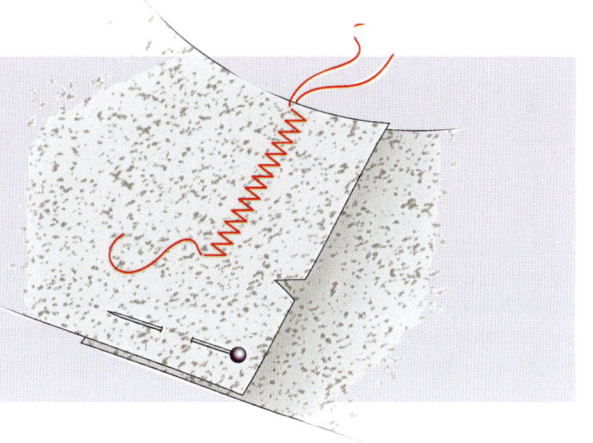

Überlappte Naht

Legen Sie die Stoffkanten übereinander, wie gezeigt,
die Nahtlinien liegen direkt übereinander. Stecken
und heften Sie die Naht. Nähen Sie mit einem breiten
Zickzackstich entlang. Schneiden Sie die Nahtzugaben
bis dicht an die Stiche heran ab.

Futter

Ein Futter verleiht Ihrer Garderobe ein weiches, luxuriöses Aussehen. Ein gefüttertes Kleidungsstück ist bequem und sieht edel aus. Das Futter kann mit den gleichen Schnittteilen zugeschnitten werden wie das Kleidungsstück selbst, oder es hat eigene Schnittteile. Ein Futter kann vollständig eingenäht sein, wie am Oberteil des Mädchenkleides auf Seite 118, oder es wird lose hängend eingenäht.

Loses Futter Mit dieser Methode wird Futter in einen Rock, ein Kleid oder in eine Hose eingenäht, die an der Oberkante entweder mit einem Bund oder einem Besatz (siehe Seite 142) versäubert sind. Bevor Sie das Futter festnähen, muss das Kleidungsstück fast fertig sein, auch die Hauptnähte, Abnäher, Reißverschlüsse und Ärmel.

> **TIPP**
>
> Vermeiden Sie Sitzbeulen in Hosen oder Röcken. Füttern Sie diese Kleidungsstücke bis zur halben Länge. Dies wird genau so wie ein frei hängendes Futter genäht. (siehe links).

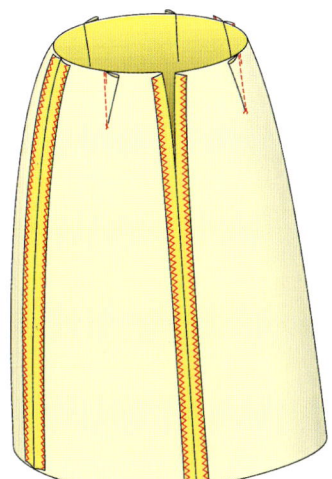

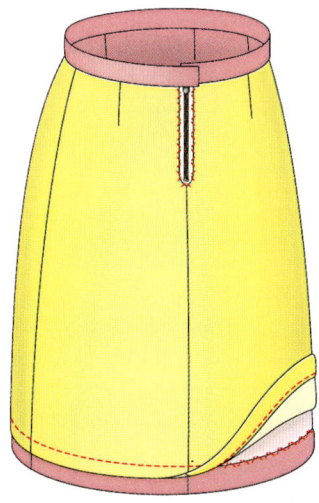

1. Schneiden Sie alle Futterteile aus und nähen Sie alle Nähte und Abnäher, nur keinen Reißverschluss. Versäubern Sie die Nahtzugaben einzeln (siehe Seite 44) und bügeln Sie sie auseinander. Wenn das Futter an einem Armloch endet, versäubern Sie die Kanten mit Schrägband (siehe Seite 55).

2. Schieben Sie das Futter links auf links in das Kleidungsstück. Stecken Sie es an Taille oder Halsausschnitt fest. Falten Sie die Kanten am Reißverschluss nach innen. Heften Sie das Futter an den gesteckten Kanten und entlang des Reißverschlusses fest, sowie an den Armlöchern, wenn sie gefüttert werden.

3. Säumen Sie die Futterkante am Reißverschlussband fest (siehe Seite 91). Nähen Sie nun den Bund oder/ und die Besätze an. Säumen Sie das Kleidungsstück und das Futter jeweils separat hoch, das Futter muss 2 cm kürzer sein als das Kleidungsstück.

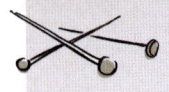

Leicht ausgestellter Rock

Ein vielseitiger schmeichelnder Rock in A-Linie aus einem hübschen Druckstoff gehört in jeden Kleiderschrank. Der Rock ist nicht gefüttert, doch wäre es nicht schwer dies zu tun. Folgen Sie der Anleitung für ein loses Futter auf Seite 137.

Stoffvorschlag

Dünne Baumwolle, Cambric, weiches Leinen, Viskose

Sie benötigen

- alle Schnittteile für den Rock vom Schnittmusterbogen am Ende dieses Buches (siehe Seite 114)

- mitteldicke aufbügelbare Einlage (siehe Seite 134)

- farblich passendes Nähgarn

- 20 cm langer Reißverschluss

- Haken und Öse

Hinweis

- In den Maßen sind 1,5 cm Nahtzugabe enthalten, falls nicht anders angegeben.

- Nähen Sie die Stoffe rechts auf rechts aufeinander, alle Markierungen passend, wenn nicht anders angegeben.

Konfektionsgröße

Konfektionsgröße	US 6/UK 8/D 36	US 8/UK 10/D 38	US 10/UK 12/D 40	US 12/UK 14/D 42	US 14/UK 16/D 44	US 16/UK 18/D 46
Taillenweite	61 cm	64 cm	67 cm	71 cm	76 cm	81 cm
Hüftweite	85 cm	88 cm	92 cm	97 cm	102 cm	107 cm
fertige Länge (Taille bis Saum)	53,5 cm	53,5 cm	53,5 cm	53,5 cm	53,5 cm	53,5 cm

Stoffmengen

bei 112 cm Stoffbreite						
Hauptstoff	1,00 m	1,10 m	1,20 m	1,20 m	1,20 m	1,20 m
Kontraststoff	0,50 m	0,60 m	0,60 m	0,60 m	0,70 m	0,70 m
bei 150 cm Stoffbreite						
Hauptstoff	0,60 m	0,60 m	0,60 m	0,60 m	0,60 m	0,60 m
Kontraststoff	0,50 m	0,60 m	0,60 m	0,60 m	0,70 m	0,70 m
Aufbügelbare Einlage, 90 cm breit						
	0,10 m	0,10 m	0,10 m	0,10 m	0,10 m	1,00 m

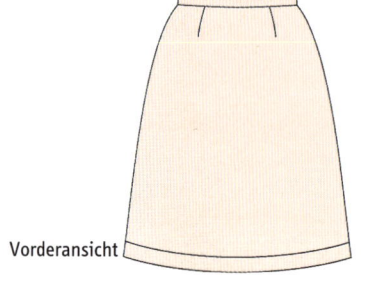

Vorderansicht

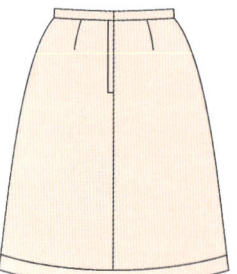

Rückenansicht

Stoff zuschneiden

Sie brauchen die Schnittteile 1, 2A und 2B, und 3.

Hinweis:
Die Stoffmengen und der Zuschneideplan gelten für Stoffe mit Musterrichtung/Strich. Wenn Sie andere Stoffe verwenden, können Sie die Schnittteile dichter legen. Denken Sie aber daran, alle Teile im geraden Fadenlauf parallel zur Webkante aufzulegen.

Bedruckter Stoff – alle Größen
bei 112 cm Stoffbreite

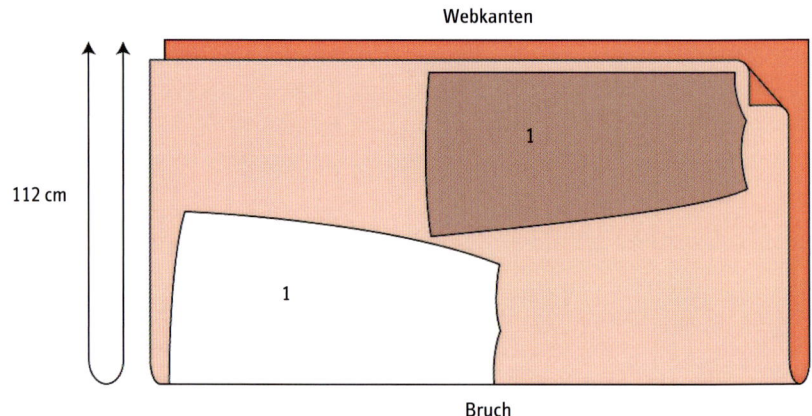

Bedruckter Stoff – alle Größen
bei 150 cm Stoffbreite

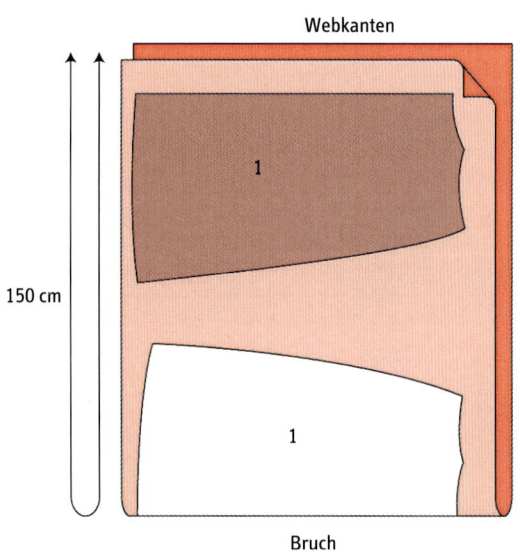

Kontraststoff – alle Größen
bei 112 cm und 150 cm Stoffbreite

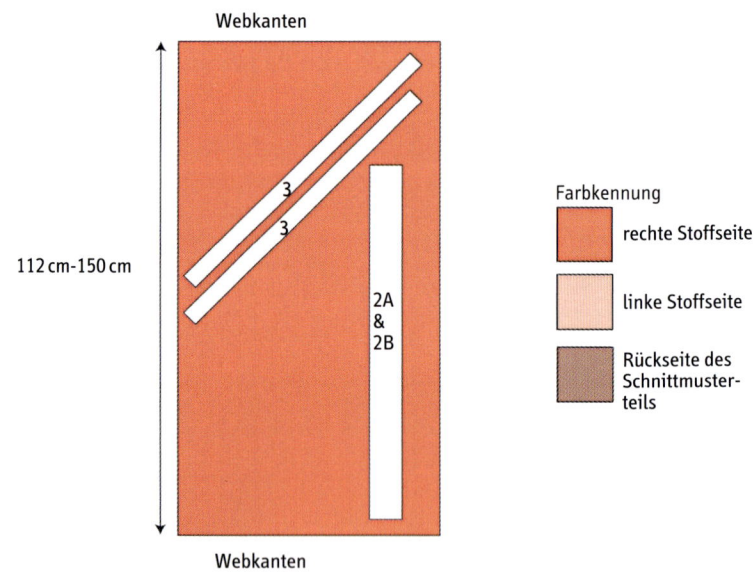

Farbkennung

rechte Stoffseite

linke Stoffseite

Rückseite des Schnittmusterteils

Einlage
für Konfektionsgrößen 36-44
bei 90 cm Breite

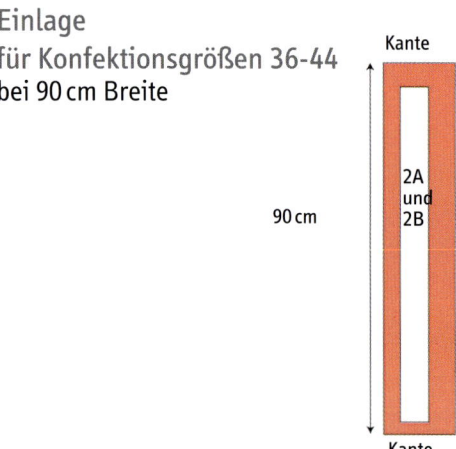

Einlage für Größe 46
bei 90 cm Breite

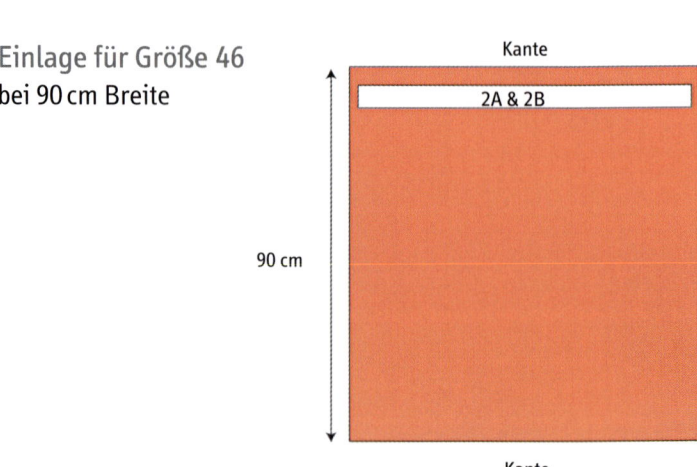

1. Wählen Sie das richtige Schnittmuster aus und schneiden Sie alle Teile aus Hauptstoff und Einlage zu (siehe Seite 117). Verstärken Sie alle Kanten mit einer Naht innerhalb der Nahtzugaben (siehe unten). Nähen Sie die Abnäher (siehe Seite 132) und bügeln Sie sie in Richtung vordere und hintere Mitte.

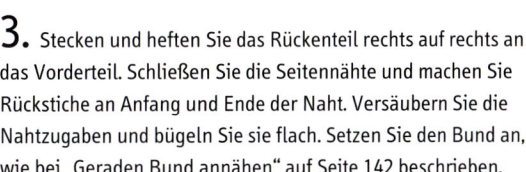

2. Stecken und heften Sie die beiden Rückenteile entlang der Mittelnaht rechts auf rechts. Nähen Sie bis zur Unterkante der Reißverschlussöffnung und machen Sie dort Rückstiche. Bügeln Sie die Nahtzugaben auseinander und versäubern Sie sie einzeln, auch die an der Reißverschlussöffnung. Setzen Sie einen Reißverschluss ein, wie auf Seite 80 beschrieben.

3. Stecken und heften Sie das Rückenteil rechts auf rechts an das Vorderteil. Schließen Sie die Seitennähte und machen Sie Rückstiche an Anfang und Ende der Naht. Versäubern Sie die Nahtzugaben und bügeln Sie sie flach. Setzen Sie den Bund an, wie bei „Geraden Bund annähen" auf Seite 142 beschrieben.

4. Nähen Sie den kontrastfarbenen Streifen an den kurzen Enden rechts auf rechts zu einem Ring. Bügeln Sie die Nahtzugaben nach einer Seite. Stecken und heften Sie den Streifen rechts auf rechts kantenbündig an die Saumkante des Rocks. Nähen Sie mit 1 cm Nahtbreite entlang. Versäubern Sie die Nahtzugaben gemeinsam und bügeln Sie sie in Richtung Rock. Streichen Sie mit dem Daumennagel fest über die untere Kante des Streifens, damit sie ausfranst und etwas wellig wird.

Verstärkungsnaht

Eine Verstärkungsnaht ist eine Reihe von Geradstichen um den Umriss eines Stoffteils, bevor es weiter vernäht wird. Besonders an Kurven und Kanten im schrägen Fadenlauf, z. B. bei Halsausschnitten und Taillenkanten, verhindern sie, dass der Stoff ausfranst, während Sie das Kleidungsstück zusammensetzen.

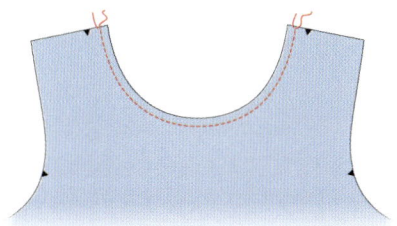

Nähen Sie mittellange Geradstiche knapp innerhalb der Nahtzugabe Ihres zugeschnittenen Teils. Legen Sie das Teil zurück auf den Schnitt, um zu sehen, ob es noch die richtige Größe und Form hat. Nähen Sie nun das Kleidungsstück ganz normal weiter.

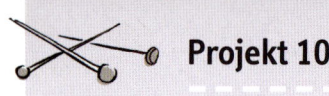
Taillenabschlüsse

Der Taillenabschluss ist wie ein Anker, der das Kleidungsstück auf Ihrem Körper in seiner richtigen Lage hält. Es gibt zwei Methoden, eine Taillenkante zu nähen:

Entweder die feste Art, in Form eines Taillenbundes, oder die flexible Art, als Gummizug oder Zugband, die durch einen Tunnel gezogen werden (siehe Workshop 9, Seite 124).

Gerader Taillenbund

Ein fester Bund ist ein schöner Abschluss an einer Taille. Er kann in unterschiedlicher Breite sein, muss aber grundsätzlich um den Taillenumfang passen. An den Enden ist jeweils eine kleine Verlängerung, die sich beide überlappen. Sie können dort einen Knopfverschluss oder einen Haken und eine Öse anbringen.

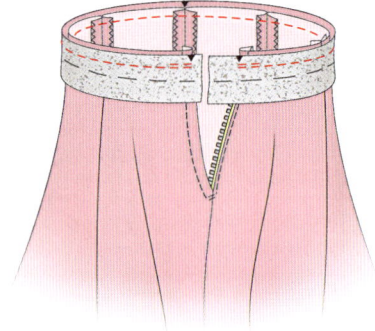

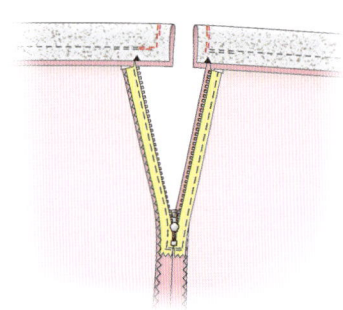

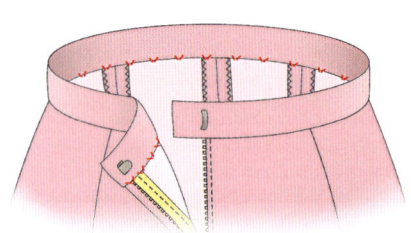

1. Bügeln Sie eine Einlage auf die linke Seite des Bundbandes (siehe Seite 34). Bügeln Sie das Bundband der Länge nach links auf links. Falten Sie das Bundband wieder auf. Stecken und heften Sie die lange Kante mit den Markierungen rechts auf rechts an die Taillenkante. Die Markierungen müssen genau aufeinanderliegen, die Reißverschlussmarkierungen und die anderen Markierungen ebenfalls.

2. Falten Sie das Bundband rechts auf rechts entlang der Bügellinie. Stecken und heften Sie über das kurze Ende der linken Reißverschlussöffnung, von der gefalteten Kante bis hin zur Nahtzugabe. Stecken und heften Sie das andere kurze Ende ebenfalls rechts auf rechts und nähen Sie das Bund-Ende von der gefalteten Kante bis zur Nahtzugabe.

3. Schneiden Sie die Nahtzugaben an den Ecken des Bundbandes ab, damit sie weniger dick werden (siehe Seite 43). Wenden Sie dann das Bundband auf rechts. Bügeln Sie die offene Kante nach innen und nähen Sie sie mit Blindstichen (siehe Seite 90) an der Maschinennaht fest. Dadurch wird die Kante umschlossen. Nähen Sie einen Verschluss an die Enden des Bundes (siehe Seite 64 und 73).

Formkante mit Besatz

Eine geformte Kante ergibt einen glatten Abschluss, der nicht über die Taillenlinie hinausragt.

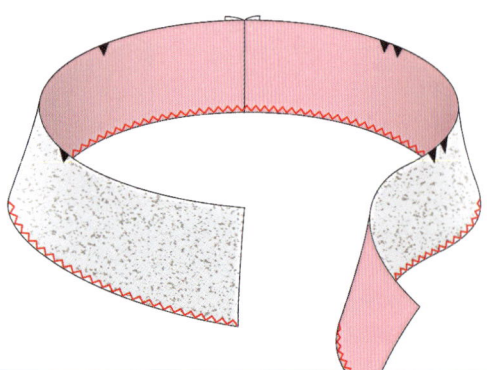

1. Schneiden Sie den Besatz aus Stoff und Einlage zu und befestigen Sie den Einlagenstoff (siehe Seite 134). Schließen Sie die Seitenkanten mit einfachen Nähten (siehe Seite 40) und bügeln Sie sie auseinander. Versäubern Sie die Unterkante (siehe Seite 44).

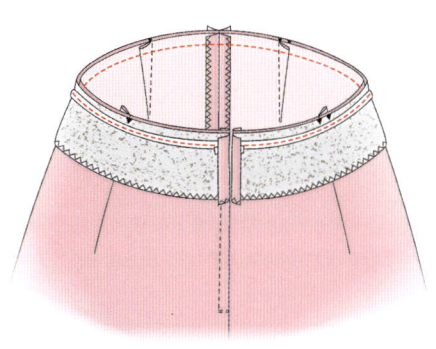 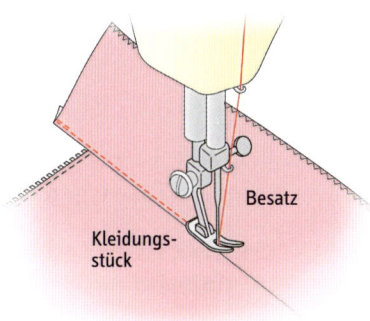 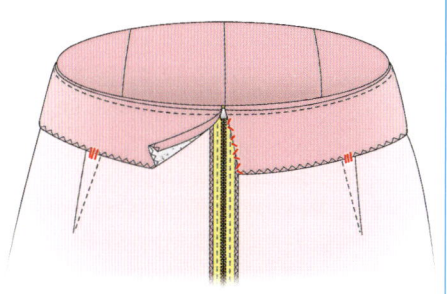

Besatz

Kleidungs-stück

2. Stecken Sie den Besatz rechts auf rechts und kantenbündig an das Kleidungsstück. Alle Nähte und Markierungen liegen aufeinander. Stecken Sie ein 6 mm breites Baumwollband über die Taillenkante und heften Sie es durch alle Lagen fest. Nähen Sie die Naht und schneiden Sie die Nahtzugaben einseitig zurück. Schneiden Sie an den Kurven die Nahtzugabe ein (siehe Seite 43).

3. Bügeln Sie den Besatz und die Nahtzugaben vom Kleidungsstück nach außen hin. Arbeiten Sie nun von der rechten Stoffseite her. Steppen Sie die Nahtzugabe knappkantig zum Besatz hin fest (siehe Seite 51). Dies verhindert, dass sich der Besatz beim Tragen des Kleidungsstücks nach oben rollt.

4. Falten Sie den Besatz zur Innenseite des Kleidungsstücks und bügeln Sie entlang der Taillenkante. Nähen Sie die Unterkante des Besatzes an die Seitennähte und die Abnäher des Rocks. Falten Sie die Nahtzugaben an den kurzen Enden des Besatzes nach innen, damit sie nicht in den Reißverschluss geklemmt werden, und nähen Sie die Enden mit Blindstichen (siehe Seite 90) an das Reißverschlussband. Nähen Sie einen Verschluss an (siehe Seite 72).

Abschluss mit Ripsband

Es gibt im Kurzwarenladen ein geformtes Ripsband von ca. 2,5 cm Breite als Meterware oder abgepackt zu kaufen. Ein Taillenabschluss dieser Art wirkt wie einer mit Besatz, geht aber schneller zu nähen.

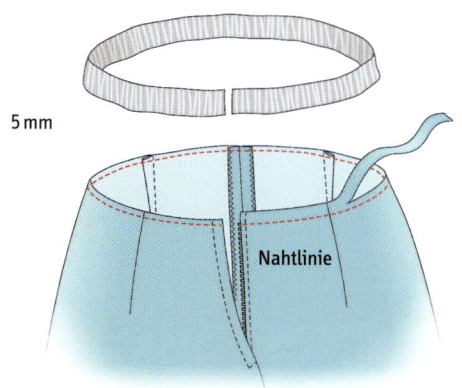 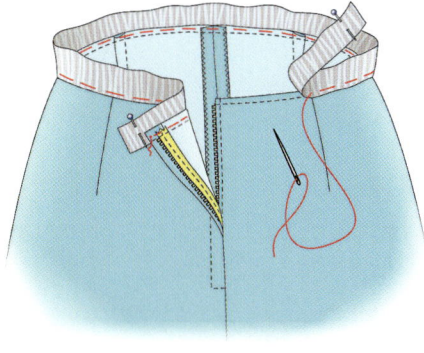 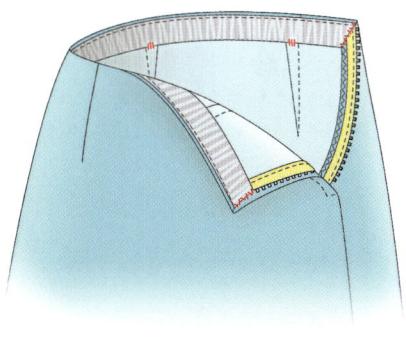

5 mm

Nahtlinie

1. Arbeiten Sie eine Verstärkungsnaht an der Nählinie entlang (siehe Seite 141). Messen Sie die Taillenweite an dieser Linie und schneiden Sie das Ripsband in dieser Länge plus 3 cm für die Nähte ab. Schneiden Sie die Nahtzugabe der Taille bis auf 6 mm zurück.

2. Legen Sie die linke Seite des Bandes auf die rechte Seite der Taillenkante, so dass die Innenkurve des Bandes genau auf der genähten Nahtlinie liegt und die Enden 1,5 cm über die Reißverschlussöffnung hinaus ragen. Stecken, heften und nähen Sie das Band knapp entlang der Bandoberkante fest.

3. Falten Sie das Band zur Innenseite des Kleidungsstücks und bügeln Sie entlang der Taillenkante. Schlagen Sie die Band-Enden nach innen und stecken Sie sie fest. Die Kanten dürfen nicht in den Reißverschluss geklemmt werden. Befestigen Sie die Enden mit Blindstichen am Reißverschlussband (siehe Seite 90). Heften Sie die Unterkante des Bandes an die Seitennähte und Abnäher. Nähen Sie einen Verschluss an (siehe Seite 72).

Rüschen, Falten und Biesen

Weiche Rüschen, exakte Falten und griffige Biesen sind sehr dekorative Möglichkeiten, einen Stoff in Passform zu bringen. Hier in unserem letzten Workshop zeigen wir Ihnen auch diese Techniken, für die es viele Anwendungsmöglichkeiten gibt.

Das Schlussprojekt ist eine frische, weiße, halblange Leinenbluse. Mit den Fältchen auf Vorder- und Rückseite, einem runden Kragen und langen Ärmeln ist sie ein Teil der Garderobe, die Sie in Ihrem Kleiderschrank nicht missen mögen.

Raffen/Einreihen

Beim Raffen entstehen kleine, weiche Falten, indem ein bestimmter Stoffbereich enger zusammengeschoben wird. Dies verleiht vielen Kleidungsstücken Fülle. Meist werden mit dieser Technik Rüschen genäht, die an Kleidung und Heimtextilien großartig aussehen. Es gibt auch ein rein funktionelles Raffen, nämlich das Einhalten einer Naht, was beim Nähen eines Kleidungsstücks an bestimmten Bereichen benötigt wird, z. B. beim Einsetzen eines Ärmels.

Stoffmenge für das Raffen berechnen

Wenn Sie nach einem Schnitt arbeiten, ist das alles schon für Sie erledigt. Aber wenn Sie selbst eine Rüsche oder einen gerafften Rock nähen möchten, hängt die Menge des Stoffes davon ab, wie dicht Sie die Falten haben möchten und mit welchem Stoff Sie arbeiten. Bei einem dicken Stoff benötigen Sie weit weniger Fülle als bei einem weichen, dünnen Stoff. Sie brauchen – über den Daumen gerechnet – dreimal die Stoffbreite für sehr volle Falten, zweimal die Stoffbreite für mitteldichte Falten und eineinhalb Mal die Stoffbreite für wenig Falten. Die Stoffbahnen werden vorab aneinandergenäht und dann erst gerafft. Testen Sie an einem Probestoff. Raffen Sie eine bestimmte Stoffstrecke, um herauszufinden, welche Menge für Ihr Projekt geeignet ist.

Raffen mit der Nähmaschine

Mit der Nähmaschine werden auf der Nahtzugabe zwei Reihen langer Stiche innerhalb der Strecke genäht, die gerafft werden soll. Schieben Sie den Stoff entlang des Unterfadens zusammen.

Tipps zum Raffen
Folgen Sie diesen einfachen Schritten, damit Sie organisiert vorgehen können und bereiten Sie die Maschine richtig vor.

■ Setzen Sie alle Stoffteile bis zur benötigten Breite zusammen. Dann bügeln und versäubern Sie die Nahtzugaben (siehe Seite 44). Bei Rüschen nähen Sie auch die Saumkante fertig (siehe Seite 45).

■ Lockern Sie ein wenig die Oberfadenspannung, so dass der Stoff beim Raffen leichter am Unterfaden entlang rutscht (lesen Sie im Handbuch nach).
■ Stellen Sie einen langen Stich ein, z. B. Stichlänge 4 für dünne Stoffe, Stichlänge 6 für festere Stoffe. Testen Sie den Stich zuerst an einem Probestoff.
■ Arbeiten Sie auf der rechten Stoffseite, damit Sie leichteren Zugang zu den Unterfäden haben. An diesen werden Sie den Stoff raffen.
■ Lassen Sie die Fadenenden lang hängen. Vermeiden Sie es, über Nähte hinweg zu nähen, denn eine doppelte Stofflage lässt sich nicht gut raffen.

Stoff raffen

Bevor Sie mit dem Raffen beginnen, sollten Sie die Tipps von Seite 144 unten lesen.

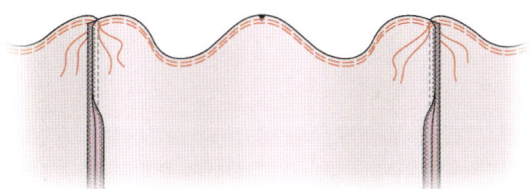

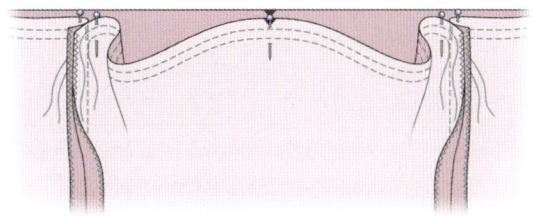

1. Lassen Sie ein langes Fadenende hängen und nähen Sie zwei parallele Reihen von Reihstichen in 6 mm Abstand auf der Nahtzugabe Ihrer Stoffkante. Die äußere Reihe liegt eine Fadenbreite neben der Nählinie. Unterbrechen Sie die Reihlinien, sobald Sie auf eine Naht treffen.

2. Markieren Sie an der genähten Kante und der zu raffenden Kante mit je einer Stecknadel die Viertel der Strecke. Stecken Sie die beiden Kanten rechts auf rechts. Wenn Sie mit einem Schnittmuster arbeiten, stecken Sie die Kante auf die dafür vorgesehene Gegenkante, rechts auf rechts und die Markierungen aufeinander.

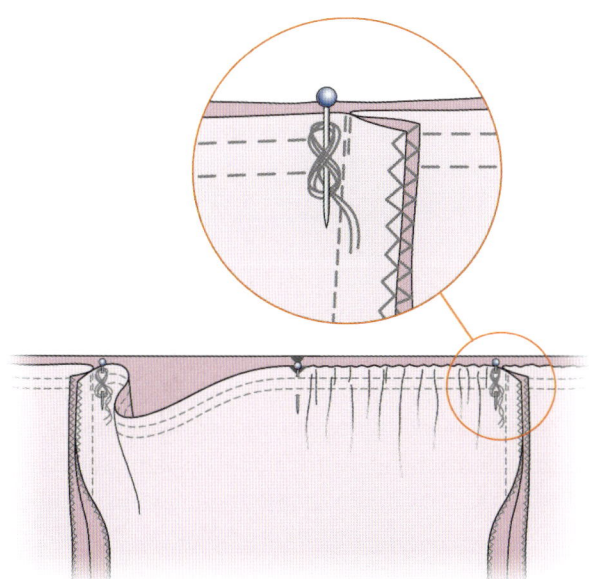

3. Wickeln Sie ein Ende der Unterfäden in Form einer Acht um eine Stecknadel zur Befestigung. Halten Sie das andere Ende der Unterfäden fest und schieben Sie den Stoff an den Fäden entlang. Wenn die geraffte Strecke auf die geplante Stelle passt, sichern Sie diese Fadenenden ebenso wie die ersten. Bei langen Strecken raffen Sie den Stoff von beiden Seiten her bis zur Mitte. Das ist praktischer als nur von einem Ende her über die gesamte Strecke zu raffen.

4. Wickeln Sie die Fadenenden von den Stecknadeln ab und verknoten Sie die Enden. Schneiden Sie die Fäden bis auf 2,5 cm ab. Heften Sie die beiden Stofflagen von der gerafften Seite her und zwischen den Markierungen mit kurzen Stichen aufeinander. Entfernen Sie die Stecknadeln.

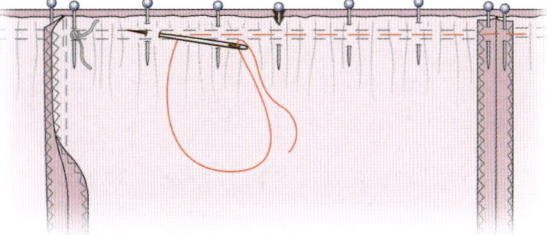

5. Stellen Sie wieder den normalen Stich und die Fadenspannung an der Nähmaschine ein. Legen Sie den Stoff unter das Nähfüßchen, die geraffte Seite liegt oben. Machen Sie Rückstiche an Anfang und Ende der Naht und nähen Sie die geraffte Kante an die entsprechende Kante des Hauptstoffs. Drücken Sie den gerafften Stoff rechts und links des Füßchens flach, damit die Rüsche nicht noch weiter zusammengeschoben wird und sich Falten bilden. Entfernen Sie die Heftstiche.

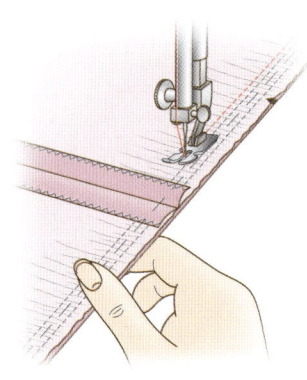

Stoff einhalten

Bei manchen Kleidungsstücken müssen Sie den Stoff einhalten. Dies führt zu einer leichten Fülle des Stoffes, wo immer es nötig ist. Eingehalten wird wie beim Raffen, doch sind die Stiche nur 3 mm lang und werden nur so viel zusammengeschoben, dass eine Kante

6. Schneiden Sie die Enden der Nahtzugaben an den Nähten zurück (siehe Seite 43), um Beulen zu vermeiden. Bügeln Sie mit der Spitze des Bügeleisens die Nahtzugaben so flach, wie sie niedergenäht wurden, aber bügeln Sie nicht das Geraffte. Versäubern Sie die Nahtzugaben gemeinsam. Falten Sie die Nahtzugaben der einzelnen Stoffbahnen auseinander und bügeln Sie zum glatten Bereich hin. Bügeln Sie die geraffte Stoffseite, indem Sie mit der Spitze des Bügeleisens von unten her in Richtung der Raffnaht streichen.

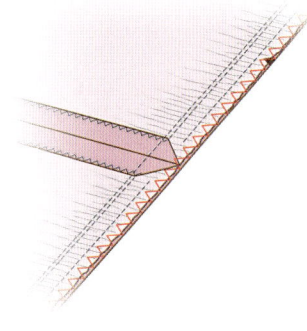

auf eine etwas schmalere Kante passt, ohne dass sich jedoch Falten bilden. Auf diese Weise entsteht eine gerundete Kurve, wie z. B. an der Ärmelkugel, die dann gut in das Armloch passt, oder am Ellbogen, damit der Arm gut abgewinkelt werden kann.

Falten

Falten sind senkrechte, doppelt gelegte und befestigte Stoffbereiche. Sie liegen im geraden Fadenlauf am besten (siehe Seite 31) und können einzeln, als Gruppe oder als komplett in Falten gelegte Fläche gearbeitet werden. Falten können an einer Kante scharf abgenäht und gebügelt sein, oder ungebügelt und weich fallend. Falten können auf ganz unterschiedliche Weise gelegt werden und dienen verschiedenen Zwecken. Die gebräuchlichsten Falten sind die Kellerfalte und die Quetschfalte.

Stoffauswahl für Falten

Nicht jeder Stoff hält eine eingebügelte Falte gut. Glatte, dicht gewebte, mittlere bis leichte Stoffe wie Leinen oder Gabardine halten Falten am besten, aber wenn Sie weiche, ungebügelte Falten wünschen, können Sie auch Crepe de Chine und andere fließende Stoffe nehmen. Eingebügelte Falten halten besser, wenn das Kleidungsstück nur chemisch gereinigt wird, denn da werden die Falten nachgebügelt. Wenn Sie den Stoff selbst waschen möchten, müssen Sie die Falten jedes Mal von neuem formen und bügeln, obwohl Sie auch knappkantig an der Faltkante entlang nähen können (siehe Seite 51), um sich das Leben einfacher zu machen. Meiden Sie Karostoffe und gestreifte Stoffe, denn sie müssen extrem genau gefaltet und angepasst werden.

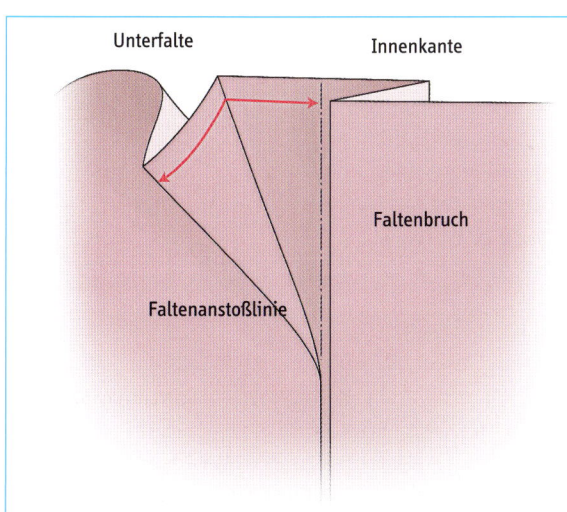

Unterfalte

Innenkante

Faltenbruch

Faltenanstoßlinie

Der Aufbau einer Falte

Jede Falte hat eine Bruchkante und eine Anstoßlinie, die auf dem Schnittmuster angegeben sind und die Sie auf den Stoff übertragen müssen. Die Richtung der Falte ist mit Pfeilen gekennzeichnet.

Um die Falte zu bilden, legen Sie den Faltenbruch an die Anstoßlinie. Der Bereich zwischen den beiden Linien ist die Unterfalte, die innenliegende Faltenfläche ist die Innenkante.

TIPP
Wenn Sie ohne Schnittmuster arbeiten, falten Sie Ihren Stoff im geraden Fadenlauf, wie links abgebildet. Stecken Sie die Falte fest und prüfen Sie, ob sie Ihnen gefällt. Eine gute Faltenbreite ist 7,4 cm-10 cm für die Unterfalte, dann hängen die Falten gut.

Kellerfalten und Quetschfalten
Diese beiden Arten sind wahrscheinlich am gebräuchlichsten und werden bei Kleidung und bei Heimtextilien gebraucht.

Kellerfalten haben zwei Faltenbruchkanten, die an der Anstoßlinie aufeinanderstoßen. Die Unterfalten weisen voneinander weg. Es gibt auch eine Variante, bei der ein Extrastoff hinter die Falte genäht wird, das spart Ihren Hauptstoff. Quetschfalten haben zwei Faltenbruchkanten und zwei Anstoßlinien. Die Falten weisen voneinander weg und die Unterfalten weisen zueinander hin.

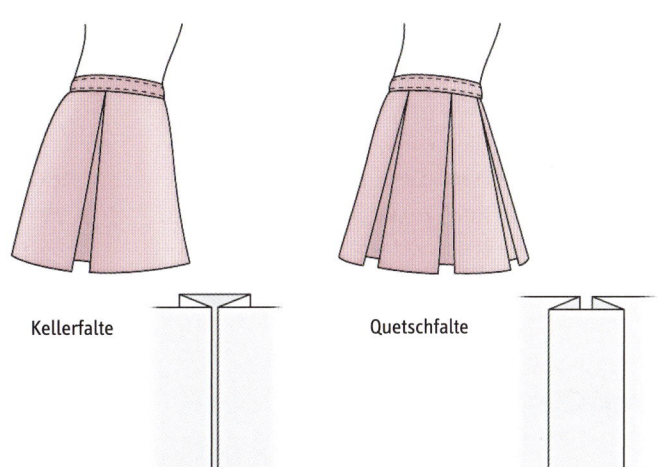

Kellerfalte

Quetschfalte

Kellerfalten und Quetschfalten legen
Beide Arten werden von der rechten Stoffseite her gefaltet und werden genau gleich gearbeitet, nur dass jede in eine andere Richtung gelegt wird. Die Abbildungen zeigen, wie eine einfache Kellerfalte gelegt wird.

1. Übertragen Sie die Faltenmarkierungen auf die rechte Stoffseite, indem Sie mit doppeltem Heftfaden eine Reihe von ungleichen Heftstichen durch Schnittteil und Stoff arbeiten (siehe Seite 38). Schneiden Sie den Faden in der Mitte jedes langen Stiches auf und nehmen Sie das Papier vorsichtig ab, ohne die Fäden herauszuziehen.

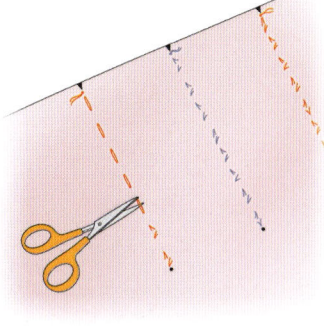

2. Arbeiten Sie von der rechten Stoffseite her. Falten Sie den Stoff an einer Bruchkante entlang und legen Sie sie zur Anstoßlinie. Stecken Sie die Falte durch alle Lagen fest. Wiederholen Sie dies mit der gegenüberliegenden Bruchkante und legen Sie auch diese an die Anstoßlinie. Entfernen Sie während des Feststeckens die Fadenmarkierungen. Heften Sie jede Falte dicht an der Bruchkante entlang durch alle Lagen, und entfernen Sie nach und nach die Stecknadeln.

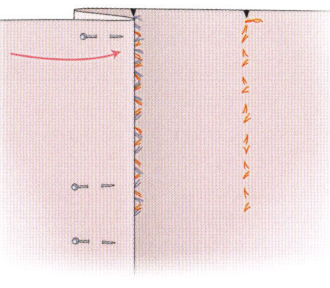

3. Sie können die Falte weich lassen oder scharfe Kanten bügeln. Dafür legen Sie den Stoff mit der rechten Seite nach oben und bügeln die Falte unter Zuhilfenahme eines feuchten Bügeltuches.

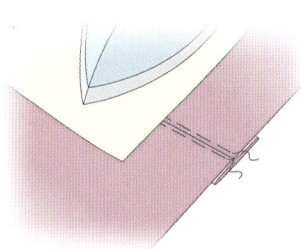

Lassen Sie die Falte trocknen, bevor Sie sie vom Bügelbrett nehmen und das Bügeltuch entfernen. Bügeln sie dann die Falte noch einmal von der linken Stoffseite her und verwenden Sie wieder ein Bügeltuch.

4. Sollte die Kellerfalte auf der Vorderseite Ihres Kleidungsstücks beim Bügeln Druckspuren hinterlassen haben, schieben Sie unter jede Seite der Falte einen breiten Papierstreifen und

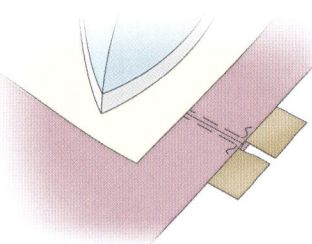

bügeln Sie noch einmal von der rechten Stoffseite her. Lassen Sie beim Fertigstellen des Kleidungsstücks die Heftstiche so lange wie möglich in der Arbeit.

Kellerfalte mit eingesetztem Rückseitenstoff

Mit dieser Technik sparen Sie Stoff, denn ein extra angefertigter Rückseitenstoff bildet die Rückseite der Falte und wird an die Innenfalten angenäht. Der Rückseitenstoff kann der gleiche sein wie der Hauptstoff, oder eine Kontrastfarbe haben.

1. Übertragen Sie die Bruchlinien auf die linke Seite Ihres Stoffes, wie in Schritt 1 „Kellerfalte" beschrieben. Legen Sie die beiden Faltenbruchkanten rechts auf rechts

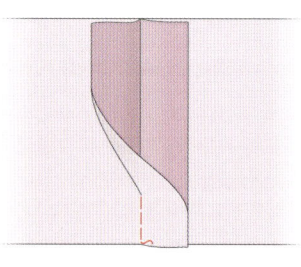

aneinander. Heften Sie beide Bruchkanten so aneinander. Falten Sie die Unterfalten auf und bügeln Sie sie flach.

2. Legen Sie die Rückseite rechts auf rechts auf die beiden Unterfalten, eventuell angegebene Markierungen anpassen, und stecken Sie sie an den offenen Kanten aufeinander. Heften Sie die

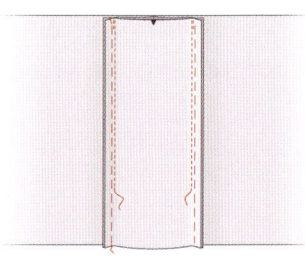

Kanten von Rückseitenstoff und Unterfalten aufeinander. Beginnen Sie zwei Saumbreiten oberhalb der Unterkante und nähen Sie nach oben. Machen Sie Rückstiche nur am oberen Ende der Naht. Entfernen Sie die Heftfäden und bügeln Sie die Nähte.

3. Trennen Sie nun ganz vorsichtig die Heftfäden an der Bruchkante auf. Versäubern Sie die Saumkante des Kleidungsstücks

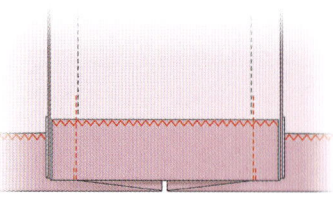

und des Unterlegstoffes. Falten Sie den Saum nach oben und nähen Sie ihn mit Blindstichen an (siehe Seite 45 und 90). Stecken und heften Sie die offenen Kanten der Unterfalte und des Rückseitenstoffs aufeinander: Nähen Sie an jeder Seite bis an die Saumkante herab. Machen Sie Rückstiche an der Saumkante und überlappen Sie die Nähte am oberen Ansatz.

4. Bügeln Sie die Nähte flach, zuerst so wie sie genäht wurden. Dann schneiden Sie die Enden der eingenähten Falte

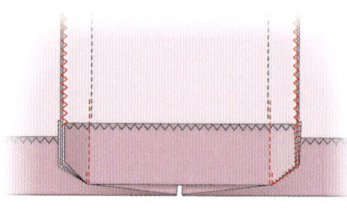

an der Saumkante schräg ab. Versäubern Sie die Nahtzugaben gemeinsam, dann die schräg abgeschnittenen Ecken am Saum mit dichten Überwendlichstichen (siehe Seite 40).

Einseitige Falten

Dies sind festgenähte Falten aus Stoff, die in der Regel im geraden Fadenlauf gefaltet wurden. Jede Falte hat zwei Nählinien, die aufeinandergelegt und abgenäht werden. Die Breite solcher Falten und die Abstände dazwischen hängen von der Stoffstärke ab und von der gewünschten Wirkung. Die meisten Falten sind rein dekorativ und verleihen einer Bluse, Kinderkleidern oder Kissen eine feminine Note.

Falten mit größeren Abständen nennt man weite Falten. Falten die sich treffen oder überlappen sind enge Falten, die nur bis zu einem bestimmten Punkt zugenäht sind, nennt man offene Falten. Mit offenen Falten formen Sie die Oberweite einer Bluse oder die Hüftzone an einem Kleid. Es gibt auch sehr schmale Fältchen, die man Biesen nennt und die erfahrenen Näherinnen vorbehalten sind.

enge Abstände   weitere Abstände   offene Falten

Einseitige Falten nähen

Es ist nicht nötig, sämtliche Nählinien vom Schnittmuster zu übertragen. Markieren Sie die Linien für die erste Falte am Beginn einer Gruppe, dann verwenden Sie eine einfache Schablone, um die anderen Falten festzuheften.

1. Um die Nählinien für die erste Falte zu übertragen, benutzen Sie einen doppelt gelegten Heftfaden und arbeiten Sie eine Reihe von ungleichen

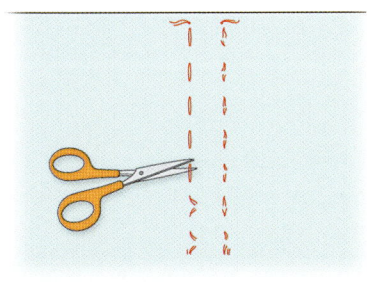

Heftfäden durch das Schnittmusterpapier und den Stoff (siehe Seite 39). Schneiden Sie die Heftfäden in der Mitte der langen Stiche auf und nehmen Sie das Papier vorsichtig ab, ohne die Fäden aus dem Stoff herauszuziehen.

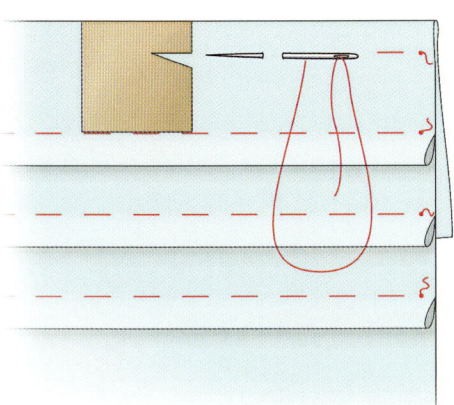

2. Legen Sie die Falte links auf links entlang der Bruchkante, so dass die Nählinien aufeinanderliegen. Stecken Sie die Falte abseits der Nählinie aufeinander. Entfernen Sie die Markierungsschlaufen und bügeln Sie die Bruchkante. Heften und nähen Sie die Falte. Benutzen Sie dafür die Kante Ihres Nähfüßchens als Abstandshalter oder orientieren Sie sich an einer Linie auf der Stichplatte, damit Ihre Nähte gerade und gleichmäßig wer-

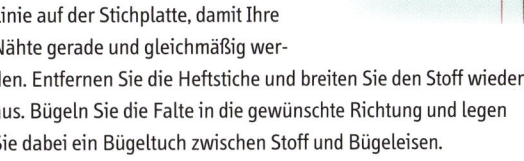

den. Entfernen Sie die Heftstiche und breiten Sie den Stoff wieder aus. Bügeln Sie die Falte in die gewünschte Richtung und legen Sie dabei ein Bügeltuch zwischen Stoff und Bügeleisen.

3. Um die restlichen Fältchen zu nähen, stellen Sie eine kleine Schablone aus Pappe her. Zuerst ermitteln Sie die Breite der Falte und den Abstand zwischen den Nählinien der nachfolgenden Fältchen. Schneiden Sie einen Streifen aus Pappe zu, so breit wie die Summe dieser beiden Maße. Markieren Sie an einem Ende die Faltenbreite und schneiden Sie hier eine Kerbe. Legen Sie die Unterkante an der Nählinie der vorhergehenden Kante an und die obere Kante an der Bruchkante. Arbeiten Sie von rechts nach links und nähen Sie jede Falte einzeln. Machen Sie Punktstiche am Ende jeder fertigen Falte, innerhalb der Nahtzugabe, um die Falten zu fixieren (siehe Seite 41).

Bequeme lange Bluse

Stoffvorschläge

Weiches Leinen und Baumwolle, Käseleinen und Viskose

Vermeiden Sie Karos, Streifen und große Druckmuster

Sie benötigen

■ den Blusenschnitt, vom Schnittmusterbogen am Ende des Buches abgepaust (siehe Seite 114).

■ dünne aufbügelbare Einlage (siehe Seite 134)

■ farblich passendes Nähgarn

■ 0,50 m Gummiband, 6 mm breit

■ sechs Knöpfe von 12 mm Durchmesser

■ einen Druckknopf zum Annähen

Frisch und klasse ist diese vielseitige lange Bluse aus weichem, weißem Leinen. Sie hat auf Vorder- und Rückseite schöne Schmuckfalten und einen reizenden runden Kragen. Die Bluse kann über einem kurzärmeligen T-Shirt oder unter einer Weste getragen werden und passt wunderbar zu Jeans und Leggins, oder Sie dient, mit Gürtel getragen, als kurzes Sommerkleid.

Größentabelle

Konfektionsgröße	US 6/UK 8/D 36	US 8/UK 10/D 38	US 10/UK 12/D 40	US 12/UK 14/D 42	US 14/UK 16/D 44	US 16/UK 18/D 46
Oberweite	80 cm	83 cm	87 cm	92 cm	97 cm	102 cm
Taillenweite	61 cm	64 cm	67 cm	71 cm	76 cm	81 cm
Hüftweite	85 cm	88 cm	92 cm	97 cm	102 cm	107 cm
Länge (Hals bis Saum)	78 cm	78 cm	78 cm	78 cm	78 cm	78 cm

Stoffmengen

bei 112 cm Stoffbreite						
	2,80 m	2,80 m	2,80 m	2,90 m	2,90 m	2,90 m
bei 150 cm Stoffbreite						
	2,00 m	2,00 m	2,10 m	2,20 m	2,30 m	2,30 m
Aufbügelbare Einlage, 90 cm breit						
	0,50 m	0,50 m	0,50 m	0,50 m	0,50 m	0,50 m

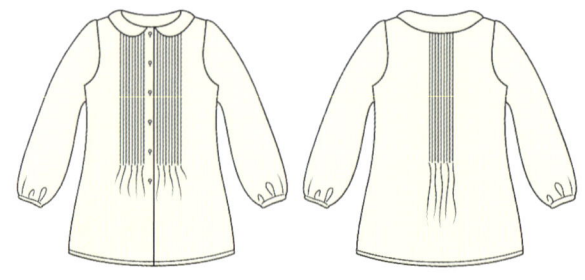

Vorderansicht   Rückenansicht

Stoff zuschneiden

Sie brauchen die Schnittteile 1A und 1B, 2A und 2B, 3,4,5A und 5B und 6.

Hinweis:
Die Stoffmengen und der Zuschneideplan gelten für Stoffe mit Musterrichtung/Strich. Wenn Sie andere Stoffe verwenden, können Sie die Schnittteile dichter legen. Denken Sie aber daran, alle Teile im geraden Fadenlauf parallel zur Webkante aufzulegen.

Bluse – alle Größen
bei 112 cm Stoffbreite

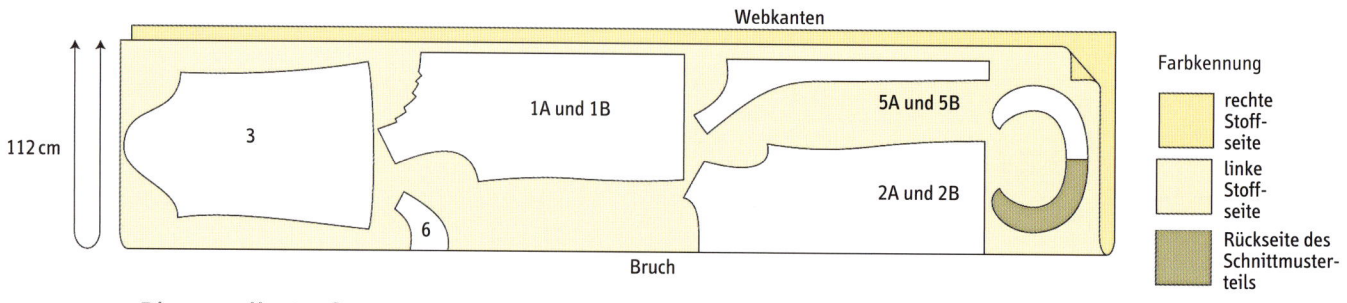

Farbkennung
- rechte Stoffseite
- linke Stoffseite
- Rückseite des Schnittmusterteils

Bluse – alle Größen
bei 150 cm Stoffbreite

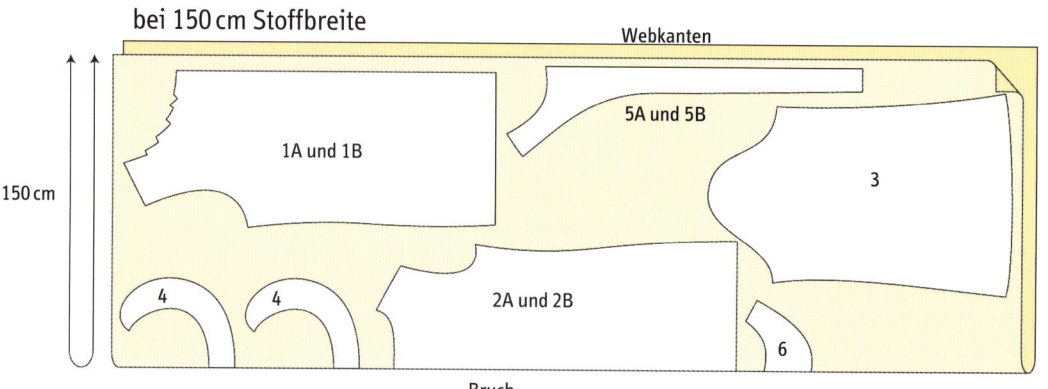

Einlage – alle Größen
bei 90 cm Breite

Hinweis
- In den Maßen sind 1,5 cm Nahtzugabe enthalten, falls nicht anders angegeben.
- Nähen Sie die Stoffe rechts auf rechts aufeinander, die Markierungen passend, wenn nicht anders angegeben.

1. Folgen Sie dem entsprechenden Zuschneideplan (siehe oben) und schneiden Sie alle Stoffteile und Einlagenteile zu.

2. Beginnen Sie 6 mm nach dem Halsausschnitt zu nähen. Nähen Sie die Falten auf der rechten Stoffseite von Vorder- und Rückenteil (siehe Seite 149). Bügeln Sie die Falten der Vorderseite zu den Seitennähten hin und die Falten der Rückseite alle nach rechts. Dann arbeiten Sie eine Festigungsnaht innerhalb der Nahtzugabe des Halsausschnitts und nähen gleichzeitig die Fältchen fest (siehe Seite 141).

Stecken, heften und nähen Sie die Vorderteile an den Schulternähten an das Rückenteil. Machen Sie Rückstiche an Anfang und Ende der Naht. Bügeln Sie die Nähte auseinander und versäubern Sie die Kanten einzeln.

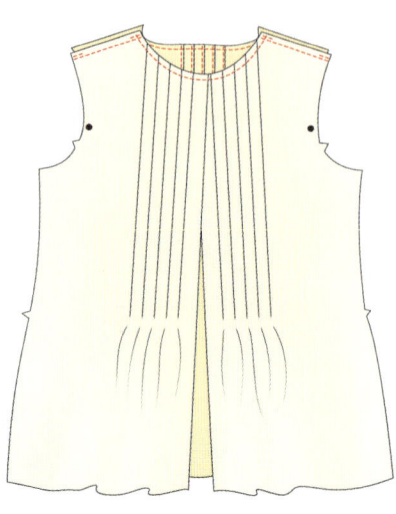

3. Nähen Sie den vorbereiteten Kragen und den Beleg für Hals und Verschlusskante mit 1 cm Nahtzugabe an. Folgen Sie dafür den Schritten 1-5 „einfachen Kragen annähen" auf Seite 154. Befestigen Sie die Kanten des Belegs mit einigen Hexenstichen an den Schulternähten und an einer mittleren Falte des Rückens (siehe Seite 49). Stecken, heften und nähen Sie die Blusenvorderteile und das Rückenteil rechts auf rechts an den Seitennähten zusammen. Passen Sie die Markierungen aufeinander und machen Sie Rückstiche an Anfang und Ende der Naht. Bügeln Sie die Nahtzugaben auseinander und versäubern Sie die Kanten einzeln.

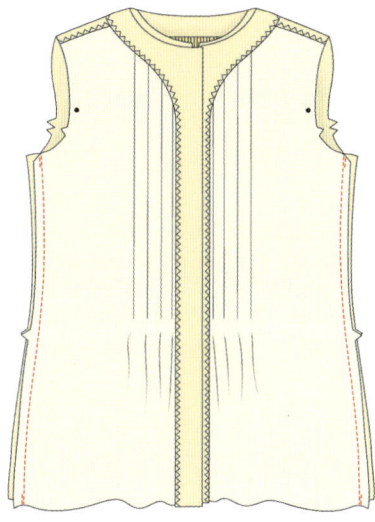

4. Nähen Sie mit der Nähmaschine von der rechten Stoffseite her zwei parallele Reihen von Heftstichen in den Nahtzugaben der Armkugel, von einem Markierungspunkt zum anderen, um die Kugel etwas einzuhalten (siehe Seite 146). Stecken, heften und nähen Sie die Unterarmnaht. Bügeln Sie die Nahtzugaben auseinander und versäubern Sie die Kanten einzeln.

5. Stecken Sie nun die Armkugel in die Ärmelöffnung, alle Markierungspunkte und Kerben aufeinander passend, der oberste Punkt liegt an der Schulternaht, die Unterarmnaht trifft auf die Seitennaht. Raffen Sie nun vorsichtig die Heftstichreihe der Armkugel, so dass sie eingehalten wird und genau in das Armloch passt. Stecken Sie sie mit Stecknadeln in 1 cm Abständen fest.

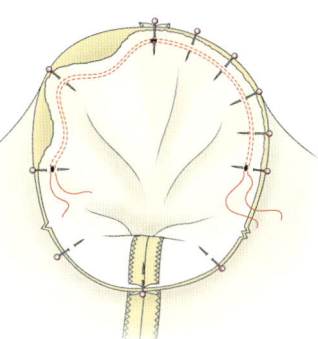

6. Prüfen Sie, ob es keine Falten oder Beulen gegeben hat und ob der Ärmel glatt im Armloch sitzt. Nehmen Sie die Stecknadeln und den Ärmel wieder heraus. Bügeln Sie mit Dampf von der linken Stoffseite her über die Armkugel, um alle kleinen Beulen und Unebenheiten aus der eingehaltenen Strecke zu entfernen, wie abgebildet.

7. Stecken Sie nun erneut den Ärmel rechts auf rechts in das Armloch, wie zuvor. Heften Sie ihn mit kurzen Heftstichen fest. Nähen Sie den Ärmel ein, dabei soll die Innenseite des Ärmels oben liegen. Beginnen Sie an der Unterarmnaht und nähen Sie auf der Nählinie entlang. Drücken Sie mit den Fingerspitzen die eingehaltene Nahtzugabe flach und überlappen Sie die Stiche an Anfang und Ende der Naht. Entfernen Sie die Heftstiche.

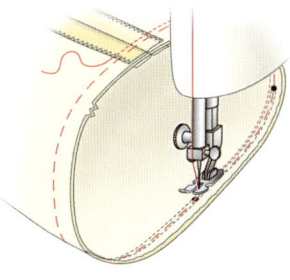

8. Versäubern Sie die Nahtzugaben der Ärmelnaht, wie bei „Versäubern mit Zickzackstich ohne Überwendlichfuß" Seite 44. Jetzt nähen Sie die Tunnel für den Gummizug der Ärmelbündchen, wie bei „umlaufender Tunnel" auf Seite 125 beschrieben.

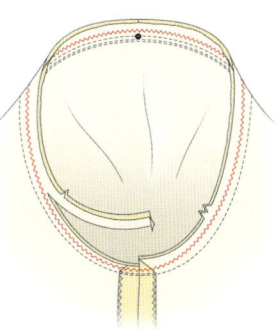

9. Versäubern Sie die Saumkante. Stecken, heften und nähen Sie die untere Kante der Beläge in Höhe von 1,5 cm über der versäuberten Unterkante an die Blusenvorderkante. Schneiden Sie die Ecke ab. Wenden Sie die Ecke auf rechts und bügeln Sie den Saum 1,5 cm weit nach oben. Stecken, heften und nähen Sie knapp entlang der versäuberten Kante.

10. Nähen Sie die Knopflöcher und die Knöpfe an die auf dem Zuschneideplan vorgegebenen Stellen (siehe Seiten 68 und 65). Am Schluss befestigen Sie den Druckknopf an der Vorderkante des Halsausschnittes (siehe Seite 71).

Flacher Kragen und Stehkragen

Kragen sind ein sehr dekorativer Abschluss des Halsausschnitts und können sehr unterschiedliche Formen haben. Wir beschränken uns hier auf einen einfachen flachen Kragen und einen Stehkragen, da sie einfach zu nähen sind und überall passen. Ein flacher Kragen, wie dieser Bubikragen verleiht einem Kleidungsstück etwas unschuldig Feminines und passt an Blusen, Kleider und an Kinderkleidung. Der Stehkragen ist eine Huldigung an den Fernen Osten und wird auch Chinesischer Kragen genannt.

Flacher Kragen

Ein flacher Kragen liegt ab dem Halsausschnitt flach auf dem Kleidungsstück, denn die Kragennaht folgt der Form der Halsnaht. Flache Kragen können aus einem Stück genäht sein – meist an einem Kleidungsstück mit Frontverschluss oder zweiteilig, wenn der Kragen vorn und hinten geteilt wird, wie z. B. bei einem Kleid mit Rückenverschluss.

Einen flachen Kragen zu nähen und anzubringen ist nicht schwer. Wenn das Kleidungsstück vorn geöffnet wird, ist der Kragen aus einem Stück gearbeitet. Hat das Kleidungsstück einen Rückenreißverschluss, besteht der Kragen aus zwei Teilen.

Flachen Kragen ansetzen

Die nachfolgenden Abbildungen zeigen, wie man einen Kragen ansetzt, der in einem Stück zugeschnitten wurde. Einen zweiteiligen Kragen nähen Sie aber genau so. Nähen Sie vorab eine Verstärkungsnaht am Halsausschnitt des Kleidungsstücks entlang (siehe Seite 141). Versäubern und bügeln Sie alle Nähte und Abnäher, die auf die Halsnaht treffen. Reißverschlüsse, die am Halsausschnitt enden, müssen eingesetzt sein, bevor der Kragen angenäht wird.

1. Bügeln Sie die Einlage auf die linke Seite des zugeschnittenen Kragenoberteils (siehe Seite 134). Stecken und heften Sie die Kragenoberseite rechts auf rechts kantenbündig an die Kragenunterseite. Lassen Sie die Halskante offen. Nähen Sie die Teile mit der Nähmaschine aufeinander und machen Sie Rückstiche an Anfang und Ende der Naht. Schneiden Sie die Nahtzugaben einseitig zurück, die Ecken ab und Kerben in die gebogenen Nähte (siehe Seite 43).

2. Wenden Sie den Kragen auf rechts und drücken Sie die Ecken gut heraus. Bügeln Sie den Kragen, wobei Sie die Kante leicht nach unten wegdrücken. Stecken und heften Sie die innere Kragenkante aufeinander, die Markierungen passend. Bei einem zweiteiligen Kragen wiederholen Sie die Schritte 1 und 2 mit dem zweiten Kragenteil.

3. Stecken Sie den Kragen rechts auf rechts und kantenbündig an den Halsausschnitt. Heften Sie den oder die Kragen fest, die Markierungspunkte in der Mitte und an den Enden müssen bei Kragen und Halsausschnitt genau aufeinanderliegen. Denken Sie daran, dass sich die vorderen Enden eines Kragens leicht überlappen, sobald Sie ein Kleid mit Rückenverschluss nähen.

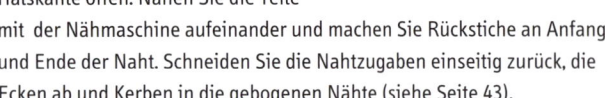

Vordere Mitte

4. Bügeln Sie den Belegstoff auf die linke Seite der dazugehörigen Stoffteile (siehe Seite 134). Stecken und heften Sie die beiden vorderen Belegteile rechts auf rechts an die Schulternähte des rückwärtigen Stoffteils. Machen Sie Rückstiche an Anfang und Ende der Naht. Bügeln Sie die Nahtzugaben auseinander und versäubern Sie die Außenkante des zusammengesetzten Belegteiles.

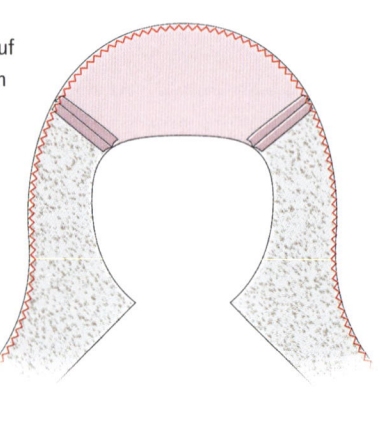

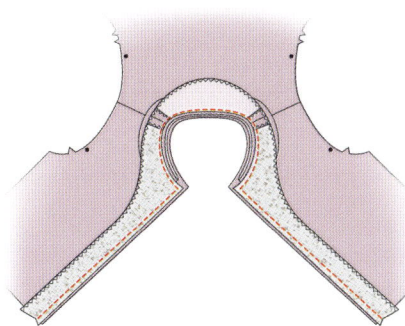
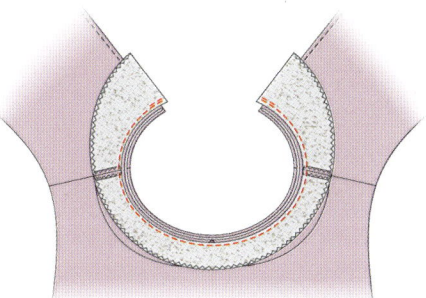
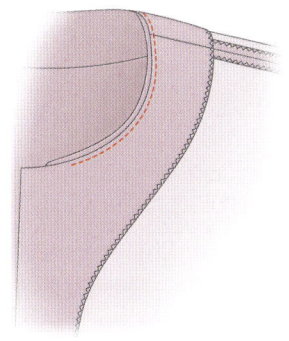

5. Bei einer Frontöffnung: Stecken und heften Sie die Belegteile rechts auf rechts am Kragen und am Halsausschnitt des Kleidungsstückes fest. Beachten Sie alle Markierungen, Schulternähte und Vorderkanten. Nähen Sie die Teile aufeinander. Nähen Sie um die ganze Halsöffnung herum, drehen Sie das Kleidungsstück am Ende der Naht und nähen Sie wieder bis zum Anfangspunkt zurück. Enden Sie dort. Schneiden Sie die Nahtzugaben einseitig zurück und klipsen Sie sie ein (siehe Seite 43). Wenden Sie den Beleg auf rechts und drücken Sie die oberen Ecken heraus.

6. Bei einem Rückenreißverschluss: Folgen Sie Schritt 5 für Beleg und Nahtzugaben, aber überspringen Sie die Anweisung für die oberen Ecken der Verschlusskante. Achten Sie darauf, dass der Beleg am Rücken nahtzugabenbreit überstehen muss und die Enden der Halsnaht aufeinandertreffen, sobald der Reißverschluss geschlossen wird.

7. Arbeiten Sie eine Festigungsnaht innerhalb der Nahtzugabe am Halsausschnitt des Belegteiles entlang (siehe Seite 51). Nähen Sie so weit wie möglich an der Halskante entlang. Bügeln Sie den Beleg zur Innenseite des Kleidungsstücks und drücken Sie die Vorderkante der Öffnung leicht nach innen. Säumen Sie die versäuberten Außenkanten des Besatzes mit Blindstichen an die Schulternähte (siehe Seite 91). Bei einem rückwärtigen Reißverschluss falten Sie die Enden des Belegs nach innen und nähen Sie sie mit Blindstichen an das Reißverschlussband (siehe Seite 91). Nähen Sie Haken und Öse an die Verschlusskante (siehe Seite 72).

Stehkragen

Der Stehkragen ist genau das Gegenteil des flachen Kragens, denn er steht am Halsausschnitt senkrecht nach oben. Es gibt zwei Arten von Stehkragen, den Chinesischen Stehkragen und den anliegenden Stehkragen. Der größte Unterschied zwischen den beiden ist die Breite, der anliegende Stehkragen ist zweimal so breit zugeschnitten und liegt doppelt.

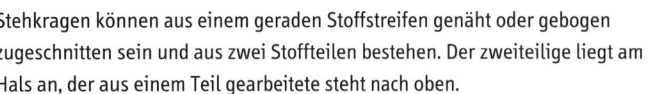

Stehkragen können aus einem geraden Stoffstreifen genäht oder gebogen zugeschnitten sein und aus zwei Stoffteilen bestehen. Der zweiteilige liegt am Hals an, der aus einem Teil gearbeitete steht nach oben.

Stehkragen annähen

Nähen Sie den Stehkragen auf die gleiche Weise an wie einen flachen Kragen. Bevor Sie beginnen, nähen Sie eine Festigungsnaht um den Halsausschnitt (siehe Seite 140). Bügeln und versäubern Sie alle Nähte und Abnäher, die am Halsausschnitt enden. Auch ein Reißverschluss, der am Hals endet, muss eingenäht sein, bevor der Kragen angenäht wird.

Arbeiten Sie nach den Schritten 1-7 von „Flachen Kragen annähen", doch klipsen Sie die Nahtzugabe des Halsausschnittes ein, damit Sie die Naht gerade ziehen können (siehe Seite 43), bevor Sie den Stehkragen anheften. Dies erleichtert das Zusammennähen.

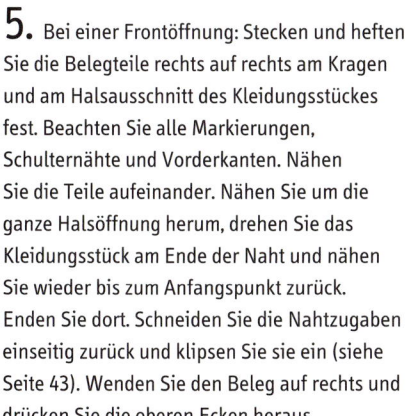
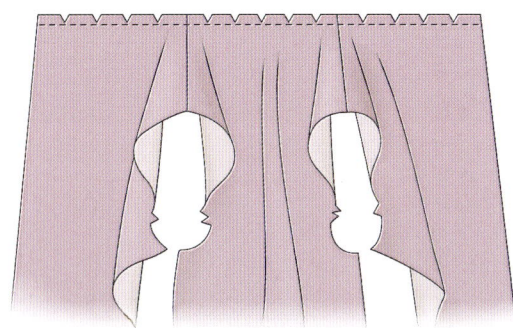

Nadel, Faden und Stichlängen

Hier finden Sie Informationen über die erforderlichen Garne, die Nadeln, die Stichlängen und ihre Anwendungsmöglichkeiten für die meisten Arbeiten.

Stoff	Maschinennadel	Faden	Stichlänge
Gewebte Stoffe aus Naturfaser oder Synthetik wie Leinen, Baumwolle, Wolle, Samt und Chiffon	Nadel mit normaler Spitze, Stärke 12 (80)	Polyestergarn	2,5 mm
Gewebte Stoffe aus Naturfaser wie Leinen, Wolle und Samt	Nadel mit normaler Spitze, Stärke 12 (80)	Baumwollgarn oder Polyester/ Baumwollgarn	2,5 mm
Feine gewebte Stoffe aus Naturfaser wie Seide, Seidensamt, Chiffon und Wolle	Nadel mit normaler Spitze, Stärke 10 (70)	Seidenfaden oder Polyestergarn	2,5 mm
Feine Strickstoffe aus Synthetik wie Seide, Baumwolle und Wollfasern	Nadel mit feiner Kugelkopfspitze, Stärke 10 (70)	Polyestergarn	2,5 mm
Schwere Strickstoffe, Naturfaser oder Synthetik wie Jersey und Fleece	Nadel mit mittlerer Kugelkopfspitze, Stärke 12-14 (80-90)	Polyestergarn	2,5 mm
Dichte Stoffe wie Twill, Denim, schweres Leinen und Canvas	Nadel mit extra feiner Spitze oder Jeansnadel, Stärke 12-14 (80-90)	Starker Polyesterfaden oder Leinengarn	2,5 mm
Leder, Wildleder, Kunstleder und künstliches Wildleder, Plastikstoffe	Nadel mit keilförmig geschliffener Spitze, Stärke 14-16 (90-100).	Starker Polyesterfaden oder Leinengarn	2,5 mm

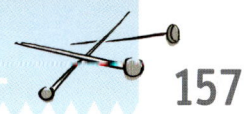
Die Pflege Ihrer Nähmaschine

Wie jede andere Maschine, so braucht auch Ihre Nähmaschine regelmäßige Wartung und Pflege, damit sie weiterhin ruhig und zuverlässig näht. Bei jeder Maschine ist in der Regel eine kleine Wartungsbox dabei mit Hilfsmitteln wie Maschinenöl, Schraubenzieher und Reinigungsbürste. Das regelmäßige Reinigen aller beweglichen Teile ist sehr wichtig, damit sich nicht Fusseln und Staub ansammeln. Folgen Sie den einfachen Schritten jede Woche, und Sie verlängern das Leben Ihrer Nähmaschine und haben mehr Freude bei der Arbeit.

TIPPS

■ Wenn im Zubehörkästchen Ihrer Nähmaschine kein Flusenpinsel ist, verwenden Sie einen kleinen, trockenen Malpinsel.

■ Kaufen Sie ein Druckluftspray. Damit können Sie Flusen aus allen beweglichen Teilen der Nähmaschine herauspusten.

Staub und Fusseln entfernen

1. Ziehen Sie den Stecker und nehmen Sie Nadel, Fadenspule, Unterfadenkapsel und Unterfaden heraus.

2. Stauben Sie das Äußere Ihrer Maschine und alle erreichbaren Bereiche mit einem sauberen, fusselfreien Tuch ab. Entfernen Sie hartnäckige Flecken mit einem feuchten Tuch und einem milden Reinigungsmittel.

3. Bürsten Sie mit dem Reinigungspinsel alle Fusseln aus allen Fadenführungen.

4. Nehmen Sie die Stichplatte ab (wie das geht, entnehmen Sie dem Handbuch Ihrer

Nähmaschine) und bürsten Sie mit dem Reinigungspinsel die Fusseln von den Zähnen des Stofftransports und von der Rückseite der Stichplatte ab. Setzen Sie die Stichplatte wieder ein.

5. Bürsten Sie auch alle Fusseln um und in der Spulenkapsel heraus. Hat sich ein Fadenrest im Kapselraum verfangen, greifen Sie mit einer Pinzette danach und zupfen Sie ihn heraus.

6. Setzen Sie eine neue Nadel ein. Nun können Sie ganz entspannt wieder mit dem Nähen beginnen.

Die Nähmaschine ölen

Es ist nicht klug, einen Motor zu viel zu ölen. Ein oder zwei Tropfen pro Jahr sollten genügen. Geben Sie je einen Tropfen in die gekennzeichneten Öffnungen (siehe Handbuch, dort sind die Stellen vorgegeben, an denen geölt werden muss). Einige der neuesten, elektronischen und computerunterstützten Nähmaschinen müssen überhaupt nicht mehr geölt werden. Erkundigen Sie sich, was auf Ihre Maschine zutrifft.

Nützliche Hinweise

■ Wenn Sie Ihre Maschine nicht benutzen, decken Sie sie ab, damit sich kein Staub darauf ansammelt. Hat Ihre Maschine keine Abdeckhaube, können Sie auch ein altes Laken oder ein Baumwolltuch darüber legen.

■ Achten Sie auf Ihre Kabel. Reparieren oder ersetzen Sie sie sofort beim ersten Verdacht auf einen Schaden.

Glossar

Abnäher, kurzer: Spitz zulaufende Falte, die ein Kleidungsstück in Körperform bringt (Seite 132).

Applikation: Ein Stück Stoff wird dekorativ auf einen anderen Stoff genäht (Seite 83).

Besatz/Beleg: Eine Stoffschicht, die sich auf der Innenseite eines Kleidungsstücks befindet und zum Abschließen einer Kante dient – z. B. ein Halsausschnitt, eine Taillenkante, eine Verschlussöffnung von Jacke oder Mantel. Kann auch noch unterlegt werden (Seite 24).

Besatz/Beleg, angeschnitten: An geraden Kanten angewendet. Ein Stoffteil wir an einer Kante breiter zugeschnitten und dann nach innen geschlagen.

Biese: Schmale Stoff-Falte, im geraden Fadenlauf genäht, um Stoffweite einzuhalten (Seite 149).

Blindstich/Saumstich/Staffierstich: Handnähstich zum Annähen einer umgefalteten Stoffkante an einen anderen Stoff (Seite 49).

Blindstich/Staffierstich: Winzige Handnähstiche, mit denen ein Stoff auf dem anderen befestigt wird (Seite 90).

Briefecke, Gehrungsecke, diagonale Ecke: An einer Ecke, an der sich zwei Säume/Nähte begegnen, wird eine diagonale Naht geformt (Seite 93).

Bundband: Ein steifes Band, das im Bund eines Kleidungsstückes für Form und Festigkeit sorgt (Seite 142).

Drehen an der Ecke: Eine Technik, den Stoff um die Nadel herum zu drehen (Seite 42).

Druckknöpfe: Leichter, unsichtbarer Verschluss aus zwei ineinander steckbaren Metallteilen (Seite 71).

Druckknopfband: Zwei zusammengehörige Bänder mit einer Reihe von eingearbeiteten Druckverschlüssen, auch Bodyverschluss (Seite 71).

Einfassung: Eine Methode, eine offene Stoffkante mit einem Stoffstreifen zu umschließen, meist ein Schrägstreifen (Seite 55).

Einhalten: Breiteren Stoffbereich mit Hilfe einer Heftnaht ohne Falten auf einen etwas schmaleren Bereich bringen (Seite 146).

Einlage: Spezieller Stoff zwischen Kleidungsstoff und Beleg/Besatz, als Verstärkung. Kann eingenäht oder aufgebügelt werden.

Einseitiges Zurückschneiden: An Nahtzugaben wird eine Seite schmaler zurückgeschnitten als die andere. Dies macht die Nähte flacher (Seite 43).

Fadenhals: Das umwickelte Fadenbündel zwischen Knopf und Stoff, das beim Knopfannähen gebildet wird (Seite 66).

Fadenlauf: Die Längs- und Quer-Richtung der Gewebefäden (Seite 32).

Fadenspannung: Bei der Nähmaschine werden Oberfaden und Unterfaden in gleichmäßiger Spannung gehalten. Der Faden wird jeweils durch eine Spannfeder geführt (Seite 19).

Falsche Französische Naht: Ähnlich einer Französischen Naht, sie eignet sich auch für gebogene Nähte (Seite 89).

Falte: Eine gleichmäßige Falte, oft streckenweise festgenäht, um Stofffülle wegzunehmen (Seite 146).

Festonstich: Ein Handnähstich entlang offener oder umgeschlagener Stoffkanten, zur Versäuberung oder als Dekoration (Seite 49).

Französische Naht: Eine auf beiden Seiten versäuberte Naht, meist an durchsichtigen Stoffen und Seidenstoffen verwendet (Seite 89). Eine Stofflage, gleich zugeschnitten und unter die Kleidungsteile gelegt. Meist an maßgeschneiderter Kleidung (Seite 135).

Futter: Eine zweite Stoffschicht in einem Kleidungsstück, welche die Innenseite veredelt und versäubert (Seite 135).

Gerader Fadenlauf: Siehe Längsfadenlauf

Geradstich: Einfacher Maschinenstich für fast alle Näharbeiten (Seite 88).

Haken und Ösen: Ein zweiteiliger Metallverschluss (Seite 72).

Heften: Das kurzzeitige Aufeinanderhalten von Stoffteilen, die anschließend endgültig zusammengenäht werden.

Hexenstich: Ein Handnähstich, der zum Befestigen eines Belegs oder einer Einlage auf der Innenseite eines Kleidungsstücks benutzt wird (Seite 49).

Kanten-Markierungslinien: Auf der Stichplatte eingravierte Linien oder verstellbarer Zusatz am Nähfüßchen, als Anlegekante bei geraden Nähten (Seite 41).

Kappnaht: Eine haltbare Naht, die auf beiden Stoffseiten versäubert ist (Seite 89). Eine versäuberte Naht, in welcher die offenen Stoffkanten eingeschlossen sind (Seite 88).

Keder: Eine Einfassung aus einem Stoffstreifen mit eingelegter Kordel. Für die Kanten von Heimtextilien und Kleidungsstücken (Seite 82).

Kerben: Eine nach innen oder nach außen weisende, V-förmige Markierung. Kennzeichnet die Stelle, an der ein anderes Stoffstück angesetzt werden muss (Seite 113).

Kette: Die Längsfäden eines gewebten Stoffes (Seite 26)

Klettband: Ein aus zwei Schichten bestehendes Band. Eine weiche Seite wird auf eine Gegenseite gedrückt, die kleine Häkchen hat. Beide Bänder haften aufeinander (Seite 73).

Kopierrädchen: Werkzeug, mit dem durch Schneiderkopierpapier ein Schnitt auf Stoff übertragen wird (Seite 23).

Kurzwaren: Alles, was außer dem Stoff noch benötigt wird, um ein Kleidungsstück fertig zu nähen, z. B. Knöpfe, Reißverschluss, Gummiband.

Längsfadenlauf: Die Richtung des Längsfadens in einem Gewebe, Kettfaden. Liegt parallel zur Webkante (Seite 32).

Leinenbindung: Einfaches Gewebe, bei dem sich die Fäden von Kette und Schuss gleichmäßig überkreuzen (Seite 26).

Maschinenstich: Die Nähmaschine bildet Stiche aus einem Unterfaden und einem Oberfaden, die sich jeweils in der Mitte zwischen zwei Stoffschichten verschlingen (Seite 12).

Mittellinie: Die senkrechte Mitte eines Oberteils oder Rocks oder der Passe eines Kleides. Ist auf dem Schnittmuster angegeben.

Nähfuß: Der Teil der Nähmaschine, der auf einen Stoff herabgesenkt wird und diesen auf den Stofftransport drückt (Seite 20).

Nählinie: Die Linie, auf welcher entlang genäht wird, meist 1,5 cm innerhalb der Schneidekante.

Nahttrenner: Kleines hakenförmiges Werkzeug zum Auftrennen von Nähten und zum Einschlitzen von Knopflöchern (Seite 23).

Nahtzugabe: Die zusätzliche Stoffmenge, die für das Zusammennähen zweier Teile benötigt wird.

Offene Kante: Die Schneidekante eines Stoffes, die versäubert werden muss, damit sie nicht ausfranst (Seite 44).

Punktstich: Kleine, handgenähte Stiche, zum unsichtbaren Einnähen eines Reißverschlusses (Seite 48).

Querfadenlauf: Die Richtung der Schussfäden in einem Gewebe, läuft von Webkante zu Webkante (Seite 33).

Raffen / Einreihen: Zu dekorativen Falten zusammengeschobener Stoff. Zwei parallele Linien von langen Stichen, an welchen der Stoff entlang geschoben wird (Seite 144).

Reißverschluss: Eine weit verbreitete und beliebte Verschlussmöglichkeit. Die Zahnkanten von zwei gewebten Bändern greifen ineinander. In verschiedenen Ausführungen, Farben und Längen erhältlich (Seite 78)

Rückstiche: Einige gerade Stiche, an Anfang und Ende einer Naht rückwärts genäht, um die Fadenenden zu sichern (Seite 40).

Saum: Die versäuberte Unterkante eines Gegenstandes, z. B. eines Kleidungsstücks oder eines Vorhangs (Seiten 45 und 90).

Index

Dank der Autorin

Dank an alle, die bei der Entstehung dieses Buches mitgewirkt haben – ich weiß nicht, was ich ohne euch gemacht hätte.

Besonderer Dank geht an Jan Dabbous, einen ganz besonderen Freund, ohne dessen Hilfe ich die hektischen Zeiten während der Buchentstehung und meinem Arbeitsalltag nicht überstanden hätte. Danke auch an Beryl Miller, meiner großartigen Schneiderin, die in Rekordzeit die Projekte zum Fotografieren genäht hat.

An Sarah Hoggett für das Korrekturlesen und Stephen Dew für die superschönen Schritt-für-Schritt-Abbildungen. An Gillian

Haslam und die Herausgeberin Cindy Richards, ohne deren Ermutigung das Buch wohl nie das Licht der Welt erblickt hätte.

Zum Schluss danke ich allen, die mir Dinge für das Buch geliehen haben: The Eternal Maker (www.eternalmaker. com) für die Kissen, den Schal, die Tasche und den Stoff für das Rollo und die breite Zackenlitze; Dots'n Stripes (www. dotsnstripes.uk) für das Hängerkleidchen und die gepunkteten Bänder; The Cloth House (www.theclothhouse.com) für die Stoffe von Hose, Rock und Bluse, sowie Janome UK (www.janome.uk) für die Nähmaschine, Modell 5255.